처음 배우는 C# 프로그래밍

유니티로 게임을 만들며 재밌게 배우기

[예제파일 다운로드]

https://wikibook.co.kr/csharp-unity/

https://github.com/wikibook/csharp-unity

처음 배우는 **C# 프로그래밍**

유니티로 게임을 만들며 재밌게 배우기

지은이 백현우

펴낸이 박찬규   엮은이 윤가희   디자인 북누리   표지디자인 Arowa & Arowana

펴낸곳 위키북스   전화 031-955-3658, 3659   팩스 031-955-3660

주소 경기도 파주시 문발로 115 세종출판벤처타운 311호

가격 25,000   페이지 324   책규격 188 x 240mm

1쇄 발행 2020년 05월 28일
2쇄 발행 2022년 09월 30일
ISBN 979-11-5839-211-6 (93000)

등록번호 제406-2006-000036호   등록일자 2006년 05월 19일
홈페이지 wikibook.co.kr   전자우편 wikibook@wikibook.co.kr

이 도서의 국립중앙도서관 출판시도서목록 CIP는
서지정보유통지원시스템 홈페이지(http://seoji.nl.go.kr)와
국가자료공동목록시스템(http://www.nl.go.kr/kolisnet)에서 이용하실 수 있습니다.
CIP제어번호 CIP2020020391

처음 배우는 C# 프로그래밍

유니티로 게임을 만들며 재밌게 배우기

백현우 지음

위키북스

04 _ 클래스의 응용

05 _ 한 걸음 더

프로그래밍에 입문하는 일은 결코 쉽지 않다. 입문자가 700~800쪽에 달하는 프로그래밍 언어 책을 완독하기란 불가능에 가깝고, 이를 완독한다고 해도 이론을 이해하기 위한 예제만 따라했을 뿐 내 힘으로 무언가 만들어내기 어렵다. 그래서 프로그래밍 입문 과정의 상당수는 미처 다 읽지 못한 책과 어디에 쓰이는지 모를 앞부분의 이론만 남긴 채 실패하곤 한다. 이 책은 이러한 방식의 문제점을 해결하고자 간결함과 실용성이라는 두 가지 방향성을 가지고 썼다.

첫째, 꼭 필요한 것만 배운다. 프로그래밍에 입문하기 위해 언어의 모든 개념을 알아야 하는 것은 아니다. 조각가가 살을 붙이기 전에 뼈대를 먼저 만들듯이 이 책에서는 입문할 때 꼭 필요한 핵심 이론을 약 300여 페이지에 정리해서 제공한다.

둘째, 하나의 완성된 결과물을 만들어낸다. 프로그래밍이란 말 그대로 프로그램을 만드는 것이다. 아무리 이론을 공부하고 수많은 예제를 따라 해도 스스로 완성된 결과물을 만들어낼 수 없다면 의미가 없다. 이 책에서는 C#의 핵심 이론을 공부하고 이를 하나의 게임을 만드는 데 활용한다. 책 내용을 따라 만들다 보면 내 손으로 직접 만든 결과물과 C#의 핵심 이론을 전부 얻을 수 있을 것이다.

이러한 두 가지 방향성을 위해 각 장마다 크게 두 부분으로 나눠서 이론 파트와 종합 예제 파트로 구성했다. 이론 파트에서는 간결한 설명과 예제로 이론을 익히고 종합 예제 파트에서는 해당 이론이 실제 게임을 만드는 데 어떻게 활용되는지 배운다. 1장에서는 C#과 유니티를 배우기 전 알아야 할 내용을 정리하고, 2장부터 5장까지 이론을 배우며 실제 게임을 만들어본다. 각 장의 이론 파트에서는 C# 기초 문법, 클래스, 클래스의 응용, C# 고급 문법을 배우며, 종합 예제 파트에서는 플레이어, 적군, 아이템, 부가 기능을 차례로 구현한다. 이론 파트만 공부하기보다는 이론을 공부한 후 이를 종합 예제에서 게임을 만드는 데 반드시 활용해 보기를 권장한다.

이 책을 읽고 나면 크게 두 가지를 얻을 수 있다. 첫째, 혼자서 프로그래밍을 공부할 수 있는 능력을 가질 수 있다. 이 책에서는 C#의 모든 개념을 다루진 않지만 여기서 배운 개념으로 나머지 개념을 혼자 이해할 수 있도록 필수적이고 핵심적인 내용만 엄선했다. 또한 이 책에서 배우는 필수 개념은 C#뿐 아니라 거의 대부분의 프로그래밍 언어의 기초이기 때문에 이 책을 읽고 나면 다른 프로그래밍 언어를 쉽게 내 것으로 만들 수 있다. 둘째, 내 손으로 직접 만든 결과물을 얻을 수 있다. 모든 종합 예제는 하나의 게임을 만드는 것으로 연결돼 있다. 따라서 모든 이론이 게임을 만드는 데 직접 사용될 수 있도록 신경 써서 종합 예제를 구성했다. 또한 가장 보편적인 게임 개발 툴인 유니티의 사용법을 게임을 구현하며 자세히 다뤘다.

따라서 이 책은 C#과 유니티로 프로그래밍을 시작하고자 하는 분들께 추천한다. 프로그래밍 입문에 번번이 실패했던 사람도 그저 따라 만들다 보면 프로그래밍의 세계에 쉽게 입문할 수 있을 것이다. 유니티와 게임 개발에 관심이 있지만 사전 지식이 없어 어려움을 겪고 있는 분들에게도 추천한다. 유니티와 C# 스크립팅을 입문자 수준에 맞춰 설명했기 때문에 쉽게 따라하며 게임 개발을 배울 수 있을 것이다.

비전공자로서, 또 프로그래밍을 독학으로 시작한 사람으로서 프로그래밍에 입문한다는 것이 얼마나 답답하고 어려운 일인지 잘 알고 있다. 무엇이 중요한지도 모른 채 두꺼운 책의 맨 첫 장부터 형광펜으로 밑줄을 쳐가며 이론들을 외웠던 적이 있다. 인터넷에 떠돌아다니는, 문법을 설명하기 위한 예제를 시험 공부 하듯이 열심히 풀었던 적도 있다. 잘못된 방식으로 공부해봤기 때문에 무엇을 하면 안 되는지, 처음 배우는 분들에게 무엇이 필요한지 잘 알고 있다. 이 책을 읽는 독자들은 이러한 비효율적인 과정을 겪지 않고 게임을 따라 만들며 쉽고 재밌게 프로그래밍에 입문하길 바란다.

01

시작하기 전에

이 장에서는 C#과 유니티를 공부하기 전에 기본적으로 알아야 할 것들을 소개한다. 첫 번째로 C#과 .NET Framework에 대해 알아보고 이어서 개발 환경과 유니티에 대해 알아보겠다.

1.1 C#에 대해

2000년대에 썬마이크로시스템즈(현 오라클)가 만든 자바가 널리 쓰이면서 마이크로소프트는 자바의 장점을 받아들여 C#을 개발했다. 그 때문에 2002년에 배포된 C# 1.0의 모습은 자바와 매우 비슷했다. 하지만 마이크로소프트가 개발한 언어이기 때문에 윈도우 프로그램 개발에 특화돼 있다는 장점이 있었고 2020년 3월 현재 C# 8.0버전까지 배포되면서 C#만의 여러 강력한 기능들이 추가됐다.

C#은 기본적으로 Windows 플랫폼에서 실행되는 애플리케이션을 만드는데 유용한 언어이지만 이 밖의 다른 용도로도 널리 사용되고 있다. 앞으로 우리가 활용할 유니티의 기본 개발 언어도 C#이며, 안드로이드와 iOS를 동시에 개발할 수 있는 자마린(Xamarin) 프레임워크 또한 C#을 기본 개발 언어로 사용한다. 이 밖에도 여러 분야에서 활발하게 쓰이고 있으며 완성도 또한 높은 언어로 평가받고 있다. 또한, 다른 프로그래밍 언어에 비해 비교적 최근에 개발된 고수준 언어이기 때문에 처음 프로그래밍을 배우는 사람들이 배우기 적합한 언어다.

C#의 가장 큰 특징 중 하나는 **객체 지향 언어**라는 점이다. 객체 지향 언어는 절차 지향 언어와 대비되는 표현으로 객체를 기반으로 프로그램을 작성한다. 객체 지향 언어에 대해서는 뒤에서 클래스를 배우며 자세히 배우겠지만 절차 지향 언어보다 코드를 작성하기 쉽고 간결하다는 장점이 있다.

1.2 .NET Framework에 대해

C#에 대해 깊이 이해하려면 먼저 **닷넷 프레임워크(.NET Framework)**를 이해해야 한다. 닷넷 프레임워크는 마이크로소프트가 개발한 윈도우 프로그램의 개발 및 실행 환경이다. 닷넷 프레임워크를 기반으로 만들어진 응용 프로그램은 닷넷 프레임워크가 설치된 환경에서만 실행된다. 자바를 실행하려면 자바 가상 머신이 필요한 것과 비슷한 개념이다.

우리가 앞으로 작성할 C# 코드는 닷넷 프레임워크 위에서 실행되기 위해서 **컴파일**이라는 과정을 거친다. 컴파일이란 어떤 프로그래밍 언어로 작성된 코드를 다른 프로그래밍 언어로 변환하는 과정이다. C# 코드는 C# 컴파일러에 의해 IL(Intermediate Language)이라는 중간 언어로 변환된다. 또 IL은 컴퓨터가 이해할 수 있는 언어로 변환되기 위해 닷넷 프레임워크에 포함된 공용 언어 런타임(Common Language Runtime)에 의해 기계어로 변환된다.

여기서 닷넷 프레임워크의 강력한 장점이 하나 등장하는데 C#뿐 아니라 닷넷 프레임워크에서 사용되는 언어들은 각 언어 컴파일러의 컴파일 과정을 거쳐 모두 IL로 변환된다는 것이다. 따라서 소스 코드가 어떤 언어로 작성됐든지 컴파일 과정을 거친 후 IL로 변환되면 상호 호환이 가능하다. 앞서 언급한 CLR은 IL을 기계어로 변환해 주는 역할 외에도 GC(Garbage Collector)를 호출해 메모리를 관리하는 역할 또한 담당한다. C와 같은 언어들은 malloc, free 등을 이용해 메모리를 직접 관리해야 하지만 C#과 같은 managed language는 GC에 의해 자동으로 메모리가 관리된다.

또한, 닷넷 프레임워크는 BCL(Base Class Library)을 포함하고 있다. BCL은 프로그램을 만드는데 필요한 기능들을 미리 작성해놓은 라이브러리로 특정 기능이 필요할 때 여기에 작성된 클래스를 그대로 가져다 쓰면 된다. 따라서 반복적으로 사용되는 기능들을 구현하기 위해 매번 같은 코드를 구현할 필요가 없으며 BCL에 포함된 클래스를 활용해 코드를 작성하면 된다. 예를 들어, C# 코드를 작성할 때 절댓값, 루트 등 수학적인 계산이 필요하다면 이를 직접 구현할 필요 없이 BCL에 포함된 System.Math 클래스에 담긴 함수를 가져다 쓰면 된다.

1.3 개발 환경과 기본적인 흐름

유니티와 C#을 공부하기 위한 개발 환경을 구축해보자. 유니티 허브와 유니티를 설치하고 기본 스크립트 에디터 이외에 다른 스크립트 에디터를 사용하는 방법을 알아보자. 이 책에서는 macOS를 사용했지만 윈도우에서도 같은 방식으로 진행할 수 있다.

실습 환경

- 운영체제 : macOS Mojave
- 유니티 버전 : 2019.2.12f1
- Visual Studio Code 버전 : 1.40.1

1.3.1 유니티 허브 설치

가장 먼저 최신 버전의 유니티를 내려받아야 한다. 기존에 사용하고 있던 유니티가 있다면 이 절은 건너뛰어도 된다. 유니티를 내려받기 위해 유니티 다운로드 페이지에 접속해보자. 다운로드 페이지에 접속하면 다음과 같은 화면이 나온다.

- 유니티 다운로드 페이지 : https://unity3d.com/kr/get-unity/download

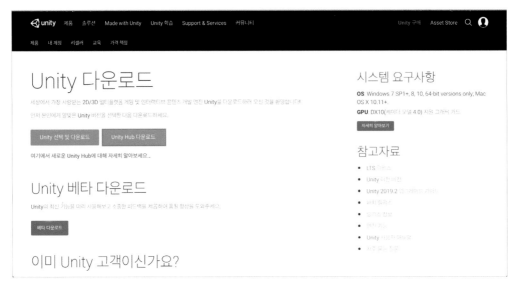

그림 1.1 유니티 다운로드 페이지

[Unity Hub 다운로드] 버튼을 누르면 유니티 허브 설치 프로그램이 내려받아 진다. 유니티 허브는 유니티 버전을 관리하고, 여러 유니티 버전으로 생성한 프로젝트를 한 번에 관리할 수 있게 도와주는 프로그램이다. 따라서 유니티 허브를 먼저 설치한 후 사용하고자 하는 버전의 유니티를 설치하도록 하자.

그림 1.2 유니티 허브 설치

유니티 허브가 설치되면 유니티 허브를 실행해 유니티를 내려받아 보자. 유니티 허브를 처음 실행한 화면은 다음과 같다.

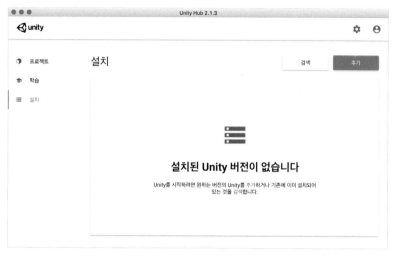

그림 1.3 유니티 허브 초기 화면

오른쪽 위에 있는 [추가] 버튼을 클릭해 유니티를 설치할 수 있다. 배포된 여러 유니티 버전 중에서 특정 버전을 선택해 내려받을 수 있으며, 어떤 유니티 버전을 받아도 상관없지만 출시된 지 오래된 버전을 사용하면 새롭게 추가된 기능을 사용할 수 없다. 따라서 최신 버전을 내려받는 걸 추천하며 알파, 베타 버전은 아직 테스트 단계의 버전이므로 피하는 것이 좋다. 또한, 다른 사람과 협업할 때 사용하는 버전이 다르다면 문제가 생길 수 있으니 미리 같은 버전의 유니티를 사용하도록 조율한 후 프로젝트를 진행해야 한다. 이 책에서는 2019.2.12f1 버전을 사용한다.

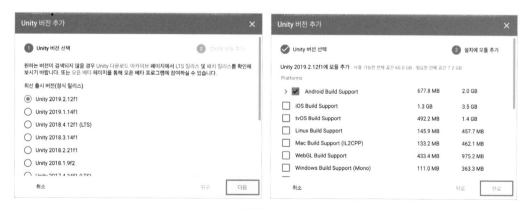

그림 1.4 내려받을 유니티 버전 선택

유니티 설치가 완료되면 다음과 같이 내려받은 버전의 유니티가 표시된다. 이제 왼쪽 위에 있는 [프로젝트] 탭에서 새로운 프로젝트를 생성해보자.

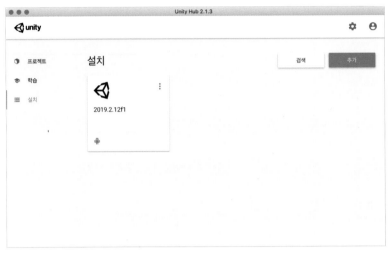

그림 1.5 설치된 최신 버전 유니티

[프로젝트] 탭에서 [새로 생성] 버튼을 클릭하면 새 프로젝트를 생성할 수 있다. 다음과 같이 2D 템플릿을 선택한 후 적당한 이름과 경로를 설정하고 [생성] 버튼을 클릭하면 새로운 프로젝트가 생성된다.

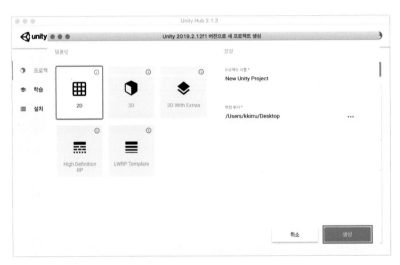

그림 1.6 유니티 허브에서 프로젝트 생성

프로젝트가 정상적으로 생성됐다면 다음과 같은 화면이 열린다. 아직은 화면에 보이는 여러 창들이 복잡하고 어렵게 느껴지겠지만 뒤에 나오는 장에서 유니티의 여러 창들과 기본적인 사용법을 차근차근 알아보자.

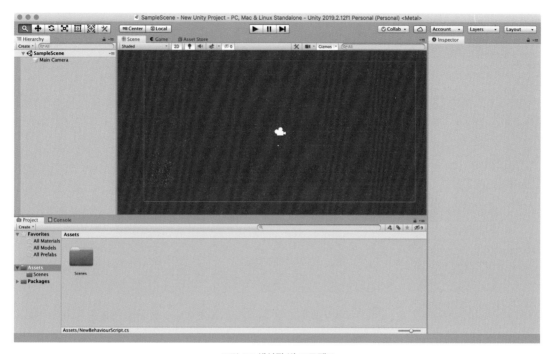

그림 1.7 생성된 빈 프로젝트

1.3.2 스크립트 에디터

유니티를 설치했다면 C# 코드를 작성할 에디터를 설치해야 한다. 유니티를 설치할 때 기본적으로 비주얼 스튜디오(Visual Studio)가 함께 설치된다. 마이크로소프트사가 개발한 비주얼 스튜디오는 가장 널리 쓰이는 통합개발환경(Integrated Development Environment)으로 코드 작성, 디버깅, 컴파일 등 다양한 기능을 제공한다. 통합개발환경은 스크립트 에디터를 포함하는 더 넓은 개념이다. 스크립트를 작성하기 위해 비주얼 스튜디오를 그대로 사용해도 좋고 취향에 맞는 스크립트 에디터를 내려받아 사용해도 된다. 여기서는 C# 소스 파일 컴파일, 디버깅 등 유니티 C# 스크립트에 필요한 기능이 모두 포함돼 있으며 비주얼 스튜디오보다 가벼워 널리 사용되는 **비주얼 스튜디오 코드(VS Code)**를 사용하는 방법을 소개하고자 한다.

먼저 비주얼 스튜디오 코드를 내려받기 위해 다운로드 페이지에 접속한다. 다운로드 페이지에서 자신의 운영체제에 맞는 비주얼 스튜디오 코드 설치 파일을 내려받는다.

- 비주얼 스튜디오 코드 다운로드 페이지 경로 : https://code.visualstudio.com/download

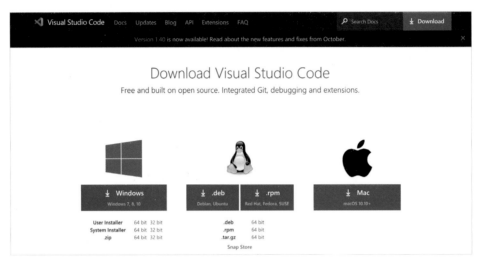

그림 1.8 비주얼 스튜디오 코드 다운로드 페이지

내려받은 설치 파일을 실행해 비주얼 스튜디오 코드를 설치한다. 설치가 올바르게 됐다면 비주얼 스튜디오 코드를 실행했을 때 다음과 같은 초기 화면을 확인할 수 있다.

그림 1.9 비주얼 스튜디오 코드 실행 화면

이제 비주얼 스튜디오를 유니티의 기본 스크립트 에디터로 설정해야 한다. 이 설정은 유니티로 돌아가서 주 메뉴의 [Unity] → [Preferences…]를 선택한 다음 [External Tools] → [External Script Editor]에서 Visual Studio Code를 선택하면 된다.

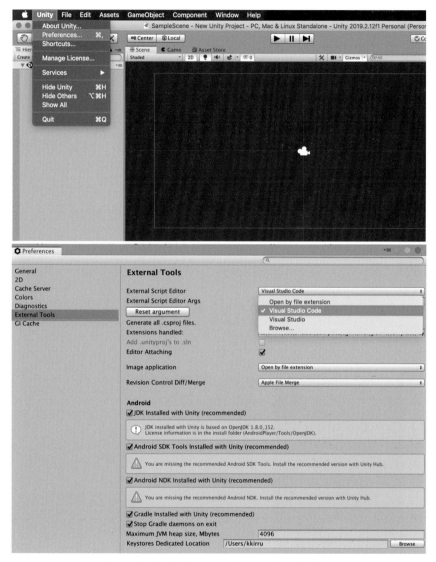

그림 1.10 비주얼 스튜디오 코드를 기본 스크립트 에디터로 설정

이제 비주얼 스튜디오 코드가 유니티의 기본 스크립트 에디터로 설정됐다. 따라서 앞으로 유니티에서 스크립트를 열면 비주얼 스튜디오 코드가 자동으로 실행된다. 앞에서 언급했듯이 비주얼 스튜디오 코드는

여러 스크립트 에디터 중 하나이며 기본으로 설치되는 비주얼 스튜디오 또는 본인에게 익숙한 스크립트 에디터를 사용해도 무방하다.

1.4 유니티에 대해

앞서 C#, 닷넷 프레임워크에 대한 기초적인 지식을 살펴보고 유니티 개발 환경을 구축하는 방법을 알아봤다. 이제 본격적으로 유니티(Unity)를 어떻게 사용하는지 알아보자. 이제부터 등장하는 유니티의 기본적인 사용법은 앞으로 이 책을 진행해 나가면서 계속 등장하는 내용이니 잘 숙지해야 한다.

내용에 들어가기에 앞서 씬과 게임 오브젝트라는 용어에 대해 먼저 알아보자. 모든 게임은 화면별로 구성돼 있다. 게임을 시작하면 로그인 화면에 진입하고 로그인이 완료되면 로딩 화면에 진입하는 등의 화면으로 게임이 구성된다. 유니티에서도 이러한 화면 단위로 게임을 만들어나가는데 이 화면을 유니티에서는 **씬**(Scene)이라고 한다. 게임의 규모가 커져 여러 화면이 필요하다면 씬을 생성함으로써 그 화면을 구현하게 되고 여러 개의 씬이 합쳐져 하나의 게임이 만들어지게 된다.

게임 오브젝트(Game Object)란 씬을 구성하는 모든 요소를 말한다. 배경, 플레이어, 메뉴 버튼, 이펙트 등 화면을 구성하는 모든 요소는 게임 오브젝트다. 따라서 유니티에서 게임을 제작한다는 것은 씬이라는 화면에 게임 오브젝트들을 채워 넣는 과정이다. 씬과 게임 오브젝트라는 용어를 이해했다면 이제 유니티의 구성 요소들을 하나씩 살펴보며 어떻게 사용해야 하는지 알아보자.

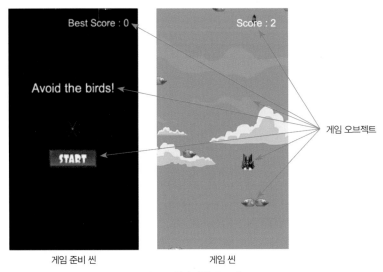

그림 1.11 씬과 게임 오브젝트

1.4.1 인터페이스

가장 먼저 유니티 인터페이스에 대해 알아보자. 1.3장에서 배운 것처럼 유니티를 설치하고 프로젝트를 생성한 후 이를 실행하면 다음과 같은 화면을 볼 수 있다.

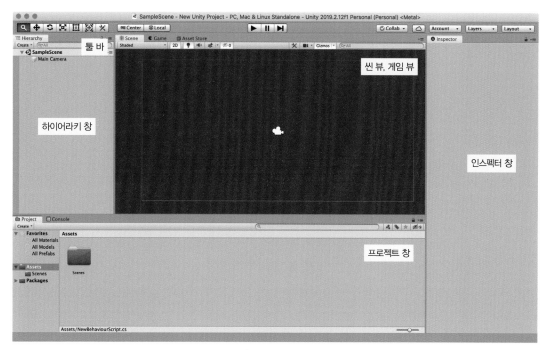

그림 1.12 유니티 초기 화면 구성

그림과 같이 에디터에 여러 개의 창이 존재하는 것을 확인할 수 있다. 모든 창은 위치와 크기를 자유롭게 조절할 수 있으므로 본인에게 편한 위치와 크기로 조절하며 사용하면 된다. 유니티 에디터에는 많은 창이 있지만 그 중 가장 많이 쓰이는 5개의 창과 툴바에 대해 먼저 알아보도록 하자. 첫 번째로 알아볼 창은 씬 뷰와 게임 뷰다.

씬 뷰, 게임 뷰(Scene View, Game View)

영화 촬영장을 생각해보자. 실제 촬영장에는 카메라, 조명, 스태프 등 영화를 찍는데 필요한 다양한 요소들이 있지만, 우리가 스크린에서 보는 영화에 이러한 요소들이 등장하지는 않는다. 씬 뷰와 게임 뷰는 영화 촬영장과 스크린으로 비유될 수 있다. 씬 뷰는 현재 수정하고 있는 씬을 제작자의 관점에서 보여준다.

따라서 카메라 등의 요소들을 확인하고 배치할 수 있다. 반면 게임 뷰는 카메라가 비추는 씬의 모습을 그대로 보여준다. 따라서 실제 게임을 플레이할 때의 화면이 보이게 된다. 정리하자면 씬 뷰와 게임 뷰 모두 현재 씬의 모습을 보여주는 창이지만 씬 뷰는 제작자의 관점에서, 게임 뷰는 유저의 관점에서 바라보는 화면이라고 생각하면 된다.

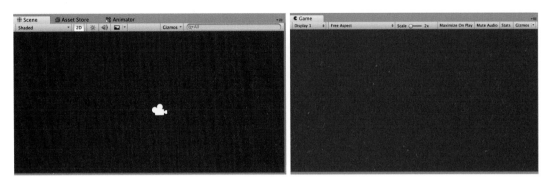

그림 1.13 씬 뷰와 게임 뷰

툴바(Tool bar)

두 번째로 가장 위쪽에 위치한 툴바에 대해 알아보자. 툴바는 세 개의 영역으로 나눌 수 있다. 첫 번째로 가장 왼쪽 영역에서 기본적인 **툴**을 선택할 수 있다. 이 툴을 이용해 씬 뷰에서 오브젝트의 위치, 크기, 회전 등을 변경할 수 있다. 총 7개의 버튼이 있으며, 그중 6개의 버튼은 왼쪽 버튼부터 차례대로 [Q], [W], [E], [R], [T], [Y]의 단축키로 선택할 수 있다. 가장 오른쪽 버튼은 사용자가 생성한 커스텀 툴을 선택하는 버튼이다. 각 툴이 어떤 기능을 하는지는 게임 오브젝트를 다룰 때 설명한다.

다음으로 가운데 위치한 3개의 버튼은 차례대로 **재생, 일시 정지, 스텝 컨트롤 버튼**이다. 재생 버튼을 클릭하면 게임이 시작되며 일시 정지로 게임을 잠시 중단할 수 있다. 스텝 컨트롤 버튼은 클릭할 때마다 한 프레임씩 진행하게 된다.

마지막으로 가장 오른쪽에 위치한 버튼은 차례대로 **유니티 클라우드, 유니티 계정, 레이어, 에디터의 레이아웃**에 접근하는 버튼이다. 툴바는 창이 아니므로 이동하거나 크기를 조절하는 등의 조작은 불가능하다.

그림 1.14 툴바

하이어라키 창(Hierarchy Window)

세 번째로 소개할 창은 하이어라키 창이다. 하이어라키 창은 씬에 존재하는 모든 오브젝트를 계층화시켜 보여준다. 모든 오브젝트는 하이어라키 창에서 선택할 수 있다. 하이어라키 창에서 오브젝트를 선택하면 이어서 설명할 인스펙터 창에 그 오브젝트에 대한 정보가 보여진다.

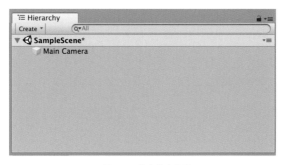

그림 1.15 하이어라키 창

인스펙터 창(Inspector Window)

인스펙터 창은 선택된 오브젝트의 속성을 보여주는 창이다. 씬 뷰에서 오브젝트의 위치, 크기, 회전 등을 조절할 수 있지만 자세한 오브젝트의 속성은 이 인스펙터 창에서 관리하게 된다. 다음 그림은 하이어라키 창에서 Main Camera를 선택했을 때의 인스펙터 창의 모습이다. Main Camera라는 게임 오브젝트의 Transform, Camera, Audio Listener 컴포넌트를 인스펙터 창에서 확인할 수 있다.

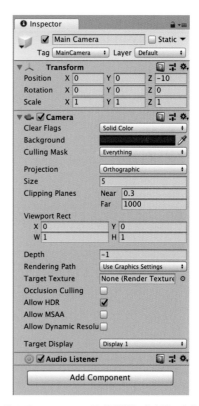

그림 1.16 Main Camera를 선택했을 때의 인스펙터 창

프로젝트 창(Project Window)

마지막으로 프로젝트 창은 이 프로젝트에 존재하는 모든 에셋을 보여준다. 이 에셋에는 생성한 씬, 스크립트, 외부에서 가져온 에셋 등이 포함될 수 있다.

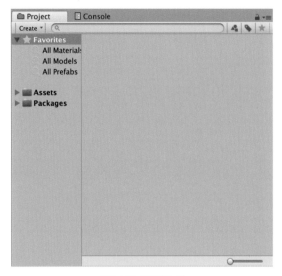

그림 1.17 프로젝트 창

지금까지 유니티 에디터의 5개의 창과 툴바에 대해 알아봤다. 각각의 창은 마우스로 클릭하면 활성화된다. 마우스 클릭 대신 단축키로도 각각의 창을 활성화할 수 있는데 씬 뷰, 게임 뷰, 인스펙터 창, 하이어라키 창, 프로젝트 창은 순서대로 단축키 [macOS : command + 1,2,3,4,5, 윈도우 : Ctrl + 1,2,3,4,5]로 활성화할 수 있다.

1.4.2 게임 오브젝트

앞서 설명했듯이 씬의 모든 구성요소는 게임 오브젝트(Game object)로 구현된다. 이번 절에서는 게임 오브젝트를 어떻게 생성하고 수정하는지 알아보자.

게임 오브젝트는 하이어라키 창에서 생성할 수 있다. 하이어라키 창의 빈 곳을 마우스 오른쪽 버튼으로 클릭한 다음 [Create Empty]를 선택하면 빈 게임 오브젝트가 생성된다. 또한, 단축키 [macOS : command + shift + N, 윈도우 : Ctrl + Shift + N]으로도 생성할 수 있다. 단, 이때 하이어라키 창이 활성화된 상태여야 한다.

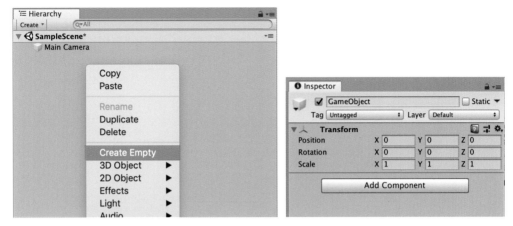

그림 1.18 빈 게임 오브젝트 생성

생성된 오브젝트를 하이어라키 창에서 선택하면 위의 오른쪽 그림과 같이 인스펙터 창에 해당 게임 오브젝트의 속성이 나타난다. 기본적으로 포함된 트랜스폼(Transform)은 게임 오브젝트의 위치, 회전, 크기 등의 요소를 담고 있는 속성이다. 트랜스폼의 Position, Rotation, Scale의 값을 조절하면 게임 오브젝트의 위치, 회전, 크기 값이 바뀌게 된다.

인스펙터 창뿐만 아니라 씬 뷰에서도 게임 오브젝트의 트랜스폼을 조절할 수 있다. 이때 앞서 설명했던 툴바의 버튼들이 사용된다. 툴바의 왼쪽에 위치한 6개의 버튼을 **트랜스폼 툴**이라고 부르는 데 이를 이용해 게임 오브젝트의 트랜스폼을 조절해보자.

트랜스폼 툴(Transform tools)

가장 먼저 트랜스폼 툴의 첫 번째 버튼인 **핸드 툴(Hand Tool)**을 선택하고 마우스 커서를 씬 뷰로 가져가면 커서 모양이 손 모양으로 바뀌게 된다. 이 상태로 씬 뷰를 드래그하면 씬 뷰의 화면을 이동시킬 수 있다.

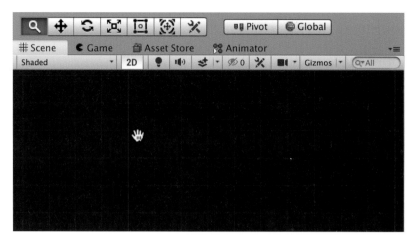

그림 1.19 핸드 툴

트랜스폼 툴의 두 번째 툴은 게임 오브젝트의 위치를 변경하는 **이동 툴**(Move Tool)이다. 하이어라키 창에서 게임 오브젝트를 선택하고 이동 툴을 선택하면 씬 뷰에 화살표 2개가 나타난다. 이 화살표를 드래그하면 게임 오브젝트가 축 방향으로 이동하며 화살표 사이에 있는 정사각형을 드래그하면 축 방향과 무관하게 게임 오브젝트를 움직일 수 있다.

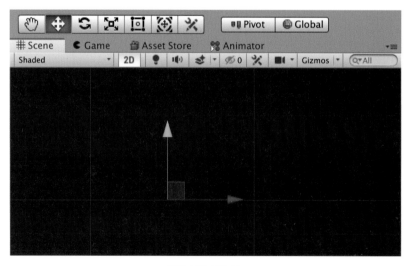

그림 1.20 이동 툴

Tip
　우리는 프로젝트를 생성할 때 2D 템플릿을 선택하여 이동툴에 두 가지 축이 나타나지만, 3D 템플릿을 선택했다면 3개의 축이 나타날 것이다. 이는 씬 뷰의 윗 부분에 있는 2D 버튼을 눌러 체크를 해제하면 확인할 수 있다.

세 번째 툴은 게임 오브젝트를 회전시키는 **회전 툴(Rotation Tool)**이다. 회전 툴을 선택하면 3가지 색의 선들이 나타나는데 이는 각각 x, y, z 축을 기준으로 게임 오브젝트를 회전시키는 원 모양 툴이다. 지금은 게임 오브젝트의 형태가 없어서 회전을 해도 알아보기 어렵지만, 선을 클릭한 다음 움직여보면 인스펙터 창에서 게임 오브젝트가 회전하고 있음을 알 수 있다.

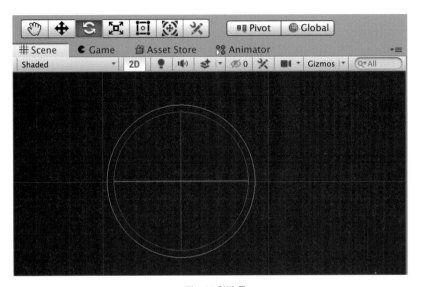

그림 1.21 회전 툴

네 번째 툴은 게임 오브젝트의 크기를 조절하는 **크기 툴(Scale Tool)**이다. 크기 툴을 선택하면 축 방향으로 막대가 생기는데, 이를 이용해 게임 오브젝트를 축 방향으로 늘리거나 줄일 수 있다.

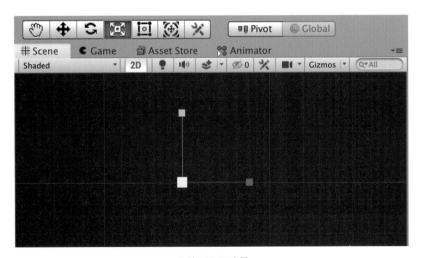

그림 1.22 크기 툴

다섯 번째 툴은 **렉트 툴**(Rect Transform Tool)이다. 렉트 툴은 4개의 꼭짓점의 위치를 조절함으로써 게임 오브젝트의 크기를 조절한다. 렉트 툴은 게임 오브젝트에 이미지를 삽입해야 그 모습이 보이기 때문에 원 모양의 이미지를 삽입했다. 이미지를 삽입하는 방법은 Sprite의 개념을 살펴본 후에 배우게 된다. [shift] 키를 누른 채로 박스를 드래그하면 비율을 유지한 채 크기를 줄이거나 늘릴 수 있다.

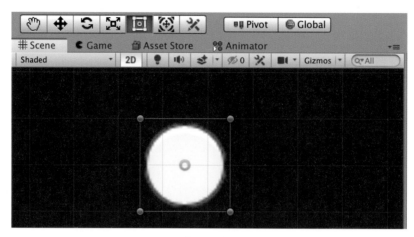

그림 1.23 렉트 툴

마지막으로 여섯 번째 툴은 이동 툴, 회전 툴, 크기 툴을 한 번에 이용할 수 있는 툴이다. 게임 오브젝트의 위치, 회전, 크기를 한 번에 조절하고 싶다면 이 툴을 사용하면 된다.

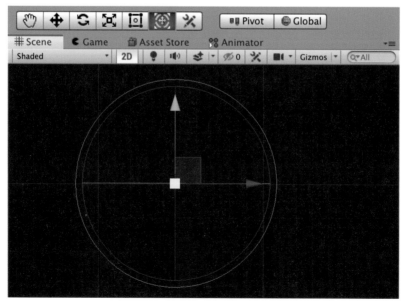

그림 1.24 이동, 회전, 크기 툴

컴포넌트(Component)

앞서 게임 오브젝트를 생성하고 인스펙터와 씬 뷰에서 트랜스폼을 어떻게 변경할 수 있는지 살펴봤다. 하지만 지금까지 배웠던 게임 오브젝트는 빈 틀에 불과하다. 게임 오브젝트라는 빈 틀에 여러 속성을 추가함으로써 여러 가지 기능을 하는 오브젝트를 구현할 수 있는데 이 역할을 하는 것이 **컴포넌트**이다. 컴포넌트의 가장 쉬운 예는 트랜스폼이다. 게임 오브젝트라는 빈 틀에 위치, 회전, 크기를 부여해주는 컴포넌트가 바로 트랜스폼이다. 앞으로 게임 오브젝트에 여러 컴포넌트를 추가하거나 제거하면서 게임 오브젝트의 기능을 완성해 나갈 것이다.

첫 번째로 **스프라이트 렌더러(Sprtie Renderer)** 컴포넌트를 게임 오브젝트에 추가해보자. 이 컴포넌트는 게임 오브젝트에 이미지를 부여해주는 컴포넌트이다. 컴포넌트는 다음 그림과 같이 인스펙터 창에서 [Add Component] 버튼을 이용해 추가할 수 있다.

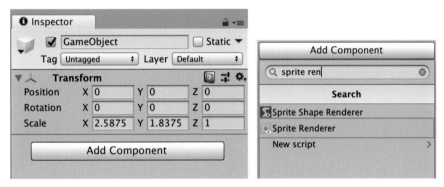

그림 1.25 인스펙터 창에서 컴포넌트 추가

스프라이트 렌더러 컴포넌트를 추가했다면 스프라이트(Sprite)를 선택해보자. 스프라이트란 2D 그래픽 오브젝트로, 간단하게 2D에서 오브젝트의 이미지라고 생각하면 된다. 기본적으로 유니티에 내장된 스프라이트 중에서 Knob라는 스프라이트를 골라보자. 다음 그림처럼 Sprite의 오른쪽 끝에 있는 작은 원 모양 버튼(◉)을 누른 후 Knob라는 이름을 가진 스프라이트를 선택하면 된다.

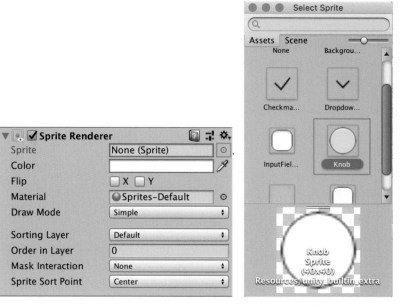

그림 1.26 스프라이트 선택

위와 같이 스프라이트를 선택하면 씬 뷰와 게임 뷰에서 게임 오브젝트에 이미지가 부여된 모습을 확인할
수 있다. 이제 트랜스폼 툴을 활용해 게임 오브젝트의 트랜스폼을 조절해보면 이미지가 움직이는 모습을
확인할 수 있다.

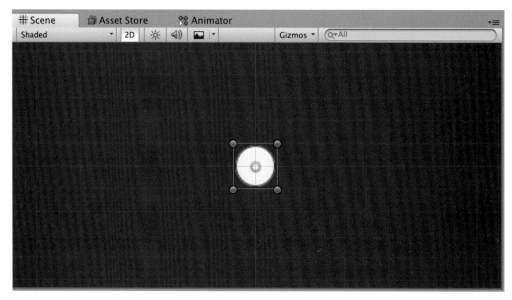

그림 1.27 스프라이트를 추가한 게임 오브젝트

스프라이트 렌더러 말고도 유니티에는 다양한 컴포넌트가 있다. 이번엔 **리지드바디2D**(Rigidbody 2D) 컴포넌트를 추가해보자.

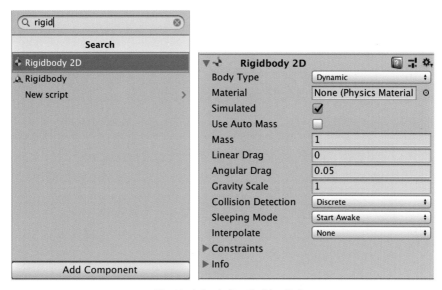

그림 1.28 리지드바디2D 컴포넌트 추가

리지드바디2D는 게임 오브젝트에 중력과 같은 물리 법칙을 적용하는 컴포넌트이다. 리지드바디2D를 추가한 채로 게임을 실행하면 게임 오브젝트에 중력이 적용돼 아래로 떨어지는 모습을 확인할 수 있다. 이처럼 컴포넌트는 빈 그릇과 같은 게임 오브젝트에 여러 모습 또는 기능을 부여하는 역할을 한다.

1.4.3 스크립트

이전 절에서는 컴포넌트가 무엇인지 배우고 게임 오브젝트에 추가해 기능을 부여해 봤다. 유니티에는 다양한 컴포넌트가 있지만, 이들을 이용해 개발자가 원하는 모든 기능을 구현하기는 불가능할 것이다. 이럴 때에는 개발자가 원하는 기능을 갖춘 컴포넌트를 자체적으로 만들고, 게임 오브젝트에 추가해야 한다. 이때 개발사가 사체적으로 만든 컴포넌트를 **스크립트**(Script)라고 하며, 스크립트를 C#, 사바스크립트 등의 언어로 작성하는 것을 **스크립팅**이라고 한다.

스크립트의 생성과 추가

스크립트를 만드는 방법은 여러 가지가 있다. 첫 번째 방법은 유니티 주 메뉴에서 [Assets] → [Create] → [C# Script]를 선택하는 것이다. 그럼 다음과 같이 Assets 폴더에 새로운 C# 스크립트가 생성된다.

그림 1.29 [Assets] 메뉴를 이용해 스크립트 생성

두 번째 방법은 에셋 폴더에서 [마우스 오른쪽 버튼 클릭] → [Create] → [C# Script]를 선택하는 것이다. [Assets] 메뉴를 활용하는 방법과는 다르게 Assets 폴더뿐 아니라 원하는 폴더에 바로 스크립트를 생성할 수 있다. 따라서 [마우스 오른쪽 버튼 클릭] → [Create] → [Folder]를 선택해 Scripts라는 폴더를 만들고, 이 폴더 안에 스크립트를 생성하면 좀 더 보기 쉽게 스크립트 파일들을 정리할 수 있다.

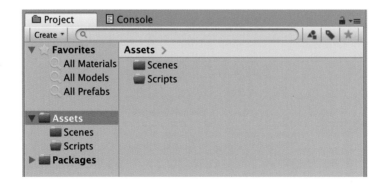

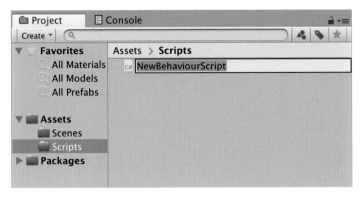

그림 1.30 원하는 폴더 안에 스크립트 생성

새로 생성한 스크립트의 이름을 PlayerController로 정하고 스크립트 생성을 마무리하자. 생성된 스크립트는 프로젝트 창에서 인스펙터 창으로 드래그해 게임 오브젝트의 컴포넌트로 추가할 수 있다.

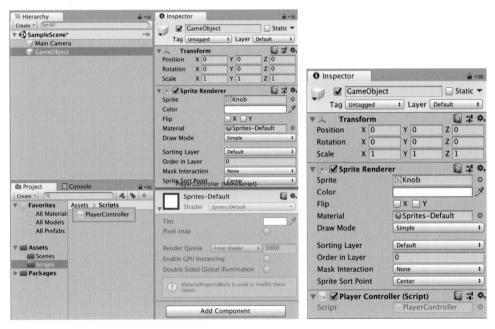

그림 1.31 드래그를 이용해 스크립트를 게임 오브젝트의 컴포넌트로 추가

또는 스크립트 또한 컴포넌트이므로 인스펙터 창의 [Add Component] 버튼을 이용해 추가할 수도 있다.

그림 1.32 [Add Component] 버튼을 이용해 스크립트를 게임 오브젝트의 컴포넌트로 추가

이미 생성한 스크립트는 위와 같이 추가할 수 있지만, 스크립트를 생성과 동시에 추가하는 방법도 있다. 바로 인스펙터 창에서 [Add Component] → [New script]를 선택하는 것이다. 이렇게 하면 생성한 이름대로 게임 오브젝트에 스크립트가 추가되며, Assets 폴더에 해당 스크립트 파일이 생성된다.

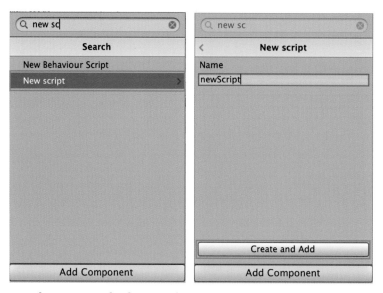

그림 1.33 [Add Component] → [New Script]를 이용해 스크립트 생성과 동시에 컴포넌트로 추가

스크립트의 기본 구조

이제 스크립트를 열어 안쪽을 살펴보자. 프로젝트 창 또는 인스펙터 창에서 스크립트를 더블 클릭하면 스크립트 파일을 열 수 있다. 1.3.2절에서 스크립트 에디터를 따로 설정했다면 설정한 스크립트 에디터가 열리고, 설정하지 않았다면 기본 스크립트 에디터인 비주얼 스튜디오가 열리게 된다. 생성된 스크립트를 처음 열면 다음과 같은 코드를 확인할 수 있다.

예제 1.1 스크립트의 기본 구조   (File : Scripts/Example/Chapter1/PlayerController.cs)

```csharp
using System.Collections;
using System.Collections.Generic;
using UnityEngine;

public class PlayerController : MonoBehaviour
{
    // Start is called before the first frame update
    void Start()
    {

    }

    // Update is called once per frame
    void Update()
    {

    }
}
```

간략하게 몇 가지만 알아보도록 하자. 먼저 using으로 시작하는 문이 3개 보인다. 이는 스크립트 외부에서 필요한 부분을 가져다가 쓰겠다는 뜻이다. 예를 들어, using UnityEngine;은 UnityEngine이라는 곳에 정의된 것들을 가져다 씀으로써 이 스크립트에서 또다시 정의해야 하는 수고를 덜겠다는 의미다. 자세한 내용은 뒤에서 네임스페이스(namespace)를 배울 때 살펴보자.

```csharp
using System.Collections;
using System.Collections.Generic;
using UnityEngine;
```

그리고 그 아래쪽을 보면 다음과 같은 구조를 볼 수 있다. 이 구조가 C#과 유니티 스크립트에서 핵심이되는 **클래스**이다.

```
public class PlayerController : MonoBehaviour
{


}
```

보통 하나의 스크립트는 하나의 클래스와 대응되며 이 스크립트에서 구현하고자 하는 내용을 이 클래스 안에 구현하게 된다. 클래스의 이름 뒤에 콜론과 MonoBehaviour라는 구를 확인할 수 있는데 MonoBehaviour는 해당 클래스를 컴포넌트로 만들어 주는 역할을 한다. MonoBehaviour 덕분에 스크립트를 컴포넌트로 취급해 게임 오브젝트에 부착할 수 있게 되는 것이다. 만약 MonoBehaviour를 삭제하고 유니티 에디터에서 스크립트를 게임 오브젝트에 부착하려고 하면 컴포넌트로 추가할 수 없다는 경고가 발생한다.

그림 1.34 MonoBehavior 코드가 없는 스크립트는 컴포넌트로 추가할 수 없음

Start()와 Update()

스크립트의 몸체인 클래스 내부를 보면 다음과 같이 Start()와 Update()를 볼 수 있다. Start()와 Update()는 앞으로 배울 **메서드**의 일종인데 메서드는 함수와 같은 개념으로 프로그램을 이용해 호출되고 그 안의 내용이 실행된다. 주석으로 쓰여 있듯이 Start()는 게임이 시작되고 첫 번째 프레임에 호출되며 Update()는 매 프레임마다 반복적으로 호출된다. 따라서 Start()의 중괄호에 어떤 명령문이 있다면 그 명령문은 게임이 시작되고 첫 프레임에 한 번만 실행되며 Update()의 명령문은 매 프레임마다 반복해서 실행된다.

```
// Start is called before the first frame update
void Start()
{

}

// Update is called once per frame
void Update()
{

}
```

Start()와 Update() 메서드를 이용해 스크립트와 에디터가 연결되는 과정을 확인할 수 있다. 유니티에는 에디터에서 생성되는 오류, 경고, 기타 메시지를 표시하는 창인 **콘솔(Console) 창**이 있다.

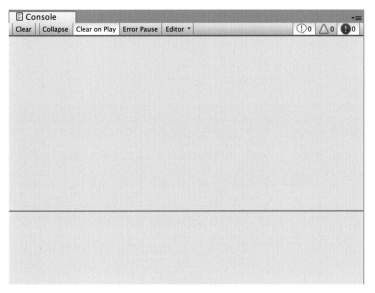

그림 1.35 콘솔 창

그리고 스크립트에서 Debug.Log() 메서드를 이용해 콘솔 창에 메시지를 출력할 수 있다. Debug.Log()를 사용하는 방법은 다음과 같다.

```
Debug.Log("콘솔 창에 출력하고자 하는 메시지");
```

이제 Start() 메서드에 콘솔 창에 메시지를 띄우는 코드를 작성해보자. 앞서 생성한 PlayerController 스크립트에 다음과 같이 예제 코드를 작성한다.

예제 1.2 Debug.Log를 이용해 유니티 콘솔 창에 메시지 출력하기 　　　　　　　(File : Scripts/Example/Chapter1/PlayerController.cs)

```csharp
using UnityEngine;

public class PlayerController : MonoBehaviour
{
    // Start is called before the first frame update
    void Start()
    {
        Debug.Log("Hello");
    }

    // Update is called once per frame
    void Update()
    {

    }
}
```

실행결과 － ▢ ✕
Hello

그리고 게임을 실행하면 콘솔 창에 우리가 입력한 Hello라는 메시지가 출력된 것을 확인할 수 있다. 이때 작성한 PlayerController.cs 스크립트가 스크립트의 생성과 추가에서 배웠던 것처럼 하이어라키 창의 어떤 게임 오브젝트에 컴포넌트로 부착돼 있어야 한다는 점을 주의해야 한다.

Start(), Update(), Debug.Log()와 같은 메서드는 앞으로 유니티를 이용해 프로그래밍을 할 때 매우 유용하게 사용되는 메서드이므로 사용법을 익혀둬야 한다.

C# 기초 문법

이제 C#의 기초 문법을 배워보자. 영어 문장을 완성하기 위해 영문법에 맞게 영어 단어를 나열하는 것처럼 이 장에서 배울 기초 문법과 여러 요소를 이용해 코드를 작성하게 된다.

2.1 토큰과 코드 작성

본격적으로 C#을 공부하기 전에 모든 프로그래밍 언어의 기초인 토큰과 이를 이용해 코드를 작성하는 방법을 알아보자.

2.1.1 토큰

토큰(Token)이란 문법적으로 더 이상 나눌 수 없는 언어 요소를 뜻한다. 예를 들어, new object라는 코드가 있다고 하자. new와 object는 따로 쓰더라도 각각 새로운, 객체라는 고유의 뜻이 있다. 하지만 이를 n과 ew와 같이 나누면 원래 단어가 가지고 있던 뜻을 잃게 되므로 new와 object는 프로그래밍 언어에서 토큰이라고 할 수 있다. 컴파일러는 우리가 작성한 코드를 이러한 토큰 단위로 구분해 컴파일하게 된다. 우리가 앞으로 배울 C#에는 어떠한 토큰들이 있는지 자세히 알아보자.

토큰은 다음 표와 같이 5가지 종류로 구분할 수 있다. 각 종류에 해당하는 모든 토큰을 외울 필요는 없지만, 어떤 토큰을 보고 종류를 구분할 수는 있어야 한다.

표 2.1 토큰의 종류

종류	예
예약어(키워드)	new, object, int, if 등
식별자	변수의 이름, 메서드의 이름 등
리터럴	1, 1235, 3.78, "hello" 등
연산자	+, −, *, /, &, |, == 등
구분자	;, (), {}, [], :, ', ", = 등

예약어(keyword)

예약어란 컴파일러가 해석할 수 있도록 미리 정의해둔 토큰이며 키워드라고도 부른다. 쉽게 특별한 의미를 가지는 단어라고 생각하면 된다. 키워드의 종류는 다음 표와 같고, 일일이 외울 필요는 전혀 없지만 앞으로 반복적으로 등장하는 키워드는 알아두는 것이 좋다. 두 번째 표의 상황별 예약어는 특정 상황에서만 예약어로 취급된다.

표 2.2 C#의 예약어

abstract	as	base	bool
break	byte	case	catch
char	checked	class	const
continue	decimal	default	delegate
do	double	else	enum
event	explicit	extern	FALSE
finally	fixed	float	for
foreach	goto	if	implicit
in	int	interface	internal
is	lock	long	namespace
new	null	object	operator
out	override	params	private
protected	public	readonly	ref
return	sbyte	sealed	short
sizeof	stackalloc	static	string
struct	switch	this	throw
TRUE	try	typeof	uint
ulong	unchecked	unsafe	ushort
using	using static	virtual	void
volatile	while		

표 2.3 C#의 상황별 예약어(Contextual keyword)

add	alias	ascending
async	await	by
descending	dynamic	equals
from	get	global
group	into	join
let	nameof	on

orderby	partial(type)	partial(method)
remove	select	set
value	var	when(filter condition)
where(generic type constraint)	where(query clause)	yield

식별자(identifier)

식별자는 앞으로 등장할 프로그래밍 언어 요소들에 부여하는 이름이다. 임의로 붙여주는 이름이기 때문에 미리 의미를 정의해둔 예약어(키워드)는 식별자로 사용할 수 없다. 예약어와 식별자를 구분하기 위해 다음과 같이 예를 들어보자. 프로그래밍을 할 때 우리는 사용할 값들을 변수라는 그릇에 담아 사용하게 되는데, 이러한 변수 2개를 선언하면 다음과 같다.

```
int a;
int b;
```

앞에 쓰인 int는 변수가 정수형임을 나타내는 미리 정의된 예약어이다. a와 b는 식별자로 해당 변수의 이름을 지어준 것이다. 식별자는 말 그대로 이름이기 때문에 a와 b처럼 상황에 맞게 적절한 이름을 지어주면 된다. 하지만 int는 예약어이므로 임의로 바꾼다면 컴파일러가 해석하지 못하기 때문에 그 형식을 지켜줘야 한다. 또한, 식별자는 다음과 같은 규칙을 따라야 한다.

1. 문자 또는 언더바(_)로 시작해야 한다.
2. 공백을 포함할 수 없다.
3. 대소문자를 구분하므로 대소문자가 다르다면 다른 식별자이다.

리터럴(literal)

리터럴은 '문자 그대로의'라는 뜻처럼 어떤 숫자나 문자가 가진 값 그대로를 의미한다. 쓰여 있는 그대로의 값이기 때문에 변하지 않으므로 상수(constant)라고 표현하기도 한다.

앞서 변수를 값을 담는 그릇이라고 표현했는데, 이때 담기는 값을 리터럴이라고 생각하면 된다. 선언한 변수에 값을 담는 방법은 다음과 같다.

```
int a = 1;
```

이때 담긴 값 1을 리터럴 이라고 말할 수 있다. 리터럴은 정수뿐 아니라 실수, 문자, 문자열 등 다양한 값이 될 수 있다.

연산자(operator)

연산자는 특정 연산을 수행하기 위해서 사용되는 기호를 뜻한다. 수학에서 두 수를 더할 때 우리는 1+1과 같이 표현한다. 이때 사용하는 + 기호가 기호 양쪽에 있는 두 수를 더한다는 뜻을 가진 **연산자**이다. 1+1에서 1과 같이 연산에 사용되는 요소는 **피연산자(operand)**라고 부른다. 프로그래밍에서는 여러 가지 연산을 하기 위해 사용되는 연산자가 있는데 산술 연산자, 대입 연산자, 비교 연산자, 논리 연산자의 4가지 분류로 나눌 수 있다. 이는 2.6절에서 자세히 설명한다.

표 2.4 자주 사용하는 연산자

분류	연산자
산술 연산자	+, −, *, /, %, ++, −−
대입 연산자	=
비교 연산자	==, !=, <, >, <=, >=
논리 연산자	&, |, &&, ||

구분자(punctuator)

구분자란 특정 요소들을 문법적으로 구분하는 기호다. 연산자를 제외한 나머지 기호들을 구분자라고 생각하면 된다. 그중에서도 자주 쓰이기 때문에 꼭 기억해야 할 구분자는 다음과 같다.

표 2.5 자주 사용하는 구분자

구분자	역할
(), {}, []	요소를 구분함
;	명령문을 끝냄
//, /* */	컴파일러가 컴파일하지 않는 주석 문장 생성

2.2 변수와 자료형

다음으로 배울 내용은 변수와 자료형이다. 변수는 데이터를 담는 그릇이다. 우리는 이 그릇에 사용할 데이터를 담아 사용하게 된다. 자료형은 그 그릇의 모양과 같다. 따라서 변수라는 그릇에는 모든 값을 담을 수 있는 것이 아니고 자료형이라는 모양에 맞는 값만 담을 수 있다.

2.2.1 변수

변수(Variable)는 글자 뜻 그대로 변할 수 있는 수라는 뜻이 있다. 변수에 담긴 값은 계속 변할 수 있기 때문이다. 우리는 변수를 선언한 뒤 이 변수에 값을 담고 상황에 맞게 값을 변경한다.

변수의 선언과 초기화

변수는 자료형과 식별자를 사용해 선언한다. 먼저 선언하고자 하는 변수가 어떤 자료형인지 명시하고, 변수의 이름인 식별자를 적어주면 된다.

```
자료형 변수이름;
```

예를 들어, 정수를 담을 변수를 선언한다면 다음과 같이 선언할 수 있다.

```
int a;
```

정수를 표현하는 자료형인 int를 앞에 쓰고 변수의 이름은 a라고 명시한 다음 세미콜론으로 코드를 끝낸다. 이렇게 하면 해당 변수가 차지하는 공간만큼 메모리가 할당되고, 변수는 값을 담을 준비가 된다.

아직 변수에 값을 담지 않고 선언만 했기 때문에 빈 그릇의 상태라고 생각하기 쉬운데 변수는 선언만 하더라도 이미 해당 타입의 기본값이 담긴 상태로 생성된다. 예를 들어, int 자료형의 기본값은 0이므로 변수 a는 0의 값을 담은 채로 생성된다. 이를 확인하기 위해 다음과 같이 코드를 작성하고 유니티 콘솔 창에서 확인해 보자.

```
using UnityEngine;

public class VariableExample : MonoBehaviour
{
    int a;
    void Start()
    {
        Debug.Log(a);
    }
}
```

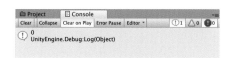

그림 2.1 선언한 변수에 담긴 값 확인

유니티 콘솔 창에서 그림 2.1과 같이 실행 결과를 확인할 수 있다. 이 책에서는 콘솔 창의 실행 결과를 오른쪽과 같이 나타내겠다.

변수에 값을 담지 않고 선언만 했을 때 int 형의 기본값인 0이 출력되는 것을 확인할 수 있다. 이번엔 변수에 값을 직접 담는 방법을 알아보자. 변수에 값을 담는 방법은 변수의 식별자(변수를 구분할 이름)를 적어준 후 = 연산자와 함께 담을 값을 적어주면 된다.

예제 2.2 변수에 값을 담고 출력하기 (File : Scripts/Example/Chapter2/VariableExample.cs)

```
using UnityEngine;

public class VariableExample : MonoBehaviour
{
    int a;
    void Start()
    {
        a = 1;
        Debug.Log(a);
    }
}
```

변수에 1이라는 값이 담겨 출력된 것을 확인할 수 있다. 변수를 선언하는 과정과 값을 담아주는 과정을 위처럼 두 단계로 나누지 않고, 하나의 과정으로 처리할 수 있는데 이를 **초기화**라고 한다. 변수를 초기화하는 방법은 다음과 같이 선언할 때 값을 담아주면 된다.

```
int a = 1;
```

정리하면 변수를 초기화하지 않고 선언만 하면 해당 타입의 기본값이 담긴 채로 생성되며, 원하는 값을 담은 채로 생성하고 싶다면 선언할 때 값을 명시해 초기화하면 된다.

2.2.2 자료형

변수가 값을 담는 그릇이라면 자료형(Data type)은 그 그릇의 모양이다. 그릇의 모양에 맞는 것만 그릇에 담을 수 있듯이 변수의 자료형에 맞는 값만 변수에 담을 수 있다. 자료형은 크게 정수형, 실수형, 문자형, 논리형으로 구분할 수 있으며 상황에 맞는 자료형을 선택해 사용해야 한다. 다음은 자주 사용되는 기본 자료형의 분류와 그 예를 정리한 표이다.

표 2.6 자료형의 분류

분류	자료형
정수형	sbyte, byte, short, ushort, int, uint, long, ulong
실수형	decimal, double, float
문자형	char, string
논리형	bool
기타	object

정수형(Integer types)

정수를 표현하는 기본 자료형은 다음 표와 같으며, 자료형별로 차지하는 메모리의 크기가 다르다.

표 2.7 정수를 표현하는 기본 자료형

자료형	범위	크기
sbyte	−128 ~ 127	부호가 있는 8bit 정수
byte	0 ~ 255	부호가 없는 8bit 정수
short	−32,768 ~ 32,767	부호가 있는 16bit 정수
ushort	0 ~ 65,535	부호가 없는 16bit 정수
int	−2,147,483,648 ~ 2,147,483,647	부호가 있는 32bit 정수
uint	0 ~ 4,294,967,295	부호가 없는 32bit 정수
long	−9,223,372,036,854,775,808 ~ 9,223,372,036,854,775,807	부호가 있는 64bit 정수
ulong	0 ~ 18,446,744,073,709,551,615	부호가 없는 64bit 정수

표를 보면 8bit의 byte부터 64bit의 long까지 크게 4가지 종류의 정수형이 있으며 부호가 있는지 없는지에 따라 총 8가지로 구분되는 것을 확인할 수 있다.

같은 정수형 타입을 이렇게 여러 종류로 구분해야 하는 이유는 무엇일까? 바로 메모리를 효율적으로 사용하기 위함이다. 예를 들어, 8bit로 충분히 표현할 수 있는 정수를 64bit의 공간을 차지하는 long 타입 변수에 담게 되면 56bit의 메모리를 낭비하게 된다. 이 때문에 작은 크기의 정수를 담기 위한 byte, short 등의 타입이 존재하는 것이다.

실수형(Floating-point types)

실수를 표현하기 위한 기본 자료형은 다음 표와 같다.

표 2.8 실수를 표현하는 기본 자료형

자료형	근사 범위	크기	리터럴 형식 접미사
float	$\pm 1.5 \times 10^{-45} \sim \pm 3.4 \times 10^{38}$	32bit 부동소수점 값	f or F
double	$\pm 5.0 \times 10^{-324} \sim \pm 1.7 \times 10^{308}$	64bit 부동소수점 값	d or D
decimal	$\pm 1.0 \times 10^{-28} \sim \pm 7.9228 \times 10^{28}$	128bit 고정소수점 값	m or M

실수를 표현할 때 주의해야 할 점은 리터럴의 형식이다. 실수 형식의 리터럴은 기본적으로 double로 처리되며, 다른 타입으로 명시해야 한다면 타입에 맞는 접미사를 붙여줘야 한다. 예를 들어, 다음과 같이 float 타입 변수에 값을 담으면 리터럴이 double로 처리돼 컴파일 오류가 발생한다.

```
float a;
void Start()
{
    a = 12.7;
}
```

따라서 float 형식의 변수에 값을 담을 때는 다음과 같이 12.7 뒤에 접미사 f 또는 F를 붙여줘야 한다.

```
float a;
void Start()
{
    a = 12.7f;
}
```

문자형(Charcter, String type)

문자형을 표현하는 자료형은 다음 표와 같다.

표 2.9 문자형을 표현하는 기본 자료형

자료형	범위	크기
char	U+0000~U+FFFF	유니코드 16bit 문자
string	없음	유동적

char 타입의 값은 '(작은따옴표)를 사용하고, string 타입의 값은 "(큰따옴표)를 사용한다. 또한, char 타입은 1개의 문자만 담을 수 있으며 string 타입은 0개 이상의 문자를 담을 수 있다.

```
char a = 'a';
string b = "abc";
string c = "";
```

논리형(Boolean type)

논리를 표현하는 자료형은 bool이다. bool 타입에는 true 또는 false의 값만 담을 수 있다.

표 2.10 논리형을 표현하는 기본 자료형

자료형	값	크기
bool	true or false	4byte

```
bool a = true;
bool b = false;
```

object

지금까지 배웠던 정수형, 실수형, 문자형, 논리형에 이어 C#에는 object 타입이 있다. object 타입이 특별한 점은 모든 타입의 값을 담을 수 있다는 것이다. 이는 5장에서 따로 다룰 것이며 지금은 모든 타입의 값을 담을 수 있는 가장 큰 그릇이라고 생각하면 된다. 예를 들어, 다음과 같이 object 변수를 초기화할 수 있다.

```
object a = 1;
object b = 0.1;
object c = "hello";
object d = true;
```

지금은 모든 상황에 object 타입 변수를 선언하는 것이 편해 보일 수 있지만, 이는 메모리 공간을 낭비하고 오류를 유발하기 쉬우므로 각 상황에 맞는 타입을 선택해 사용하는 것이 좋다.

2.3 형변환

앞서 배운 자료형은 서로 형을 변환할 수 있는 경우가 있다. 이를 형변환(Type conversion)이라고 하고, 암시적 형변환과 명시적 형변환으로 나눌 수 있다.

암시적 형변환

암시적 형변환(Implicit conversion)은 범위가 작은 자료형을 범위가 큰 자료형에 담을 때 일어난다. 예를 들어, int 타입 데이터를 long 타입 변수에 담을 때 일어나는 형변환을 암시적 형변환이라고 한다. 범위가 작은 자료형이 범위가 큰 자료형으로 변환되는 것은 작은 그릇에 담긴 값을 큰 그릇에 담는 것과 같으므로 자연스럽게 형변환이 일어난다.

```
int a = 1;
long b = a;
```

명시적 형변환

명시적 형변환(Explicit conversion)은 반대로 범위가 큰 자료형을 범위가 작은 자료형에 담을 때 일어난다. 명시적 형변환은 다른 말로 **캐스팅**(casting)이라고도 하며, 이때 암시적 형변환과는 달리 캐스팅 연산자를 이용해 명시적으로 형변환할 것임을 컴파일러에 알려줘야 한다. 캐스팅 연산자는 ( )(소괄호)로 표시하며, 소괄호 안에 변환하고자 하는 자료형을 쓰면 된다.

예를 들어, 다음과 같이 long 형의 데이터를 int 형에 담으려고 하면 컴파일 에러가 발생한다. 왜냐하면 long 형은 int 형보다 범위가 넓어 암시적 형변환이 이뤄지지 않기 때문이다.

```
long a = 1;
int b = a;
```

따라서 다음과 같이 캐스팅 연산자를 이용해 long 형의 데이터를 int 형으로 변환할 것임을 컴파일러에게 알려줘야 한다.

```
long a = 1;
int b = (int)a;
```

2.4 배열

앞서 변수를 배우며 값에 맞는 자료형을 설정해 변수를 선언하고 그 안에 값을 담아 봤다. 타입이 같은 여러 개의 값을 관리할 때에는 변수를 여러 개 선언할 수도 있지만, 배열(Array)을 사용해 하나의 변수로 관리할 수도 있다. 만약 5명의 점수를 기록하기 위한 변수 5개를 선언한다고 해보자. int 형을 이용해 변수를 선언하면 다음과 같다.

```
int score1;
int score2;
int score3;
int score4;
int score5;
```

아직은 변수의 개수가 5개밖에 되지 않기 때문에 괜찮아 보일 수 있지만, 만약 100개, 1000개의 변수를 선언해야 한다면 일일이 선언하는 것은 매우 비효율적임을 알 수 있을 것이다. 이처럼 같은 타입의 여러 값은 **배열**이라는 데이터 구조에 한 번에 저장하고 인덱스를 이용해 접근할 수 있다.

2.4.1 배열의 선언과 초기화

배열을 선언하는 방법은 앞서 배운 변수를 선언하는 방법과 매우 비슷하다. 다음과 같이 사용하고자 하는 타입 뒤에 []를 붙여 배열이라는 것을 표시하면 된다.

```
자료형[] 배열이름;
```

예를 들어, int 타입 요소를 가지고 scores라는 이름을 가진 배열은 다음과 같이 선언할 수 있다.

```
int[] scores;
```

하지만 지금 상태는 배열에 값을 담기 위한 메모리가 할당되지 않은 상태이다. 따라서 **new**라는 키워드를 사용해 메모리를 할당해야 한다. 이때 중요한 것은 요소의 개수를 명시해야 한다는 것이다.

```
int[] scores = new int[5];
```

이제 scores라는 배열은 5개의 int 값을 담을 준비가 됐다. 변수와 마찬가지로 값을 지정하지 않았기 때문에 5개의 int 값 모두 기본값인 0으로 저장된다. 만약 배열을 생성할 때 값을 지정하고 싶다면 다음과 같이 할 수 있다.

```
int[] scores = new int[]{10, 20, 30, 40, 50};
```

이 경우에는 요소의 개수를 명시한 것과 다름없으므로 [](대괄호) 안에 요소의 개수를 표시하지 않아도 된다. 또한, 다음과 같이 축약해 표현할 수도 있다.

```
int[] scores = {10, 20, 30, 40, 50};
```

배열을 선언하고 초기화하는 방법을 4가지로 나눠 알아봤다. 처음 봤을 때는 여러 가지 방법이 있는 것이 혼란스러울 수 있지만 몇 번 따라 해보면 결국 같은 표현임을 알 수 있다.

2.4.2 배열의 사용

배열을 선언했다면 이제 배열을 어떻게 사용하는지 알아보자. 이전 절에서 5개의 변수를 다음과 같이 하나의 배열로 대체할 수 있다는 것을 배웠다.

```
int[] scores = new int[5];
```

이제 이 배열에 담긴 값에 접근해보자. 5개의 요소는 각각 0, 1, 2, 3, 4의 인덱스를 사용해 접근할 수 있다. 배열의 식별자 뒤에 대괄호를 붙인 다음 그 안에 인덱스를 적어주면 된다. 인덱스는 0부터 시작한다는 것에 주의하며 다음과 같이 각 요소의 값을 출력해보자.

예제 2.3 배열의 요소에 접근해 출력하기　　　　　　　　　　　　　(File : Scripts/Example/Chapter2/ArrayExample.cs)

```
using UnityEngine;

public class ArrayExample : MonoBehaviour
{
    int[] scores = new int[5];
    void Start()
    {
        Debug.Log(scores[0]);
        Debug.Log(scores[1]);
        Debug.Log(scores[2]);
        Debug.Log(scores[3]);
        Debug.Log(scores[4]);
    }
}
```

실행결과　－ □ ×
```
0
0
0
0
0
```

배열에 담긴 모든 요소는 int 형의 기본값인 0으로 초기화된 것을 알 수 있다. 이번에는 다음과 같이 배열의 각 요소에 값을 담은 다음 출력해보자. 배열에 값을 담는 방법은 인덱스를 사용한다는 것 빼고는 변수에 값을 담는 방법과 똑같다.

예제 2.4 배열의 요소에 값 담기　　　　　　　　　　　　　　　　(File : Scripts/Example/Chapter2/ArrayExample.cs)

```
using UnityEngine;

public class ArrayExample : MonoBehaviour
{
```

```
int[] scores = new int[5];
void Start()
{
    scores[0] = 10;
    scores[1] = 20;
    scores[2] = 30;
    scores[3] = 40;
    scores[4] = 50;

    Debug.Log(scores[0]);
    Debug.Log(scores[1]);
    Debug.Log(scores[2]);
    Debug.Log(scores[3]);
    Debug.Log(scores[4]);
}
}
```

2.5 연산자

2.1절에서 토큰을 배우면서 여러 종류의 연산자가 있음을 배웠다. 이번 절에서는 연산자(Operator)에 대해 좀 더 자세히 알아보고 이를 활용하는 방법을 알아보자.

산술 연산자

산술 연산자(Arithmetic operator)는 두 수를 더하거나 빼는 등의 산술 연산을 하는 연산자이다. 사칙연산을 포함해 나머지를 구하는 % 연산자와 1씩 더하거나 빼는 증감 연산자가 자주 쓰인다.

표 2.11 자주 사용하는 산술 연산자

기호	역할
+, −, *, /	더하기, 빼기, 곱하기, 나누기의 사칙연산
%	나머지 연산
++, −−	증감 연산

대입 연산자

대입 연산자(Assignment operator)는 이름에서도 알 수 있듯이 오른쪽 피연산자의 값을 왼쪽 피연산자에 대입하는 연산자이다. 기호는 =을 사용한다.

표 2.12 자주 사용하는 대입 연산자

기호	역할
=	대입 연산자
+=, −=, *=, /=	산술 연산자와 결합해 사용

지금까지 변수에 값을 담을 때 int a = 1과 같은 표현을 사용했다. 수학에서는 a = 1이라고 하면 a와 1이 같다는 표현으로 사용되지만, 프로그래밍에서는 a에 1을 대입한다 또는 a에 1이라는 값을 할당한다는 뜻으로 사용되므로 꼭 구분해야 한다. 예를 들어, a를 1로 초기화하고 다시 다른 값을 대입하고 싶다면 다음과 같이 대입 연산자를 사용하면 된다.

```
int a = 1;
a = 3;
```

대입 연산자는 산술 연산자와 결합해서 사용하는 경우가 많은데, 이는 단순한 줄임 표현에 불과하다. 예를 들어, 변수 a에 담긴 값에 3을 더한 값을 다시 변수 a에 대입한다고 하면 다음과 같이 표현할 수 있다.

```
a = a + 3;
```

대입 연산자를 기준으로 오른쪽을 보면 a+3은 a에 담긴 값에 3을 더한 값이라는 뜻이므로 a에는 새롭게 a에 3을 더한 값을 대입하게 된다. 이때 변수 a가 2번 사용됐으므로 이를 줄여 다음과 같이 쓸 수 있다. 두 표현은 모습은 다르지만 똑같은 연산을 수행한다.

```
a += 3;
```

논리 연산자

논리 연산자(Logical Operator)는 앞서 소개했던 연산자들과는 다르게 숫자를 연산하는 것이 아니라 true, false(Boolean)를 연산한다. 논리 연산자를 소개하기 전에 true, false를 어떻게 연산하는지 알아보자.

논리 연산에는 AND, OR, NOT의 세 가지 연산이 있다. **AND**는 양쪽 피연산자 모두 true일 때만 true라고 연산하고, 하나라도 false면 false라고 연산한다. **OR**는 양쪽 피연산자 중 하나라도 true면 true로 연산하고, 두 피연산자 모두 false일 때만 false라고 연산한다. **NOT** 연산은 true를 false로 false를 true로 바꿔준다. AND와 OR 연산의 모든 경우의 수를 표로 정리하면 다음과 같다.

표 2.13 AND, OR 연산

AND 연산	결과	OR 연산	결과
true AND true	true	true OR true	true
true AND false	false	true OR false	true
false AND true	false	false OR true	true
false AND false	false	false OR false	false

프로그래밍에서는 AND, OR, NOT을 **&&, ||, !**로 표현한다. &&와 ||는 기호를 하나씩만 사용해 &, |로도 표현할 수 있는데 이 경우에는 항상 두 피연산자를 확인한다. 예를 들어, false && true는 앞에 있는 false만으로도 결과가 false이므로 두 번째 피연산자를 확인하지 않지만, false & true는 두 피연산자를 모두 확인한다. 일반적으로는 불필요한 연산이 추가되는 것이라고 할 수 있다. 따라서 꼭 두 피연산자 모두 확인해야 하는 경우가 아니라면 &와 | 대신 &&와 ||를 사용한다. 다음은 이러한 논리 연산자들을 정리한 표이다.

표 2.14 자주 사용하는 논리 연산자

기호	역할
&	논리 AND
&&	조건부 논리 AND
|	논리 OR
||	조건부 논리 OR
!	NOT

다음은 &&, ||, ! 연산자를 이용한 몇 가지 논리 연산을 예로든 것이다. true, false의 값과 &&, ||, !의 논리 연산자가 어떻게 동작하는지 반드시 알고 넘어가야 한다.

```
true && true    // true
true && false   // false
```

```
false || true    // true
false || false   // false
!true            // false
!false           // true
```

비교 연산자

비교 연산자(Relational Operator)는 두 연산자의 값을 비교해 참인지 거짓인지 판별하는 연산자이다.
대입 연산자에서 = 기호가 두 피연산자가 같음을 의미하는 것이 아니라고 했는데 두 피연산자가 같음을
뜻하는 연산자는 바로 ==이다.

표 2.15 자주 사용하는 비교 연산자

기호	역할
==	왼쪽 피연산자와 오른쪽 피연산자가 같음
!=	왼쪽 피연산자와 오른쪽 피연산자가 다름
<	왼쪽 피연산자가 오른쪽 피연산자보다 작음
>	왼쪽 피연산자가 오른쪽 피연산자보다 큼
<=	왼쪽 피연산자가 오른쪽 피연산자보다 작거나 같음
>=	왼쪽 피연산자가 오른쪽 피연산자보다 크거나 같음

2.6 제어문

기본적으로 프로그램은 작성한 코드 순서대로 작동한다. 하지만 경우에 따라 특정 코드를 건너뛰거나
다시 돌아가 반복하는 등의 흐름을 바꾸는 과정이 필요한데 **제어문(Control statement)**을 이용해
프로그램의 흐름을 바꿀 수 있다. 제어문은 크게 조건문과 반복문으로 나뉘며 조건문에는 if 문과 switch
문, 반복문에는 for 문, foreach 문, while 문이 있다.

2.6.1 조건문

조건문(Conditional statement)에는 if 문과 switch 문이 있으며 특정 조건에 맞는 코드를 선택해
실행한다. 먼저 if 문부터 알아보자.

if 문

if 문의 기본 문법은 다음과 같다. if 키워드 뒤에 조건식을 적고, 조건에 해당할 때 실행할 코드를 적어준다. 이때 조건식은 bool 타입이어야 한다.

```
if (조건식)
{
    // 조건식이 참일 때 실행할 코드
}
```

조건식에 해당하는 bool 값이 true라면 중괄호 안의 코드를 실행하고, false라면 건너뛴다. 예를 들어, 다음과 같이 변수 a에 대입한 값이 5보다 작거나 같으면 콘솔 창에 a의 값을 출력하는 코드를 작성해보자.

예제 2.5 if 문 사용 예   (File : Scripts/Example/Chapter2/IfExample.cs)

```
using UnityEngine;

public class IfExample : MonoBehaviour
{
    void Start()
    {
        int a = 3;
        if (a <= 5)
        {
            Debug.Log(a);
        }
    }
}
```

실행결과 － □ ×
3

먼저 a의 값에 3과 같이 5보다 작은 값을 대입하면 a의 값이 콘솔 창에 출력되는 것을 확인할 수 있다. if 문의 조건인 a<=5가 true이기 때문에 if 문 안의 코드가 실행된 것이다.

그리고 a의 값에 5보다 큰 값을 대입하면 아무것도 출력되지 않는다. if 문의 조건인 a<=5가 false이기 때문에 if 문 안의 코드가 실행되지 않는 것이다.

else 문

앞서 살펴본 예제에서 if 문의 조건식이 true일 때는 if 문 안의 코드가 잘 실행됐지만, false일 때는 아무것도 실행되지 않았다. 조건식이 false일 때에도 어떤 동작을 실행하려면 어떻게 해야 할까? 바로 **else** 문을 이용하면 된다. else 문은 if 문 뒤에 위치하게 되며, if 문의 조건이 false라면 else 문 안의 코드가 실행된다. else 문은 if 문과 함께 사용하며 다음과 같은 구조를 가진다.

```
if (조건식)
{
    // 조건식이 참일 때 실행할 코드
}
else
{
    // 조건식이 거짓일 때 실행할 코드
}
```

예를 들어, a가 5보다 클 때는 else 문을 이용해 'a가 5보다 큽니다'를 콘솔 창에 출력해보자.

예제 2.6 else 문 사용 예   (File : Scripts/Example/Chapter2/IfExample.cs)

```
using UnityEngine;

public class IfExample : MonoBehaviour
{
    void Start()
    {
        int a = 8;
        if (a <= 5)
        {
            Debug.Log(a);
        }
        else
        {
            Debug.Log("a가 5보다 큽니다.");
        }
    }
}
```

실행결과   − □ ✕
a가 5보다 큽니다.

그리고 다시 a에 5보다 큰 값을 대입한 다음 플레이 버튼을 누르면 콘솔 창에 'a가 5보다 큽니다.'라고 출력되는 것을 확인할 수 있다.

이렇게 else 문을 이용하면 조건이 false일 때 특정 코드를 실행할 수 있다. 이제 마지막으로 else if 문을 알아보자.

else if 문

else if 문은 else 문과 마찬가지로 앞에 오는 if 문의 조건이 false일 때 실행된다. 단, else 문과 다른 점은 else if 문의 조건이 참일 때만 실행된다는 점이다. else if 문의 구조는 다음과 같다.

```
if (조건식1)
{
    // 조건식1이 참일 때 실행할 코드
}
else if (조건식2)
{
    // 조건식1이 거짓이고, 조건식2가 참일 때 실행할 코드
}
else
{
    // 조건식1과 조건식2가 거짓일 때 실행할 코드
}
```

예를 들어, a가 5보다는 크지만 10보다는 작은 값일 때 'a가 5보다 크고 10보다 작습니다.'를 콘솔 창에 출력하는 코드를 작성해보자.

예제 2.7 else if 문 사용 예   (File : Scripts/Example/Chapter2/IfExample.cs)

```
using UnityEngine;

public class IfExample : MonoBehaviour
{
    void Start()
    {
        int a = 8;
        if (a <= 5)
        {
```

```
            Debug.Log(a);
        }
        else if (a < 10)
        {
            Debug.Log("a가 5보다 크고 10보다 작습니다.");
        }
        else
        {
            Debug.Log("a가 10보다 크거나 같습니다.");
        }
    }
}
```

```
┌─────────────────────────────────────┐
│          실행결과      ─ □ ×          │
├─────────────────────────────────────┤
│  a가 5보다 크고 10보다                │
│  작습니다.                            │
└─────────────────────────────────────┘
```

먼저 a의 값이 5보다 작거나 같을 때는 if 문의 조건이 참이 되므로 a의 값이 콘솔 창에 출력된다. 만약 a의 값이 5보다 크다면 if 문은 통과하고 else if 문의 조건을 확인하게 되며, a가 10보다 작을 때는 else if 문의 조건이 참이 돼 'a가 5보다 크고 10보다 작습니다'가 콘솔 창에 출력된다. 마지막으로 a의 값이 10보다 크거나 같아 else if의 조건이 거짓이 된다면 else 문이 실행된다.

else if 문은 위 예제와 같이 한 번만 사용할 수 있는 것이 아니라 여러 번 사용할 수 있다. 예를 들어 다음과 같이 else if 문을 반복해서 사용할 수 있다.

예제 2.8 else if 문을 반복해서 사용하는 예   (File : Scripts/Example/Chapter2/IfExample.cs)

```
using UnityEngine;

public class IfExample : MonoBehaviour
{
    void Start()
    {
        int a = 12;
        if (a <= 5)
        {
            Debug.Log(a);
        }
        else if (a < 10)
        {
            Debug.Log("a가 5보다 크고 10보다 작습니다.");
        }
        else if (a < 15)
```

```
        {
            Debug.Log("a가 10보다 크거나 같고 15보다 작습니다.");
        }
        else
        {
            Debug.Log("a가 15보다 크거나 같습니다.");
        }
    }
}
```

switch 문

이번에는 조건문의 또 다른 대표적인 예인 switch 문을 배워보자. switch 문은 하나의 조건이 여러 값을 가질 수 있고, 각 값별로 다른 코드를 실행해야 할 때 사용된다. switch 문의 기본 용법은 다음과 같다.

```
switch (조건)
{
    case 값1:
        // 조건이 값1일 때 실행할 코드
        break;
    case 값2:
        // 조건이 값2일 때 실행할 코드
        break;
    default:
        // 조건이 값1, 값2가 아닐 때 실행할 코드
        break;
}
```

switch 문은 **case** 키워드로 각각의 경우를 나눠 작성하고 조건의 값이 case 문의 값과 같은 case 문이 존재한다면 해당 case 문을 실행한다. 그리고 어느 case 문의 조건도 같지 않을 때에는 default 문의 코드를 실행한다. case 문 또는 default 문이 끝나면 더 이상 다른 조건을 검사할 필요가 없으므로 break 키워드를 이용해 switch 문을 빠져나간다.

이제 if 문으로 구현했던 예제를 switch 문으로 구현해보자. 조건에는 a가 5보다 작은지 넣어주고 true일 때와 false일 때를 나눠 코드를 작성한다.

```
using UnityEngine;

public class SwitchExample : MonoBehaviour
{
    void Start()
    {
        int a = 1;
        switch (a < 5)
        {
            case true:
                Debug.Log(a);
                break;
            case false:
                Debug.Log("a가 5보다 큽니다.");
                break;
            default:
                break;
        }
    }
}
```

실행결과   − □ ×
1

위 예제에서는 switch 문의 조건으로 bool 타입을 이용했지만 다른 자료형 값을 이용할 수도 있다. C# 6 이하에서는 문자형, 논리형, 정수형, enum 값을 이용할 수 있으며 C# 7.0부터는 null이 아닌 모든 값을 사용할 수 있다. 따라서 int 값 num에 대해서 int 값 num의 값을 조건으로 사용하는 switch 문은 다음과 같이 작성할 수 있다.

```
using UnityEngine;

public class SwitchExample : MonoBehaviour
{
    void Start()
    {
        int num = 1;
        switch (num)
        {
```

```
        case 1:
            Debug.Log("num은 1입니다.");
            break;
        case 2:
            Debug.Log("num은 2입니다");
            break;
        case 3:
            Debug.Log("num은 3입니다");
            break;
        default:
            Debug.Log("num은 1, 2, 3이 아닙니다");
            break;
        }
    }
}
```

실행결과 – □ ×
num은 1입니다.

사실 위와 같은 switch 문은 if 문으로도 구현할 수 있다. case 1은 if 문, case 2와 3은 else if 문과 대응되며 default 문은 else 문과 대응된다. 다만, 여러 개의 if ~ else 문은 가독성이 떨어지기 때문에 이를 보완하기 위해 switch 문을 사용하는 경우가 많다. 또한, if 문은 조건으로 bool 값만 사용할 수 있지만, switch 문은 다른 자료형의 값도 사용할 수 있다는 것이 switch 문의 장점이라고 할 수 있다.

2.6.2 반복문

앞서 if와 switch 조건문을 배워봤다. 이제 for 문, foreach 문, while 문으로 대표되는 반복문(Loop statement)을 배워보자.

for 문

반복문 중 가장 많이 사용하는 것이 for 문이다. for 문은 카운터 변수를 선언한 다음 이를 증가시키거나 감소시키면서 반복하고, 특정 조건에 벗어나면 반복을 중지하는 반복문이다. for 문의 구조는 다음과 같다.

```
for (초기화; 조건식; 반복자)
{
    // 실행할 코드
}
```

for 문의 소괄호 안에는 세미콜론으로 구분된 초기화, 조건식, 반복자의 3가지 섹션을 정의한다. 첫 번째로 **초기화** 섹션에서 카운터로 사용할 변수를 선언한다. 이는 for 문에 진입할 때 한 번만 실행한다. 두 번째 **조건식**에서는 반복을 유지할 수 있는 조건을 작성한다. 조건식은 for 문의 본문이 시작되기 전에 실행되며 true를 반환할 경우 본문을 실행하고, false를 반환한다면 for 문을 종료한다. 마지막으로 **반복자**는 for 문의 본문이 끝날 때마다 실행되는 코드다. 예를 들어 콘솔 창에 1부터 5까지 출력하는 코드는 다음과 같이 작성할 수 있다.

예제 2.11 for 문을 이용해 1부터 5까지 출력하기 (File : Scripts/Example/Chapter2/ForExample.cs)

```csharp
using UnityEngine;

public class ForExample : MonoBehaviour
{
    void Start()
    {
        for (int i = 1; i < 6; i++)
        {
            Debug.Log(i);
        }
    }
}
```

```
실행결과   - □ ×
1
2
3
4
5
```

위 코드를 하나씩 살펴보자. 먼저 for 문에 진입할 때 초기화 섹션 int i = 1이 실행되며 카운터 변수 i를 초기화한다. 그리고 조건식 섹션을 검사한 후 i가 5보다 작으므로 for 문의 본문으로 진입하게 된다. 그리고 Debug.Log() 메서드를 이용해 콘솔 창에 i를 출력한 후 본문이 종료된다. 본문이 종료되면 세 번째 반복자 섹션이 실행되며 i의 값을 1 증가시킨다. 그 후 다시 두 번째 섹션 조건식을 검사해 본문에 진입할지 말지를 결정하고 조건식이 참이면 위 과정이 반복된다. 과정을 순서대로 정리하면 다음과 같다.

1. for 문 진입
2. 초기화 섹션 실행
3. 조건식 검사
4. 본문 실행
5. 반복자 실행
6. 조건식이 거짓이 될 때까지 **3–5 반복**

for 문에서 3가지 섹션은 반드시 저 형태를 따르지 않아도 된다. 본문이나 for 문 이전에 같은 역할을 하는 코드를 작성할 수 있다면 세 섹션 모두 생략할 수 있다. 하지만 논리가 정확하지 않아 for 문이 종결되지 않는다면 **무한 루프**가 발생할 수 있으므로 주의해야 한다.

foreach 문

만약 배열에 담긴 요소들을 모두 출력하는 코드를 작성하려면 어떻게 해야 할까? 먼저 for 문으로 배열에 담긴 모든 요소를 출력하는 코드를 작성해보자. 다음과 같이 배열을 초기화한 후 배열을 인덱스로 접근할 때 카운터 변수를 활용하기 위해 i를 0으로 초기화한다. 그다음 인덱스를 배열의 길이 −1까지만 접근하도록 조건식을 설정한 후 반복자를 이용해 카운터 변수를 1씩 증가시켜주면 된다.

```
int[] numbers = { 1, 2, 3, 4, 5 };
for (int i = 0; i < numbers.Length.; i++)
{
    Debug.Log(numbers[i]);
}
```

복잡한 코드는 아니지만, 배열의 모든 요소에 접근하기 위해 카운터 변수를 선언해야 하고, 조건식에 배열의 길이를 명시해야 하는 번거로움이 있다. 이럴 때에는 foreach 문을 사용하면 더 간결하게 코드를 작성할 수 있다.

foreach 문은 배열과 같이 여러 요소를 담고 있는 데이터 구조에 접근해 모든 요소에 차례대로 접근하는 반복문이다. 배열 말고도 5장에서 배울 컬렉션에도 foreach 문을 자주 활용한다. 우선 여기에서는 배열에 대해 foreach 문을 사용하는 방법만 알아보자. foreach 문의 기본 구조는 다음과 같다.

```
foreach (변수의_타입 변수의_이름 in 배열_또는_컬렉션의_식별자)
{
    // 실행할 코드
}
```

앞서 for 문을 이용해 구현했던 코드를 foreach 문을 이용해 구현한 예제는 다음과 같다.

```csharp
using UnityEngine;

public class ForEachExample : MonoBehaviour
{
    void Start()
    {
        int[] numbers = { 1, 2, 3, 4, 5 };
        foreach (int item in numbers)
        {
            Debug.Log(item);
        }
    }
}
```

```
실행결과          — □ ×

1
2
3
4
5
```

foreach 문에 진입하면 numbers 배열에 담긴 값에 하나씩 접근해 이를 item이라는 변수에 할당한다. 그리고 item에 담긴 값을 출력하는 본문이 끝나면 다시 item에 그다음 요소를 담아 다시 본문을 실행하는 과정을 반복하게 된다. for 문으로 구현했을 때와 달리 카운터 변수를 선언할 필요도 없으며 배열의 길이를 고려할 필요도 없다. 하지만 초기화, 조건식, 반복자를 따로 구현할 수 있는 for 문에 비해 구현의 자유도는 떨어진다.

while 문

두 번째로 소개할 반복문은 while 문이다. for 문과 같이 본문을 반복하지만, while 키워드 뒤에 오는 소괄호 안에 하나의 조건만 들어간다. 기본 용법은 다음과 같다.

```
while (조건식)
{
    // 실행할 코드
}
```

while 문에 진입하면 조건식이 참인지 검사한다. 조건이 참이라면 본문을 실행하고 거짓이라면 while 문을 빠져나간다. 본문이 끝나면 다시 조건식으로 돌아가 검사하고 본문을 실행하는 과정을 반복한다. 1부터 5까지 출력하는 예제를 while 문으로 구현한 예는 다음과 같다.

```csharp
using UnityEngine;

public class WhileExample : MonoBehaviour
{
    void Start()
    {
        int i = 1;
        while (i < 6)
        {
            Debug.Log(i);
            i++;
        }
    }
}
```

실행결과 — □ ×

```
1
2
3
4
5
```

먼저 while 문에 진입하기 전에 출력할 int 형 변수의 값을 1로 초기화한다. while 문에 진입한 다음 i < 6은 참이므로 본문을 실행해 i를 출력하고 i의 값을 1 증가시킨다. 아직 i < 6이 참이므로 위 과정을 반복하며 5까지 출력하고 i가 6이 됐을 때 본문을 실행하지 않고 while 문을 빠져나가게 된다.

모양은 조금 다르지만 위 예제는 사실 for 문의 예제와 다를 것이 없다. 다만 while 문에서는 조건식만 while 키워드와 함께 써주고 초기화와 반복자 섹션을 각각 while 문 이전과 본문에서 정의했을 뿐이다. 사실 우리가 사용할 때 초기화와 반복자 섹션이 생략된 for 문과 while 문은 완전히 같다고 생각할 수 있다.

```csharp
for ( ; 조건식; )
{
    // 실행할 코드
}
```

```csharp
while (조건식)
{
    // 실행할 코드
}
```

하지만 for 문과 while의 용도가 완전히 같은 것은 아니다. while 문은 반복 횟수가 명확하지 않을 때 사용하면 편리하다. 즉, 몇 회 반복해야 하는지 명확하지 않지만, 특정 조건을 만족할 때 반복문을 벗어나고자 한다면 while 문을 사용하는 것이 편하다.

break와 continue

반복문에서 빼놓을 수 없는 것이 break와 continue 키워드이다. break와 continue는 반복문의 흐름을 제어할 수 있는 키워드다.

break는 switch 문에서도 등장했던 키워드이다. switch 문에서도 break를 만나면 switch 문을 빠져나갔듯이 반복문에서도 break를 만나면 해당 반복문을 빠져나간다. 예를 들어, 1부터 5까지 출력하는 예제를 다음과 같이 구현할 수도 있다.

예제 2.14 break를 이용해 1부터 5까지 출력하기   (File : Scripts/Example/Chapter2/WhileExample.cs)

```csharp
using UnityEngine;

public class WhileExample : MonoBehaviour
{
    void Start()
    {
        … 생략 …

        int counter = 1;
        while (true)
        {
            if (counter > 5)
            {
                break;
            }
            Debug.Log(counter);
            counter++;
        }
    }
}
```

실행결과   − □ ×
1
2
3
4
5

원래 반복문의 종결은 조건식을 이용해 종결해야 하는 것이 맞지만 if 문과 break를 사용해서 어떤 조건을 만족할 때 반복문을 빠져나가게 할 수도 있다. 이는 while 문뿐만 아니라 for 문, foreach 문 등의 반복문에서도 사용할 수 있다.

continue 키워드는 break와 달리 반복문에서만 사용할 수 있으며, 반복문을 완전히 빠져나가는 것이 아니라 continue와 본문 끝 사이에 있는 코드를 건너뛰어 다음 반복으로 넘어가게 해준다. 예를 들어, continue를 이용해 1부터 10까지의 정수 중 홀수만 출력하는 예제를 작성해보자.

예제 2.15 홀수만 출력하기 (File : Scripts/Example/Chapter2/WhileExample.cs)

```csharp
using UnityEngine;

public class WhileExample : MonoBehaviour
{
    void Start()
    {
        … 생략 …

        int k = 1;
        while (k <= 10)
        {
            if (k % 2 == 0)
            {
                k++;
                continue;
            }
            Debug.Log(k);
            k++;
        }
    }
}
```

실행결과 　　　　　 － □ ×
1
3
5
7
9

반복문 인에 if 문이 없다면 1부터 10까지 출력하는 예제이지만 continue 키워드를 사용해 짝수일 경우 숫자를 출력하는 Debug.Log를 생략하고 다음 반복으로 넘어가게 했다. 주의해야 할 점은 다음 반복으로 넘어가기 전에 변수 k의 값을 1 증가시켜줘야 한다는 것이다. k 값을 증가시키지 않고 continue 키워드를 이용해 다음 반복으로 넘어가면 k는 항상 10보다 작으므로 무한 루프에 빠지게 된다. continue 키워드 역시 while 문뿐만 아니라 for 문, foreach 문과 같은 반복문에서도 사용할 수 있다.

2.7 2장 종합 예제 – 플레이어 구현

이제 이번 장에서 배운 내용을 토대로 유니티로 게임을 만들 때 어떻게 적용할 수 있는지 알아보자. 최종적으로는 다음 그림과 같이 움직이는 적을 피하며 아이템을 획득하고, 총알을 발사해 적을 제거하는 게임을 만들 것이다. 이번 장에서는 플레이어 게임 오브젝트를 생성하고 기본적인 동작을 알아본 후 플레이어의 이동과 공격을 구현할 것이다.

그림 2.2 최종적으로 구현할 게임

2.7.1 플레이어 게임 오브젝트

가장 먼저 유니티 에디터에 Player 게임 오브젝트를 배치해보자. 앞서 1.4절에서 게임 오브젝트가 무엇이고, 유니티 에디터에서 어떻게 사용하는지 배웠다. 유니티 에디터에서 Player라는 이름으로 빈 게임 오브젝트를 생성하고, Sprite Renderer 컴포넌트를 부착한다. 빈 게임 오브젝트는 하이어라키 창에서 마우스 오른쪽 버튼을 클릭한 다음 [Create Empty] 버튼을 선택해 생성할 수 있다. 그리고 Sprite Renderer 컴포넌트는 인스펙터 창에서 [Add Component] 버튼을 이용해 추가할 수 있다.

Sprite Renderer를 추가한 다음 Sprite의 오른쪽 끝에 있는 동그란 버튼을 누르고 적당한 스프라이트를 설정한다. 이책에서는 Knob 스프라이트를 선택했다.

그다음 1장에서 생성한 PlayerController.cs를 Player 게임 오브젝트에 부착한다. 이 PlayerController 스크립트에서 Player 게임 오브젝트의 이동과 공격 등의 동작을 구현할 것이다. 만약 생성해 놓은 스크립트가 없다면 프로젝트 창에서 마우스 오른쪽 버튼을 클릭한 다음 [Create] → [C# Script] 버튼을 선택해 생성할 수 있다.

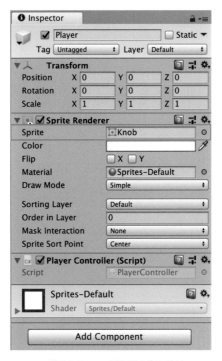

그림 2.3 Player 게임 오브젝트 생성

플레이어 게임 오브젝트의 활성화와 비활성화 : gameObject와 SetActive

Player 게임 오브젝트를 에디터에 배치하고 스크립트를 부착했으니 이제 스크립트를 이용해 플레이어의 기본적인 동작을 구현해보자. 먼저 PlayerController.cs에서 유니티 에디터에 존재하는 Player 게임 오브젝트에 접근해야 한다. 스크립트 또한 게임 오브젝트와 유기적으로 연결된 컴포넌트이기 때문에 **gameObject** 키워드를 이용해 게임 오브젝트에 접근할 수 있다.

gameObject의 SetActive() 메서드를 알아보자. SetActive()는 게임 오브젝트를 활성화하거나 비활성화하는 메서드다. 이 메서드의 인수로는 논리형(Boolean) 값을 전달해야 한다. 전달된 값이 true라면 게임 오브젝트를 활성화시키고, false라면 비활성화시킨다. 다음은 Player 게임 오브젝트를 비활성화하는 예제다.

예제 2.16 Player 게임 오브젝트 비활성화   (File : Scripts/Player/PlayerController.cs)

```
using UnityEngine;

public class PlayerController : MonoBehaviour
{
    void Start()
    {
        gameObject.SetActive(false);
    }
}
```

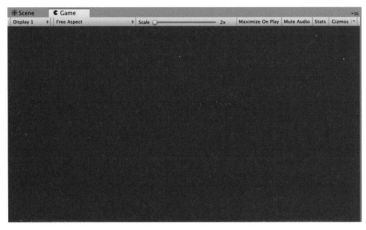

그림 2.4 비활성화된 Player 게임 오브젝트

위 그림과 같이 Player 게임 오브젝트가 화면에서 사라진 것을 알 수 있다. 이를 인스펙터 창에서 확인하면 다음과 같이 게임 오브젝트의 이름 옆에 있는 체크 박스가 해제된 것을 알 수 있다.

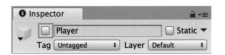

그림 2.5 비활성화된 Player 게임 오브젝트

이제 조금 더 발전시켜 논리 연산자를 이용해서 Player 게임 오브젝트를 활성화하거나 비활성화하는 방법을 알아보자. 논리 연산자의 연산 결과는 논리형이기 때문에 SetActive() 메서드의 인수가 될 수 있다. 먼저 bool 변수 a와 b를 선언하고, SetActive(a && b), SetActive(a || b) 를 실행해보자.

예제 2.17 && 연산자와 Player 게임 오브젝트 활성화　　　　　　　　　　　　　　　　(File : Scripts/Player/PlayerController.cs)

```csharp
using UnityEngine;

public class PlayerController : MonoBehaviour
{
    void Start()
    {
        bool a = true;
        bool b = false;
        gameObject.SetActive(a && b);
    }
}
```

 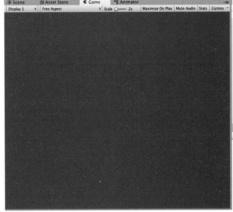

그림 2.6 a와 b에 각각 true,true / true,false / false,true / false,false를 대입

위 그림과 같이 a와 b가 모두 true일 때만 a && b의 값이 true가 되며, Player 게임 오브젝트가 활성화된 것을 알 수 있다. 다음은 같은 과정을 a && b 대신 a || b를 이용해 진행한 예제다.

예제 2.18 || 연산자와 Player 게임 오브젝트 활성화   (File : Scripts/Player/PlayerController.cs)

```
using UnityEngine;

public class PlayerController : MonoBehaviour
{
    void Start()
    {
        bool a = true;
        bool b = true;
        gameObject.SetActive(a || b);
    }
}
```

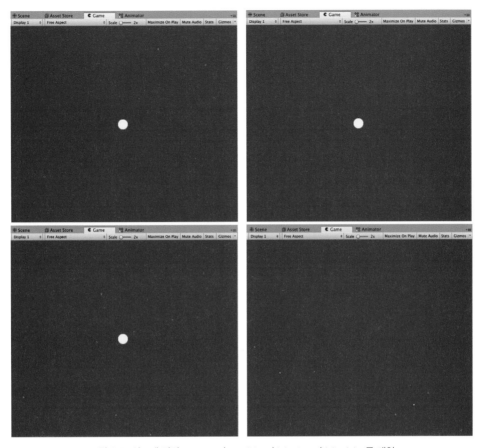

그림 2.7 a와 b에 각각 true,true / true,false / false,true / false,false를 대입

OR 연산에서는 a와 b 모두 false인 경우를 제외하고 true 값을 반환해 Player 게임 오브젝트가 활성화된
것을 알 수 있다.

Player 게임 오브젝트의 위치 변경 : transform과 position

이번에는 플레이어의 위치를 스크립트에서 변경해보자. 게임 오브젝트의 위치를 유니티에서 변경할 때는
인스펙터 창에서 트랜스폼 컴포넌트의 position 값을 바꿔 주었다. 따라서 스크립트에서도 트랜스폼
컴포넌트에 접근한 다음 position 값을 변경하면 된다.

트랜스폼 컴포넌트는 gameObject 키워드로 게임 오브젝트에 접근했던 것과 마찬가지로 **transform**
키워드를 이용해 접근할 수 있다. transform에 접근했다면 transform.position의 값을 변경해 게임 오브젝트의 위치를 변경한다. 다음과 같이 transform.position의 값을 Vector3.one으로 변경해보자. position은 x, y, z 3개의 값을 가지므로 Vector3로 표현해야 하며, Vector3.one은 (1, 1, 1)을 의미한다.

예제 2.19 플레이어의 위치 변경 　　　　　　　　　　　　　　　　　　(File : Scripts/Player/PlayerController.cs)

```csharp
using UnityEngine;

public class PlayerController : MonoBehaviour
{
    void Start()
    {
        transform.position = Vector3.one;
    }
}
```

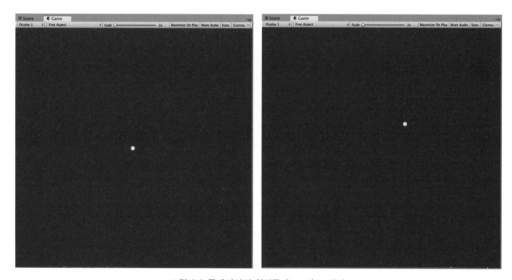

그림 2.8 플레이어의 위치를 (1, 1, 1)로 변경

플레이어의 위치와 벡터에 대해 조금 더 알아보자. 앞서 이야기했듯이 게임 오브젝트의 위치는 **벡터(Vector)**로 표현하는데 이는 크기와 방향을 갖는 물리값이다. 만약 벡터의 개념을 모른다면 지금은 x, y, z 좌표를 표현하기 위한 타입이라고 생각하면 된다. Vector3.one은 기본적으로 내장된 값으로 (1, 1, 1)을 나타내며 이 외에도 Vector3.zero, Vector3.up, Vector3.right, Vector3.left, Vector3.down 등의 값이 준비돼 있다.

미리 준비된 Vector 값으로 플레이어의 위치를 이동시킬 수도 있지만, 현재 플레이어의 위치에서 오른쪽으로 5만큼 이동시킬 수도 있다. 이를 위해 앞서 배웠던 변수와 산술 연산자를 이용해보자.

가장 먼저 Start() 메서드에서 newPos라는 이름의 Vector2 변수를 선언하고 플레이어의 위치 값을 담아준다. x, y, z 3개 좌표를 표현할 때 Vector3를 사용했던 것처럼 2D에서 x, y 좌표를 표현하는 데에는 Vector2를 이용한다. transform.position은 현재 게임 오브젝트의 위치를 나타내므로 현재 플레이어의 x, y값이 newPos 변수에 담기게 된다.

```
Vector2 newPos = transform.position;
```

그리고 newPos의 x 값을 산술 연산해 +5만큼 증가시킨다. 이렇게 하면 newPos 변수에 담긴 x 값은 기존 플레이어의 x 값보다 5만큼 큰 값이 담기게 된다.

```
newPos.x = newPos.x + 5;
```

마지막으로 x 값이 변경된 newPos를 다시 transform.position으로 설정해 플레이어의 위치 값을 변경해준다.

```
transform.position = newPos;
```

예제 2.20 플레이어를 오른쪽으로 +5만큼 이동   (File : Scripts/Player/PlayerController.cs)

```
using UnityEngine;

public class PlayerController : MonoBehaviour
{
    void Start()
    {
        Vector2 newPos = transform.position;
        newPos.x = newPos.x + 5;
        transform.position = newPos;
    }
}
```

그리고 게임을 실행하면 다음 그림과 같이 플레이어의 위치가 변경되는 모습을 확인할 수 있다.

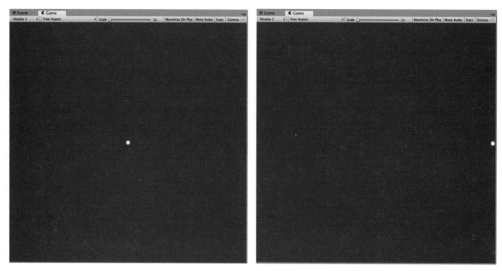

그림 2.9 플레이어의 위치를 오른쪽으로 +5만큼 이동

2.7.2 플레이어의 이동 구현

앞서 Player 게임 오브젝트 비활성시키고 위치를 변경하는 방법을 알아봤다. 하지만 실제 게임에서는 키보드, 마우스, 터치 등과 같은 입력 장치를 이용해 플레이어를 조작한다. 이번에는 키보드의 입력(Input)을 받아들여 플레이어를 이동시키는 기능을 구현해보자.

키보드의 입력 받아들이기 : Input.GetKey()

키보드의 입력을 받아들이기 위해서는 유니티에서 제공하는 **Input** 클래스의 **GetKey()** 메서드를 사용한다. GetKey()는 해당 키를 누른 상태이면 true를 반환하고 그렇지 않으면 false를 반환한다. 따라서 이를 if 문의 조건으로 사용해 해당 키가 눌렸을 때 플레이어를 움직이게 할 수 있다. 다음과 같이 W 키가 눌렸을 때 실행할 if 문을 작성해보자.

```
if (Input.GetKey(KeyCode.W))
{
    // W 키가 눌렸을 때 실행할 코드
}
```

Input.GetKey()의 인수로는 **KeyCode**를 적은 후 사용할 키보드 키를 적어주면 된다. 만약 W 키가 눌린 상태라면 Input.GetKey() 메서드는 true를 반환해 if 문의 내용이 실행될 것이다.

W 키가 눌렸을 때 플레이어를 위쪽 방향으로 이동시키려면 어떻게 해야 할까? 플레이어의 transform을 이동시키는 것이므로 transform 컴포넌트를 이용하면 된다. 이전 절에서 플레이어의 위치를 이동시켰던 것처럼 transform.position의 값을 직접 변경해도 되지만, **Translate()** 메서드를 이용하면 더 쉽게 구현할 수 있다. Translate()는 입력한 x, y, z 값만큼 해당 게임 오브젝트를 이동시켜주는 메서드다. 따라서 if 문이 한 번 실행될 때 플레이어를 1만큼 위로 이동시키려면 다음과 같이 코드를 작성하면 된다.

```
if (Input.GetKey(KeyCode.W))
{
    this.transform.Translate(0, 1, 0);
}
```

이 if 문을 PlayerController.cs의 Update 함수 안에 추가한 다음 게임을 실행해보자. 예제 코드는 다음과 같고, 게임을 실행한 다음 W 키를 누르면 다음 그림과 같이 Player가 위쪽으로 이동하는 모습을 확인할 수 있다.

예제 2.21 키보드의 W 키를 누르면 플레이어를 위쪽으로 이동시키기　　　　　　　　　(File : Scripts/Player/PlayerController.cs)

```
using UnityEngine;

public class PlayerController : MonoBehaviour
{
    void Update()
    {
        if (Input.GetKey(KeyCode.W))
        {
            this.transform.Translate(0, 1, 0);
        }
    }
}
```

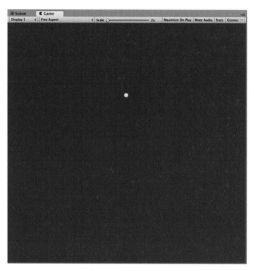

그림 2.10 키보드의 W 키를 누르면 플레이어가 위쪽으로 이동

네 방향 이동

이제 W, A, S, D 키를 이용해 플레이어를 네 방향으로 이동하는 코드를 작성해보자. 앞서 작성한 코드에서 GetKey()와 Translate()의 인수를 알맞게 변형하면 된다.

```
if (Input.GetKey(KeyCode.W))
{
    this.transform.Translate(0, 1, 0);
}
if (Input.GetKey(KeyCode.S))
{
    this.transform.Translate(0, -1, 0);
}
if (Input.GetKey(KeyCode.A))
{
    this.transform.Translate(-1, 0, 0);
}
if (Input.GetKey(KeyCode.D))
{
    this.transform.Translate(1, 0, 0);
}
```

PlayerController.cs의 Update 함수 내에 코드를 작성하고 게임을 실행하면 플레이어가 W, A, S, D 키에 따라 네 방향으로 움직이는 모습을 확인할 수 있다. 하지만 문제점은 속도다. 일단 플레이어가 움직이는 속도가 너무 빠르다. 이는 Update 함수가 매 프레임마다 호출되기 때문에 W, A, S, D 키를 누르고 있으면 매 프레임마다 1씩 플레이어를 이동시키기 때문이다. 따라서 Translate의 파라미터에 들어갈 숫자를 1이 아니라 0.1f 정도로 조정하면 플레이어의 움직임이 조금 자연스러워진다.

하지만 매번 번거롭게 Translate의 파라미터를 조절할 수 없으므로 speed라는 **전역 변수**를 만들고 인스펙터 창에서 속도를 조절해보자. 여기서 전역 변수란 클래스 내에서 선언해 클래스 내의 모든 멤버가 접근할 수 있는 변수를 말한다. 반대 개념으로 특정 메서드 안에 선언한 변수는 지역 변수라고 하며, 그 메서드 안에서만 사용할 수 있다. 먼저 speed 변수를 선언하고 Translate()의 인수를 다음과 같이 변경한다.

W, A, S, D 키를 이용해 플레이어를 네 방향으로 움직이는 예제의 전체 코드는 다음과 같다.

예제 2.22 플레이어의 네 방향 이동 구현   (File : Scripts/Player/PlayerController.cs)

```csharp
using UnityEngine;

public class PlayerController : MonoBehaviour
{
    public float speed = 0.1f;
    void Update()
    {
        if (Input.GetKey(KeyCode.W))
        {
            this.transform.Translate(0, speed, 0);
        }
        if (Input.GetKey(KeyCode.S))
        {
            this.transform.Translate(0, -speed, 0);
        }
        if (Input.GetKey(KeyCode.A))
        {
            this.transform.Translate(-speed, 0, 0);
        }
        if (Input.GetKey(KeyCode.D))
        {
```

```
            this.transform.Translate(speed, 0, 0);
        }
    }
}
```

이제, 플레이어의 이동 속도를 변경하고 싶다면 speed 변수의 값만 바꿔주면 된다. 또한, public으로 선언했기 때문에 다음과 같이 인스펙터 창에서 speed 값을 변경할 수 있다.

그림 2.11 인스펙터 창에서 speed 변수의 값 조정

2.7.3 플레이어의 공격 구현

지금까지 배운 내용과 유니티의 프리팹(Prefab), 리지드바디2D(Rigidbody2D)를 활용해 특정 키를 눌렀을 때 투사체가 발사되는 기능을 구현해보자. 구현해야 할 기능은 다음과 같다.

1. 투사체를 생성한다.
2. 원하는 방향으로 속도를 주어 움직이게 한다.
3. 생성된 투사체가 계속 유지되지 않게 일정 시간이 지나면 사라지게 한다.

투사체 생성

먼저 투사체를 생성하는 방법을 알아보자. 지금까지 플레이어와 같은 게임 오브젝트는 유니티 에디터에서 게임을 실행하기 전에 직접 배치했다. 하지만 투사체는 게임을 실행하는 도중에 생성돼야 하며 공격할 때마다 여러 번 생성돼야 한다.

이러한 오브젝트를 위해 유니티는 프리팹이라는 에셋 타입을 제공한다. 프리팹은 게임 오브젝트를 에셋 폴더에 저장하고 이를 템플릿으로 사용해 게임 오브젝트를 생성하는 기능을 제공한다. 게임 오브젝트를 프리팹으로 만들려면 하이어라키 창에서 프리팹으로 만들고 싶은 게임 오브젝트를 Assets 폴더로 끌어다 두면 된다.

먼저 프리팹을 따로 모아 관리하기 위해 Assets 폴더에 Prefabs 폴더를 생성한다. 그리고 하이어라키 창에서 Bullet이란 이름의 빈 게임 오브젝트를 생성하고 Prefabs 폴더로 Bullet 게임 오브젝트를 끌어다 두면 다음과 같이 프리팹이 생성된다. 생성된 프리팹은 파란색 큐브 모양으로 아이콘이 표시된다.

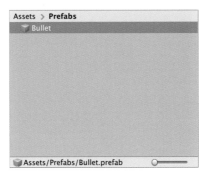

그림 2.12 Bullet Prefab 생성

이제 프로젝트 창에서 Bullet 프리팹을 더블클릭해 프리팹 모드로 들어가보자. 프리팹 모드로 들어가면 씬 뷰, 하이어라키 뷰, 인스펙터 뷰가 다음과 같이 해당 프리팹에 맞춰 변경되며, 이 화면에서 프리팹을 수정할 수 있다. Sprite Renderer 컴포넌트를 추가하고, 투사체 모양의 Sprite를 추가해 아주 기본적인 모양의 투사체 프리팹을 만들어보자.

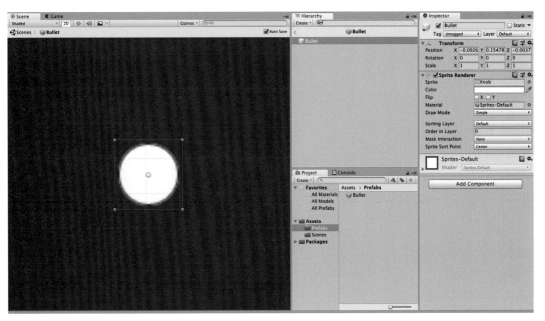

그림 2.13 Bullet 프리팹에 Sprite Renderer 컴포넌트 추가

프리팹 수정이 끝났다면 하이어라키 뷰에서 프리팹 이름 옆의 뒤로 가기 버튼을 눌러 프리팹 모드를 빠져나올 수 있다. 이번에는 스크립트에서 앞서 만든 프리팹을 게임 씬에 생성해보자. 플레이어의 이동을 구현했던 PlayerController.cs에 다음과 같은 코드를 추가한다.

예제 2.23 Bullet Prefab을 게임 씬에 생성   (File : Scripts/Player/PlayerController.cs)

```csharp
using UnityEngine;

public class PlayerController : MonoBehaviour
{
    public float speed = 0.1f;
    public GameObject BulletPrefab;

    void Update()
    {
        … 생략 …
        if (Input.GetKey(KeyCode.D))
        {
            this.transform.Translate(speed, 0, 0);
        }
        if (Input.GetKeyDown(KeyCode.Space))
        {
            GameObject Bullet = Instantiate(BulletPrefab);
        }
    }
}
```

Input 클래스의 GetKeyDown()은 GetKey()와는 달리 해당 키가 눌리는 순간을 한 번만 체크하는 메서드다. Instantiate() 메서드는 인수로 전달된 프리팹 게임 오브젝트를 게임 씬에 생성하며, 이를 반환하는 메서드다. 따라서 인스펙터 창에서 public으로 선언한 BulletPrefab에 우리가 만든 프리팹을 넣어줘야 한다. 주의해야 할 점은 하이어라키 창에 있는 게임 오브젝트가 아닌 Assets/Prefabs 폴더 안에 있는 프리팹을 넣어줘야 한다는 것이다.

그림 2.14 인스펙터 창에서 BulletPrefab 변수에 Bullet 프리팹 연결

게임을 실행하면 스페이스 바를 누를 때마다 프리팹으로 등록한 Bullet이 게임 씬에 생성되는 모습을 확인할 수 있다. Bullet과 플레이어를 구분하기 위해 플레이어를 선택한 다음 transform 컴포넌트의 scale 값 중 X와 Y의 값을 1에서 3으로 변경해 플레이어 게임 오브젝트의 크기를 키워주었다.

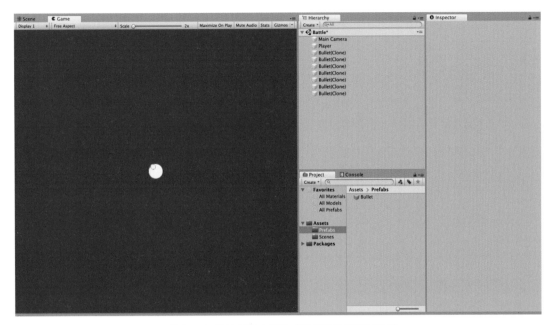

그림 2.15 스페이스 바를 누르면 게임 씬에 투사체가 생성됨

마지막으로 생성된 투사체의 위치를 플레이어 게임 오브젝트의 위치로 설정해 투사체의 생성을 마무리하자.

예제 2.24 생성된 투사체의 위치 변경   (File : Scripts/Player/PlayerController.cs)

```
using UnityEngine;

public class PlayerController : MonoBehaviour
{
    public float speed = 0.1f;
    public GameObject BulletPrefab;

    void Update()
    {
        … 생략 …
```

```
        if (Input.GetKeyDown(KeyCode.Space))
        {
            GameObject Bullet = Instantiate(BulletPrefab);
            Bullet.transform.position = transform.position;
        }
    }
}
```

투사체 움직이기

이제 두 번째로 생성된 투사체에 속도를 주어 움직이게 해야 한다. 게임 오브젝트에 속도를 주는 대표적인
방법으로 **RigidBody2D** 컴포넌트를 추가하는 방법이 있다. Rigidbody2D 컴포넌트는 해당 오브젝트를
유니티 물리 엔진이 제어하게 하는 컴포넌트다. 다음과 같이 Bullet 프리팹의 프리팹 모드를 열어
RigidBody2D 컴포넌트를 추가한다. 이때 RigidBody2D가 추가된 게임 오브젝트는 중력이 적용돼 y
축의 음의 방향으로 힘을 받으므로 Rigidbody2D의 **Gravity Scale**을 0으로 설정한다.

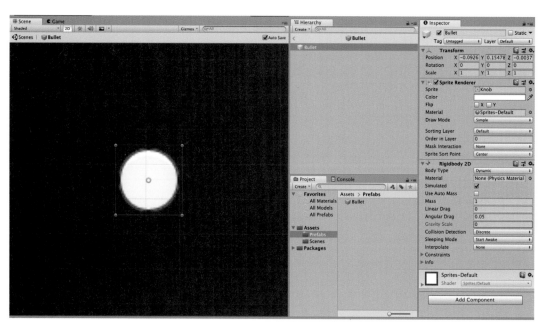

그림 2.16 RigidBody2D 컴포넌트 추가

이제 PlayerController.cs의 Bullet을 생성하는 부분으로 가서 생성된 Bullet에 속도를 주어 보자. 이는 RigidBody2D 컴포넌트의 **AddForce()** 메서드를 이용하면 된다. AddForce()를 사용하기 전에 **GetComponent()** 메서드를 이용해 Bullet 게임 오브젝트에 추가한 RigidBody2D 컴포넌트를 가져온다. 그다음 AddForce() 메서드의 인수로 속도를 주고 싶은 방향 벡터를 전달한다. 투사체가 위쪽으로 발사될 수 있게 Vector2.up을 전달했다.

```
if (Input.GetKeyDown(KeyCode.Space))
{
    GameObject Bullet = Instantiate(BulletPrefab);
    Bullet.transform.position = transform.position;
    Bullet.GetComponent<Rigidbody2D>().AddForce(Vector2.up);
}
```

이대로 테스트해보면 투사체의 속도가 아주 느리게 위쪽으로 향하는 것을 확인할 수 있다. 따라서 플레이어의 속도를 설정했던 것처럼 BulletSpeed 변수를 선언한 다음 Vector2.up에 곱해줌으로써 투사체의 속도를 인스펙터 창에서 제어할 수 있다.

예제 2.25 **투사체의 발사**   (File : Scripts/Player/PlayerController.cs)

```
using UnityEngine;

public class PlayerController : MonoBehaviour
{
    public float speed = 0.1f;
    public GameObject BulletPrefab;
    public float BulletSpeed;

    void Update()
    {
        … 생략 …
        if (Input.GetKeyDown(KeyCode.Space))
        {
            GameObject Bullet = Instantiate(BulletPrefab);
            Bullet.transform.position = transform.position;
            Bullet.GetComponent<Rigidbody2D>().AddForce(Vector2.up * BulletSpeed);
        }
    }
}
```

인스펙터 창에서 BulletSpeed를 100으로 설정한 다음 게임을 실행하고 스페이스 바를 눌러보면 다음과 같이 투사체가 발사되는 모습을 확인할 수 있다.

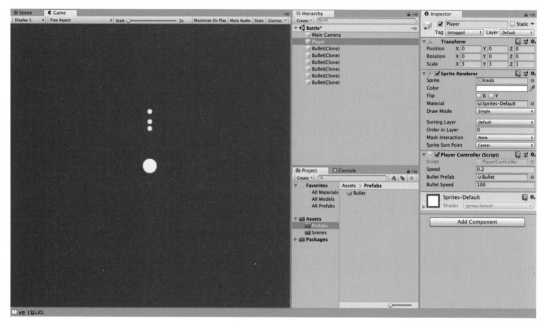

그림 2.17 발사되는 투사체

투사체 소멸

마지막으로 일정한 시간이 지나면 생성된 투사체가 소멸되게 해야 한다. 이를 구현하기 위해 Bullet.cs 스크립트를 생성한 다음 Bullet 프리팹에 부착해주자. 게임 오브젝트의 소멸은 **Destroy()** 메서드를 이용한다. 하지만 Destroy() 메서드를 Start() 메서드에 넣는다면 생성되자마자 사라질 것이므로 일정 시간이 지난 후에 Destroy() 메서드를 실행할 방법이 필요하다. 이럴 때 사용하기에 적합한 메서드는 **Invoke()** 메서드다. Invoke() 메서드에는 2개의 인수를 전달해야 하는데, 첫 번째 인수는 실행할 함수 이름이고, 두 번째 인수는 몇 초 후에 실행할 것인지이다. 따라서 투사체가 생성되고 2초 후에 오브젝트를 소멸시키려면 다음과 같이 코드를 작성하면 된다.

```csharp
using UnityEngine;

public class Bullet : MonoBehaviour
{
    void Start()
    {
        Invoke("DestroySelf", 2.0f);
    }

    void DestroySelf()
    {
        Destroy(gameObject);
    }
}
```

지금까지 투사체를 생성하고 속도를 준 후 일정 시간이 지나면 소멸하도록 구현했다. 이제 반복문을 이용해 여러 개의 투사체를 발사하도록 구현해보자.

여러 개의 투사체 발사

이제 반복문을 이용해서 여러 개의 투사체를 발사해보자. 만약 반복문을 사용하지 않은 채 투사체를 3발 발사해야 한다면 다음과 같이 코드를 작성해야 할 것이다.

```csharp
if (Input.GetKeyDown(KeyCode.Space))
{
    GameObject Bullet1 = Instantiate(BulletPrefab);
    Bullet1.transform.position = transform.position;
    Bullet1.GetComponent<Rigidbody2D>().AddForce(Vector2.up * BulletSpeed);

    GameObject Bullet2 = Instantiate(BulletPrefab);
    Bullet2.transform.position = transform.position;
    Bullet2.GetComponent<Rigidbody2D>().AddForce(Vector2.up * BulletSpeed);

    GameObject Bullet3 = Instantiate(BulletPrefab);
    Bullet3.transform.position = transform.position;
    Bullet3.GetComponent<Rigidbody2D>().AddForce(Vector2.up * BulletSpeed);
}
```

지금은 투사체를 세 개로 가정했기 때문에 괜찮아 보일 수 있지만 투사체의 개수가 늘어날 때마다 코드의 길이가 그에 비례해 길어질 것이며 일부를 수정한다고 했을 때 수정해야 하는 코드의 양도 비례해 많아질 것이다. 이때 반복문을 사용하면 다음과 같이 깔끔하게 코드를 작성할 수 있다.

예제 2.27 for 문을 이용해 여러 개의 투사체 발사   (File : Scripts/Player/PlayerController.cs)

```
using UnityEngine;

public class PlayerController : MonoBehaviour
{
    public float speed = 0.1f;
    public GameObject BulletPrefab;
    public float BulletSpeed;

    void Update()
    {
        … 생략 …
        if (Input.GetKeyDown(KeyCode.Space))
        {
            for (int i = 0; i < 3; i++)
            {
                GameObject Bullet = Instantiate(BulletPrefab);
                Bullet.transform.position = transform.position;
                Bullet.GetComponent<Rigidbody2D>().AddForce(Vector2.up * BulletSpeed);
            }
        }
    }
}
```

스페이스 바를 누르면 for 문에 진입하며 카운터 i를 0으로 초기화한다. 그리고 조건식 섹션에서 i < 3이 참이므로 본문을 실행하게 되고 투사체를 하나 생성해 발사한다. 본문이 종료되면 반복자에 의해 i의 값이 0에서 1이 되고 조건식 i < 3 이 아직 참이므로 한 번 더 투사체를 생성하고 발사하게 된다. 이 과정을 반복해 3개의 투사체가 생성되고 그 후에는 i가 3이 돼 i < 3이 거짓이 되므로 for 문을 빠져나간다. 게임을 실행해보면 다음과 같이 3개의 투사체가 생성되는 모습을 볼 수 있다.

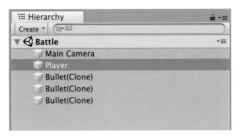

그림 2.18 for 문을 이용해 3개의 투사체 발사

하지만 실제 게임 뷰를 보면 반복문이 반복되는 속도가 너무 빨라 3개의 투사체가 겹쳐 보인다.

그림 2.19 겹쳐진 3개의 투사체

이럴 때는 발사되는 투사체의 처음 위치를 약간씩 다르게 조절해 겹쳐 보이는 문제를 해결할 수 있다. 이때 for 문의 카운터를 활용하면 쉽게 코드를 작성할 수 있다.

예제 2.28 투사체의 초기 위치 조절 (File : Scripts/Player/PlayerController.cs)

```csharp
using UnityEngine;

public class PlayerController : MonoBehaviour
{
    public float speed = 0.1f;
    public GameObject BulletPrefab;
```

```
    public float BulletSpeed;

    void Update()
    {
        … 생략 …
        if (Input.GetKeyDown(KeyCode.Space))
        {
            for (int i = 0; i < 3; i++)
            {
                GameObject Bullet = Instantiate(BulletPrefab);
                Vector3 bulletPos = transform.position;
                bulletPos.y += 0.3f * i;
                Bullet.transform.position = bulletPos;
                Bullet.GetComponent<Rigidbody2D>().AddForce(Vector2.up * BulletSpeed);
            }
        }
    }
}
```

투사체의 처음 위치를 조절하는 방법이 마음에 들지 않는다면 속도를 조절하는 방법도 있다. 위와 같이 카운터 i는 반복할 때마다 그 값이 달라지므로 이를 AddForce() 메서드의 인수에 적당한 값으로 변형해 곱해주면 각 투사체의 속도를 다르게 설정할 수 있다.

이처럼 for 문은 중복되는 코드를 줄임으로써 가독성을 높이고 코드 수정을 쉽게 한다는 장점도 있지만, 카운터 변수를 이용해 다양한 동작을 수행할 수 있다는 점에서도 상당히 유용하다.

03

클래스

이번 장에서는 객체 지향의 핵심이라고 할 수 있는 클래스(Class)를 배워 보자. 이 장에서는 클래스의 정의와 핵심 내용을 익히고, 다음 장에서는 클래스의 응용을 배우게 된다. 특히 이 장에서는 객체 지향의 4가지 특성 인 추상화, 캡슐화, 상속, 다형성을 차례로 알아보며 객체 지향 언어에서 클래스가 어떻게 활용되는지 배운다.

3.1 클래스와 추상화

가장 먼저 클래스가 무엇인지 정의하고 객체 지향의 4가지 특성 중 첫 번째 특성인 추상화를 공부해보자.

3.1.1 객체 지향과 클래스

객체 지향(Object-oriented system)

프로그래밍 언어는 크게 절차 지향 언어와 객체 지향 언어로 나눌 수 있다. 여러 프로그래밍 언어를 접해보기 전에는 쉽게 와 닿지 않는 개념이기 때문에 실생활의 예로 객체 지향을 이해해보자. 우리가 카페에서 음료를 주문한다고 했을 때 다음과 같은 절차를 거치게 된다.

1. 고객은 원하는 음료를 주문하고 돈을 낸다.
2. 점원은 주문받은 음료의 금액에 맞는 돈을 받는다.
3. 점원은 음료를 제작한다.
4. 점원은 제작한 음료를 고객에게 전달한다.
5. 고객은 음료를 전달받는다.

이 경우에는 고객과 점원의 상호작용을 하나의 흐름으로 이해할 수 있다. 이처럼 어떤 일을 미리 정해진 순서에 따라 처리하는 것을 절차에 따라 처리한다고 표현한다. 그런데 만약 위 과정에서 구조적인 개선이 필요하다면 어떻게 될까? 예를 들어, 카운터 직원과 음료를 제작하는 직원을 따로 두도록 구조를 바꾼다면 다음과 같이 과정이 바뀌게 될 것이다.

1. 고객은 원하는 음료를 주문하고 돈을 낸다.
2. 점원1은 주문받은 음료의 금액에 맞는 돈을 받는다.
3. 점원1은 주문받은 음료를 점원2에게 알린다.
4. 점원2는 음료를 제작한다.
5. 점원2는 제작한 음료를 점원1에게 전달한다.
6. 점원1은 제작한 음료를 고객에게 전달한다.
7. 고객은 음료를 전달받는다.

과정이 5단계에서 7단계로 늘어났을 뿐 아니라 각 과정이 더 복잡해졌다. 점원1과 점원2의 역할을 분리하는 간단한 구조적 개선이 아니라 상황에 따라 점원1과 점원2의 역할을 서로 바꿔 처리하는 등의 복잡한 구조적 개선이라면 한 번에 이해하기 매우 어려운 과정이 될 것이다. 이처럼 어떤 복잡한 일을 하나의 흐름으로 인식하고 순서대로 과정을 나열한다면 그 과정은 이해하기 어려울 뿐 아니라 구조적으로 개선하기 어려운 과정이 돼버린다.

그렇다면 이 일을 하나의 흐름이 아닌 고객과 점원의 입장으로 나눠 생각해보자. 첫 번째로 한 명의 점원이 계산과 음료 제작을 동시에 맡았던 경우를 생각해보자.

점원
- 주문을 받는다.
- 돈을 받는다.
- 커피를 만든다.
- 커피를 전달한다.

고객
- 주문을 한다.
- 돈을 낸다.
- 커피를 받는다.

여기에 이전에 했던 것과 같이 점원을 한 명 더 추가해 음료를 제작하는 일을 따로 분리해보자.

점원1
- 주문을 받는다.
- 주문을 전달한다.
- 제작된 음료를 전달받는다.
- 음료를 고객에게 전달한다.

점원2
- 주문된 음료를 전달받는다.
- 음료를 제작한다.
- 제작된 음료를 전달한다.

고객

- 주문을 한다.
- 돈을 낸다.
- 커피를 받는다.

첫 번째 경우보다 훨씬 간결하게 개선된 것을 확인할 수 있다. 첫 번째 경우처럼 어떤 일을 여러 개의 과정으로 인식하는 것이 절차 지향이며, 어떤 일을 여러 **객체**(점원, 고객)의 상호작용으로 인식하는 것이 바로 객체 지향이다. 즉, 객체 지향은 절차 지향에 객체라는 것을 더해 각 과정을 객체를 기준으로 나누고 이를 각 상황에 맞게 조합하는 방식이다. 결국 절차 지향 프로그래밍과 객체 지향 프로그래밍도 이와 같은 개념으로 이해할 수 있다.

절차 지향 언어로 작성된 프로그램은 전체가 하나의 과정으로 인식되며 차근차근 순서에 따라 프로그램을 처리한다. 이는 컴퓨터의 실제 처리 구조와 비슷하기 때문에 절차 지향 언어를 사용하면 성능 면에서 객체 지향 언어보다 우위를 가져갈 수 있다.

반면 객체 지향 언어는 컴퓨터의 처리 과정보다는 사람의 사고와 유사하게 프로그램을 작성하는 언어다. 우리가 살아가는 세상은 객체로 구성돼 있다. 책상, 의자, 커피와 같이 만질 수 있는 사물도 객체이고, 생각, 사랑, 온도 등 눈에 보이지 않는 개념 또한 객체다. 객체 지향 언어는 이러한 실생활에 존재하는 사물, 개념을 객체로 추상화하고 이를 프로그래밍에 적용해 객체를 만드는 부분과 객체를 사용하는 부분으로 나눠 프로그램을 작성하게 된다. 이러한 특징 때문에 프로그램을 작성할 때 훨씬 직관적으로 이해할 수 있으며 각 객체는 서로 의존적이지 않으므로 수정이 쉽다.

정리하자면 객체 지향 프로그래밍은 절차 지향 프로그래밍에 비해 다음과 같은 장점들을 가진다.

1. 현실에 있는 개념을 쉽게 모델링 할 수 있다.
2. 재사용이 쉬우며 코드의 중복을 줄일 수 있다.
3. 유지보수가 쉽다.

아직은 직접적으로 와 닿지 않겠지만 이 세 가지 장점은 앞으로 추상화, 캡슐화, 상속, 다형성을 배울 때 다시 등장하며 이때 쉽게 이해할 수 있을 것이다.

클래스

C#은 객체 지향 언어(Object Oriented Programming language, OOP)다. 따라서 앞서 설명했던 과정처럼 객체를 만들고 객체를 사용하는 과정으로 나눠 프로그램을 작성하게 된다. 이때 객체를 만들려면 객체가 어떤 속성이 있고 어떤 기능(행위)을 하는지를 설명하는 설계도가 필요한데 이 설계도가 바로 **클래스**다. 즉, 클래스라는 설계도에 객체의 속성과 행위를 정의하고 이 클래스를 이용해 객체를 생성한다.

2장에서 배웠던 C# 기초에 등장했던 개념들은 사실 C와 같은 절차 지향 언어를 포함해 거의 모든 프로그래밍 언어가 기본적으로 가지고 있는 개념이다. 따라서 C#을 정확히 이해하려면 앞으로 등장할 객체 지향의 개념을 정확히 이해하고 사용할 수 있어야 한다. 이제 추상화, 캡슐화, 상속, 다형성으로 대표되는 객체 지향의 4가지 특성을 차례로 알아보고 이를 이용해 객체 지향 언어를 사용해 어떻게 프로그래밍을 해야 하는지 알아보자.

3.1.2 추상화

객체 지향의 4가지 특성 중 첫 번째 특성은 추상화(Abstraction)다. 앞서 객체 지향이란 이 세상에 존재하는 사물, 개념 등을 추상화해 이를 프로그래밍에 적용하는 과정이라고 했다. 추상화란 우리가 알고 있는 사물, 개념의 속성과 행위를 추출해 모델링하는 것이다. 예를 들어, 이 세상에 존재하는 사람이라는 개념을 추상화해보자. 사람은 이름, 키, 나이 등 여러 가지 속성이 있고 먹다, 걷다, 자다와 같은 행위를 한다. 이를 다음과 같이 간단하게 추상화할 수 있다.

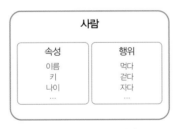

그림 3.1 추상화의 개념

객체 지향 언어에서는 이처럼 어떤 사물과 개념의 속성과 행위를 구분해 정의한다. 그리고 이러한 추상화의 결과인 속성과 행위의 모음을 **클래스**라고 한다. 즉, 앞서 사람을 추상화한 과정을 C#에서는 클래스를 정의했다고 표현한다.

이러한 추상화가 필요한 가장 큰 이유는 매번 같은 과정을 반복하지 않기 위함이다. 예를 들어, 철수와 영희를 프로그램 내에서 구현해야 한다고 하면 철수와 영희를 따로 구현하는 것이 아니라 사람이라는 클래스를 이용해 철수와 영희를 만들어낸다. 이때 만들어진 철수와 영희는 미리 정의된 이름, 키, 나이, 먹다, 걷다, 자다와 같은 속성과 행위를 가지게 되고 이렇게 만들어진 철수와 영희는 사람이라는 클래스로 만들어진 **객체**라고 일컫는다. 또한, 추상화를 이용해 클래스를 정의하는 것은 현실에 존재하는 개념을 쉽게 모델링할 수 있게 해준다. 우리가 생각하는 방식과 비슷하게 클래스를 설계하기 때문이다. 이는 객체 지향이기 때문에 가능한 중요한 특징이다.

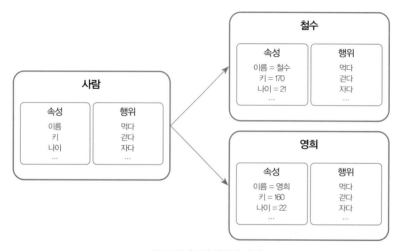

그림 3.2 클래스와 객체의 개념

앞서 설명한 사람이라는 클래스를 코드로 정의해보자. 클래스의 기본적인 구조는 다음과 같다.

```
class 클래스이름
{

}
```

따라서 Human이라는 이름을 가진 클래스는 다음과 같이 class 키워드와 함께 간단하게 정의할 수 있다.

예제 3.1 클래스 선언 (File : Scripts/Example/Chapter3/ClassExample.cs)

```
using UnityEngine;

public class ClassExample : MonoBehaviour
```

```
    {

    }

class Human
{

}
```

이제 클래스에 이름, 키, 나이와 같은 속성과 먹다, 걷다, 자다와 같은 행위를 정의해보자. 이와 같은 속성과 행위를 클래스에서는 필드와 메서드라고 부르며 이 두 가지를 통틀어 멤버(Member)라고 한다.

3.1.3 멤버

앞서 클래스와 추상화를 설명하며 클래스는 어떤 객체의 속성과 행위를 추출해 추상화한 것이라고 했고, 속성과 행위는 각각 필드와 메서드로 정의된다고 했다. 이제 필드와 메서드에 대해 자세히 알아보자.

필드

객체의 속성에 해당하는 필드(Field)는 2장에서 배운 것과 같이 각 필드에 맞는 자료형을 선택해 변수의 형태로 정의한다. 예를 들어, 사람의 이름을 필드로 정의한다면 string 타입을 사용해 다음과 같이 정의할 수 있다.

```
string name;
```

키와 나이는 각각 실수, 정숫값이므로 float 타입과 int 타입을 사용해 정의할 수 있다. 이를 다음과 같이 클래스 안에 넣어주면 클래스 안에 필드가 정의된 것이다. 각 필드 앞에 붙어 있는 public 키워드는 이 필드를 외부에 공개하겠다는 뜻의 접근 제한자다. 이는 다음 장인 캡슐화를 살펴보면서 자세히 다룬다.

예제 3.2 멤버 선언   (File : Scripts/Example/Chapter3/ClassExample.cs)

```
    … 생략 …

class Human
{
    public string name;
```

```
    public float height;
    public int age;
}
```

만약 각 필드의 초깃값을 지정하고 싶다면 다음과 같이 초기화하면 된다. 객체를 생성할 때 따로 해당 필드의 값을 입력하지 않으면 그 필드는 이 값으로 초기화된다.

```
class Human
{
    public string name = "name";
    public float height = 165;
    public int age = 10;
}
```

메서드

객체의 행위에 해당하는 메서드(Method)는 다른 프로그래밍 언어에서는 함수라고도 불리며 그 개념이 수학 시간에 배웠던 함수와 같다. y=f(x)라는 함수를 생각해보자. 함수 f(x)는 x라는 입력 값을 받아 처리한 후 y라는 값을 반환한다. 메서드도 **인수(argument)**라는 입력 값을 받아 처리한 다음 **반환 값(return value)**을 반환한다. 이때 메서드를 정의할 때 입력 값으로 변수를 선언하게 되는데 이는 **매개변수(parameter)**라고 한다. 매개변수와 인수는 같은 뜻으로 쓰이는 경우가 많지만, 정확히 말하면 인수는 메서드를 호출할 때 전달되는 값이고, 매개변수는 메서드의 입력 값으로 정의 하는 변수다. 메서드는 다음과 같은 형태로 정의할 수 있다.

```
접근_제한자 반환_타입 메서드의_이름(매개변수)
{
    // 메서드의 본문
}
```

앞서 정의한 Human 클래스에 먹다, 걷다, 자다와 같은 메서드를 정의해보자. 이 메서드들은 각각 eat, walk, sleep의 문자열을 콘솔 창에 출력하는 메서드라고 가정하자. Human 클래스의 메서드 역시 외부에서 사용할 것이므로 public 키워드를 붙여준다.

```
··· 생략 ···

class Human
{
    public string name;
    public float height;
    public int age;

    public void Eat()
    {
        Debug.Log("eat");
    }
    public void Walk()
    {
        Debug.Log("walk");
    }
    public void Sleep()
    {
        Debug.Log("sleep");
    }
}
```

위 메서드들은 어떠한 값도 반환하지 않으므로 반환 타입이 없다는 의미의 void 키워드를 선택한다. 이로써 사람이라는 클래스의 속성과 행위를 필드와 메서드의 형태로 정의했다. 하지만 먹다, 걷다, 자다와 같은 추상적인 형태의 메서드가 잘 이해되지 않을 것이므로 실생활에서 자주 접하는 함수를 메서드로 구현해보면서 메서드를 좀 더 자세히 이해해보자.

먼저 어떤 실숫값을 인수로 받아 그 절반의 값을 반환하는 Half 메서드를 구현해보자. 이때 반환 값 또한 실수이므로 반환 타입은 float 또는 double이어야 하며 메서드의 식별자(이름)는 Half라고 하자. 그리고 메서드의 본문에서는 입력받은 값을 2로 나눈 다음 반환해주면 된다.

```
float Half(float num)
{
    return num / 2;
}
```

반환 값을 반환할 때에는 위와 같이 **return**이라는 키워드를 사용한다. Half라는 함수는 실숫값을 인수로 받아 num 이라는 매개변수에 저장하고, num 변수를 2로 나눈 값을 반환하는 함수다.

이렇게 정의한 메서드를 실행시키는 것을 메서드를 **호출**한다고 표현한다. 메서드를 호출하는 방법은 메서드의 식별자와 인수를 입력해주면 된다. 예를 들어, 메서드를 정의하고 해당 메서드를 Start()메서드에서 호출하는 예제는 다음과 같다.

예제 3.4 메서드의 호출   (File : Scripts/Example/Chapter3/MethodExample.cs)

```csharp
using UnityEngine;

public class MethodExample : MonoBehaviour
{
    void Start()
    {
        float result = Half(4);
        Debug.Log(result);
    }

    float Half(float num)
    {
        return num / 2;
    }
}
```

```
실행결과          － □ ×
2
```

Start() 메서드 안에서 result라는 변수를 선언하고 이 변수에 Half(4)의 결과를 담았다. 그리고 result의 값을 콘솔 창에 출력해보면 4의 절반인 2가 출력된다.

위 예에서는 반환 타입이 실수이고 실수 타입 매개변수가 1개인 메서드를 예로 들었다. 하지만 이 반환 값과 매개변수에 따라 여러 형태의 메서드를 만들 수 있다.

1. 반환 값이 없는 메서드

반환 값이 없는 메서드도 존재할 수 있다. 이때 반환 타입에 빈이라는 뜻을 가진 **void**라는 키워드를 적어 반환 값이 없다는 것을 명시해야 한다. 따라서 입력받은 인수를 콘솔 창에 출력하는 메서드는 다음과 같이 정의할 수 있다.

```
void PrintNumber(int num)
{
    Debug.Log("입력된 값 : " + num);
}
```

위 메서드에서는 num이라는 변수로 정숫값을 입력받고, Debug.Log() 메서드를 이용해 콘솔 창에 이 값을 출력한 후 아무런 값을 반환하지 않는다. 따라서 인수는 있지만, 반환 값이 없는 메서드라고 할 수 있다.

2. 인수가 없는 메서드

마찬가지로 매개변수가 없는 메서드도 있다. 매개변수가 없는 메서드를 정의하고 싶다면 매개변수가 들어갈 자리를 비워두면 된다. 하지만 매개변수가 없을 때에도 소괄호는 제거하지 말고 그대로 두어야 한다. 예를 들어, 항상 10의 값을 반환하는 메서드는 다음과 같이 정의할 수 있다..

```
int GetTen()
{
    return 10;
}
```

3. 매개변수가 여러 개인 메서드

매개변수가 없는 메서드가 있을 수 있듯이 매개변수가 두 개 이상인 메서드도 있다. 이 경우에는 콤마(,)로 인수를 구분한다. 예를 들어, 두 정숫값을 인수로 받아 그 합을 출력하는 Add() 메서드를 정의해보자.

```
int Add(int a, int b)
{
    return (a+b);
}
```

여기에서 정의한 Add() 메서드는 2개의 매개변수를 가지는 메서드이지만 더 많은 매개변수를 가지는 메서드도 같은 방식으로 정의할 수 있다.

4. 반환 값과 매개변수가 없는 메서드

마지막으로 반환 값과 매개변수 모두 없는 메서드도 있다. 그 예로 콘솔 창에 hello를 출력하는 메서드를 정의해보자. 반환 값이 필요하지 않으므로 반환 타입에 void를 적어주고, 매개변수가 들어갈 자리는 비워주면 된다.

```
void PrintHello()
{
    Debug.Log("hello");
}
```

위 메서드는 매개변수도 반환 값도 없지만 메서드가 실행되면 콘솔 창에 hello라는 문자열이 출력된다.

3.1.4 객체와 생성자

이전 절에서는 클래스와 추상화가 무엇인지 배우고 클래스를 구성하는 요소인 필드와 메서드를 정의해봤다. 클래스는 객체를 구현하기 위한 설계도이며 결국 우리는 클래스를 기반으로 만든 객체를 활용해야 한다. 이제 객체를 생성하고 이를 활용하는 방법을 배워보자.

객체(Object)

앞서 객체 지향과 클래스를 설명하며 클래스와 객체의 관계에 대해 배웠다. 객체 지향에서는 객체를 기반으로 프로그램을 작성하며 객체를 만드는 설계도가 클래스라고 했다. 우리는 이전 절에서 Human이라는 설계도를 정의했다. 이제 이 Human이라는 설계도에 적힌 대로 객체를 생성할 수 있다. 객체를 생성하는 것을 C#에서는 **인스턴스화**한다고 말한다. 객체는 다음과 같이 **new** 키워드를 이용해 인스턴스화 할 수 있다.

```
클래스명 객체명 = new 클래스명();
```

위 형식에 따라 john이라는 이름을 가진 객체를 인스턴스화해보자. 다음과 같이 클래스의 이름은 Human이고 객체의 이름은 john이 될 것이다.

```
Human john = new Human();
```

더 자세히 설명하면 john이라는 이름을 가진 Human 타입의 변수를 만들고, 그 변수에 Human을 인스턴스화해 저장한 것이다. 즉, 객체를 인스턴스화하는 코드는 new Human() 부분이다.

Human 클래스에는 이름, 나이, 키 등의 필드와 먹다, 걷다, 자다 등의 메서드가 정의돼 있다. 따라서 Human 클래스를 바탕으로 인스턴스화된 john 객체는 이러한 필드와 메서드를 모두 가지고 있다. 객체의 필드와 메서드에는 객체의 이름 뒤에 . **구분자**를 붙여 접근할 수 있다. 여기서 . 구분자는 ~의라고 해석하면 쉽게 이해할 수 있다.

```
john.name = "john";
john.age = 20;
john.height = 170;
john.Eat();
john.Walk();
john.Sleep();
```

이제 다른 이름의 객체를 인스턴스화해보고 객체의 필드와 메서드에 접근해보는 예제를 직접 따라 해보자.

예제 3.5 객체의 멤버에 접근   (File : Scripts/Example/Chapter3/ObjectExample.cs)

```csharp
using UnityEngine;

public class ObjectExample : MonoBehaviour
{
    void Start()
    {
        Human Alice = new Human();

        Alice.name = "alice";
        Debug.Log(Alice.name);
        Alice.Walk();
    }
}
```

실행결과   − □ ×
alice
walk

이처럼 객체 지향 문법에서는 클래스를 이용해 객체를 인스턴스화하고 객체가 가진 필드와 메서드를 사용한다. 객체는 new 키워드를 이용해 한 번 생성하면 여러 번 재사용할 수 있다. 즉, 어떤 객체를 한 번 생성하면 이 객체를 이용해 필드와 메서드에 자유롭게 접근하며 재사용할 수 있다. 이 또한 객체 지향의 큰 장점이다.

생성자(Constructor)

생성자는 객체를 인스터스화 할 때 호출되는 특별한 메서드다. 사실 앞서 객체를 인스턴스화 할 때 이미 생성자를 호출해 봤다. new 키워드 다음에 오는 Human() 부분이 생성자를 호출하는 부분이다. 생성자도 메서드의 일종이기 때문에 기본적인 구조는 메서드와 비슷하지만, 생성자의 이름은 클래스의 이름과 같으며 반환 타입을 갖지 않는다는 것이 특징이다. 생성자의 기본적인 구조는 다음과 같다.

```
클래스명()
{

}
```

따라서 앞서 정의한 Human 클래스에 생성자를 추가한다면 다음과 같이 추가할 수 있다. 외부에서 접근이 가능하도록 public 키워드를 붙여주었다.

```
class Human
{
    public Human()
    {

    }
}
```

하지만 객체를 배울 때 생성자를 클래스 안에 정의하지 않고 객체를 인스턴스화했다. 생성자를 정의하지 않았는데 어떻게 생성자를 호출할 수 있었을까? 사실 모든 클래스는 생성자를 가지고 있다. 만약 생성자를 따로 정의하지 않았다면 컴파일러는 컴파일 할 때 위와 같은 기본 생성자를 추가해 컴파일한다. 따라서 기본 생성자를 코드에 추가하지 않아도 생성자를 호출해 객체를 인스턴스화 할 수 있는 것이다.

생성자는 객체를 인스턴스화 할 때 호출되므로 주로 객체를 초기화하는 코드를 포함한다. 예를 들어, Human 클래스로 객체를 생성할 때 나이를 필수적으로 초기화하고 싶다면 다음과 같이 매개변수에 나이를 추가한 생성자를 정의하고, 매개변수를 필드에 대입하면 된다.

```
class Human
{
    public string name;
    public float height;
```

```
    public int age;

    public Human()
    {

    }

    public Human(int _age)
    {
        age = _age;
    }
```

이렇게 하면 생성자를 호출할 때 반드시 나이를 입력해야 하고, 객체를 인스턴스화 할 때 필수적으로 나이를 입력해야 한다. 따라서 객체를 인스턴스화 할 때 반드시 초기화해야 하는 필드나 반드시 호출해야 하는 메서드를 생성자에 포함할 수 있다.

만약 아무 인수도 요구하지 않는 기본 생성자 또한 유지하고 싶다면 따로 정의해야 한다. 클래스에 아무런 생성자가 정의돼 있지 않다면 기본 생성자가 자동으로 생성되지만, 다른 생성자가 정의돼 있다면 기본 생성자가 자동으로 생성되지 않기 때문이다.

다음은 객체를 인스턴스화하며 생성자를 이용해 필드를 초기화하는 예제다. 예제 3.1과 비교하며 예제를 따라 해보자.

예제 3.6 생성자 예제   (File : Scripts/Example/Chapter3/ConstructorExample.cs)

```csharp
using UnityEngine;

public class ConstructorExample : MonoBehaviour
{
    void Start()
    {
        Human Alice = new Human("alice", 23, 160);

        Debug.Log(Alice.name);
        Debug.Log(Alice.age);
        Debug.Log(Alice.height);
    }
}
```

```
… 생략 …

class Human
{
    public string name;
    public float height;
    public int age;

    public Human()
    {

    }

    public Human(string _name, int _age, float _height)
    {
        name = _name;
        age = _age;
        height = _height;
    }

    … 생략 …
}
```

실행결과   − □ ×
```
alice
23
160
```

3.2 캡슐화

이 절에서는 객체 지향의 두 번째 특성인 캡슐화(Encapsulation)를 배운다. 캡슐화란 말 그대로 데이터를 캡슐로 만들겠다는 것이다. 데이터를 캡슐로 만든다니 무슨 뜻일까? 예를 들어, 감기약을 제조한다고 하면 감기 증상을 치료할 수 있는 여러 재료를 한데 모아 캡슐 안에 넣는다. 그리고 포장지에 핵심 성분 또는 복용자가 알아야 할 성분들을 명시한다. 클래스를 정의할 때에도 이와 똑같은 과정을 거친다.

어떤 객체를 설명하기 위한 필드와 메서드를 한데 모아 정의하고 외부에 공개할 멤버와 공개하지 않을 멤버를 구분한다. 즉, 클래스에서 캡슐화는 두 가지 의미가 있다. 첫 번째는 객체를 설명하기 위한 필드와 메서드를 하나로 묶는 것이고 두 번째는 이 멤버 중 일부를 공개하고 일부를 은닉하는 것이다.

캡슐화의 첫 번째 의미인 멤버를 한 데 묶는다는 것은 쉽게 이해할 수 있을 것이다. 이전 절에서 Human 클래스를 정의할 때 사람을 설명하기 위한 age, name 등의 필드와 Eat, Walk 등의 메서드를 Human 클래스에 모아 정의했기 때문이다. 이는 코드를 유지보수하는 데도 큰 장점을 가진다. 사람뿐 아니라 동물도 프로그램에서 구현한다고 해보자. 만약 객체가 없다면 사람을 표현하는 멤버와 동물을 표현하는 멤버가 뒤섞여 이를 구분하기도 어렵고 서로 연관될 가능성이 높아 유지보수할 때 어려움이 있을 수 있다. 하지만 캡슐화를 이용해 동물과 사람에 관련된 속성, 행위를 각각 하나로 묶어 정의하면 이러한 문제점을 쉽게 해결할 수 있다.

3.2.1 접근 제한자

이제 객체 지향 문법에서 캡슐화를 이용해 어떻게 정보를 은닉하는지 배워보자. 접근 제한자(Access modifier)는 클래스 외부에 클래스의 멤버를 공개할 것인지 공개하지 않을 것인지를 결정하는 키워드다. C#에서 사용할 수 있는 접근 제한자의 종류는 다음과 같다. 지금은 당연히 모든 접근 제한자를 이해할 수 없지만 여러 가지 접근 제한자가 있다는 것과 접근 제한자별로 공개 범위가 다르다는 것만 알고 있으면 된다.

표 3.1 접근 제한자의 접근 제한 범위

접근 제한자	설명
public	모든 외부에서 접근 가능
internal	같은 어셈블리 내에서만 접근 가능
protected	파생 클래스만 접근 가능
private	외부에 공개하지 않음

유니티에서는 한 프로젝트가 하나의 어셈블리이므로 외부 프로젝트에서 접근하지 않는 이상 public과 internal은 같은 의미를 가진다. protected는 설명에서 등장하는 파생 클래스가 3.3절에서 배울 상속과 관련돼 있으므로 상속을 배운 후 다시 살펴보자. 따라서 이번 절에서는 public과 private을 구분하고 사용법을 알아보자. 영단어가 가진 뜻과 같이 public은 외부에 공개하겠다는 뜻이고, private은 외부에 공개하지 않겠다는 뜻이다.

public

유니티에서 스크립트를 생성하면 자동으로 클래스가 함께 생성되는데 이 class 키워드 앞에 public 키워드가 등장한다.

```
public class ClassExample : MonoBehaviour
{
    … 생략 …
}
```

이는 해당 클래스를 외부에 공개하겠다는 의미다. public 키워드가 붙은 클래스는 프로젝트 내의 다른 스크립트에서도 접근할 수 있다.

이전 절에서 구현했던 Human 클래스에서도 모든 멤버에 public 키워드가 있었기 때문에 다른 클래스에서도 접근할 수 있었던 것이다. 다르게 말하면 멤버의 public 키워드는 해당 멤버를 클래스 외부에 공개하는 역할을 한다.

private

private 키워드는 public 키워드와 반대로 외부에 해당 요소를 공개하지 않는다. 즉, 클래스의 private 키워드는 해당 클래스를 같은 프로젝트 내 다른 스크립트에서 접근할 수 없게 하며 멤버의 private 키워드는 해당 멤버를 다른 클래스에서 접근할 수 없게 한다. 외부에 숨겨야 하는 민감한 데이터를 private 키워드를 이용해 은닉하는 것이다. 예를 들어, Human 클래스의 name 변수의 public 키워드를 private 키워드로 변경해보자.

예제 3.7 private 키워드   (File : Scripts/Example/Chapter3/AccessModifierExample.cs)

```
using UnityEngine;

public class AccessModifierExample : MonoBehaviour
{
    void Start()
    {
        Human Alice = new Human("alice", 23, 160);
        Debug.Log(Alice.name);
    }
}
```

```
class Human
{
    private string name;
    public float height;
    public int age;

    … 생략 …
}
```

에러 내용

```
'Human.name' is inaccessible due to its protection level
```

name 변수의 접근 제한자를 private으로 변경하면 객체를 생성하고 name 변수에 접근하는 부분에서 에러가 발생한다. 발생한 에러는 접근 수준 때문에 Human 클래스의 name 변수에 접근할 수 없다는 내용이며 private 키워드로 name 변수를 외부로부터 숨겼기 때문이다.

접근 제한자의 생략

클래스와 멤버를 정의할 때 접근 제한자를 생략할 수 있다. 하지만 이 경우 클래스와 멤버가 다르게 동작하므로 차이를 알아둬야 한다. 먼저 다음과 같이 멤버에 아무런 접근 제한자도 표시하지 않으면 어떻게 될까?

```
string name;
```

접근 제한자가 생략된 멤버는 private으로 설정된다. 그 때문에 이 경우에도 접근 수준에 의한 에러가 발생한다. 따라서 멤버의 접근 제한자를 생략하면 클래스 외부로부터 해당 멤버를 숨긴다.

반면, 클래스는 접근 제한자를 생략하면 internal로 설정된다. 즉, 접근 제한자가 생략된 클래스는 해당 프로젝트 내의 다른 스크립트에서 모두 접근할 수 있으므로 프로젝트 내에서는 public과 동일한 역할을 한다. 그 때문에 앞서 구현한 Human 클래스는 접근 제한자가 생략돼 있지만, 프로젝트 내의 모든 스크립트에서 Human 클래스에 접근할 수 있다.

3.2.2 속성

이전 절에서 접근 제한자를 배우며 클래스나 멤버를 외부로부터 숨기는 방법을 알아봤다. 이번 절에서는 캡슐화의 또 다른 대표적인 예인 속성(Property)을 배운다.

앞서 클래스를 배울 때에도 속성이라는 단어가 등장했다. 필드를 설명할 때 필드는 객체의 속성에 해당하는 부분이라고 배웠다. 이때 등장하는 속성은 프로그래밍 용어가 아니고 일반적으로 실생활에서 흔히 말하는 어떤 사물의 특징이나 성질을 뜻한다. 반면 이제부터 배울 속성은 프로그래밍 용어이며 필드나 메서드처럼 클래스를 구성하는 멤버 중 하나다. 따라서 앞으로 나올 속성은 클래스, 메서드와 같은 C#의 문법 요소라고 생각해야 한다.

속성의 정의

속성이란 어떤 필드의 값에 접근하거나 값을 설정하는 메서드다. 속성은 다음과 같이 정의할 수 있다.

```
접근제한자 자료형 속성의이름
{
    get
    {
        return 필드명;
    }

    set
    {
        필드명 = value;
    }
}
```

속성에는 **get 접근자**(get accessor)와 **set 접근자**(set accessor)가 있다. get 접근자는 해당 필드에 접근하는 역할을 하고 set 접근자는 해당 필드의 값을 설정하는 역할을 한다. 예를 들어, 앞서 정의한 Human 클래스의 age 필드의 속성은 다음과 같이 정의할 수 있다. 속성 Age가 변수 age의 값에 접근하고 값을 설정하는 역할을 하므로 변수 age는 private으로 설정한다.

```
private int age;

public int Age
```

```
{
    get
    {
        return age;
    }
    set
    {
        age = value;
    }
}
```

get, set 접근자에 대해 더 자세히 알아보자. 속성을 정의했다면 필드와 같이 값을 읽고 쓸 수 있다. 이때 값을 읽을 때는 get 접근자를 사용하고, 값을 쓸 때는 set 접근자를 사용한다. 하나씩 예를 들어보자.

다음과 같이 속성의 값을 읽을 때는 get 접근자를 사용한다. 따라서 Age를 호출하면 get 접근자의 return age; 코드가 실행되고 필드 age에 담긴 값이 반환된다. 따라서 result 변수에 담기는 값은 결국 age의 값인 것이다.

```
int result = Age;
```

이를 응용하면 age 필드의 값을 그대로 담지 않을 수도 있다. 만약 속성을 정의할 때 다음과 같이 정의했다면 result 변수에는 age의 값보다 1이 큰 값이 담기게 될 것이다.

```
public int Age
{
    get
    {
        return age + 1;
    }
    set
    {
        age = value;
    }
}
```

마찬가지로 값을 설정하는 부분에는 set 접근자를 사용한다. 다음과 같이 어떤 값을 할당하면 set 접근자의 age = value 코드가 실행된다.

```
Age = 1;
```

이때 set 접근자에서 age 필드에 할당되는 **value**는 미리 정의된 변수로 외부에서 할당하려고 하는 값을 임시로 담는 데 사용된다. 즉, Age = 1이라는 코드에서 1이라는 값이 set 접근자의 value에 먼저 담기게 되고 이 값이 다시 age 필드에 할당되는 것이다.

set 접근자 역시 여러 가지 방식으로 응용될 수 있다. 다음과 같이 외부에서 할당한 값을 반으로 나눠 age 필드에 대입하게 할 수도 있고, 외부에서 할당한 값을 콘솔 창에 출력하게 할 수도 있다. get 접근자와 set 접근자는 이처럼 값을 읽거나 대입할 때 바로 읽거나 대입하는 것이 아니라 다양한 응용을 할 수 있게 해준다.

```
public int Age
{
    get
    {
        return age;
    }

    set
    {
        Debug.Log(value);
        age = value/2;
    }
}
```

다음은 3개의 필드에 대한 속성을 정의하고 외부 클래스에서 속성을 이용해 age 변수에 접근하고 값을 변경하는 예제다. 이처럼 필드마다 속성을 정의하고 외부에서 속성을 이용해 필드에 접근하는 것이 좋은 프로그래밍 습관이다.

예제 3.8 속성 예제   (File : Scripts/Example/Chapter3/PropertyExample.cs)

```
using UnityEngine;

public class PropertyExample : MonoBehaviour
{
    void Start()
    {
```

```
        Human Alice = new Human("alice", 23, 160);
        Alice.Age = 15;
        Debug.Log(Alice.Age);
    }
}
```

Human 클래스 (File : Scripts/Example/Chapter3/ClassExample.cs)

```
… 생략 …

class Human
{
    private string name;
    private float height;
    private int age;

    public string Name
    {
        get { return name; }
        set { name = value; }
    }
    public int Age
    {
        get { return age; }
        set { age = value; }
    }
    public float Height
    {
        get { return height; }
        set { height = value; }
    }

    … 생략 …
}
```

실행결과   − □ ×
15

속성의 역할(필드의 부분적 공개)

속성의 진짜 역할은 바로 부분적으로 필드를 외부에 공개하는 것이다. 예를 들어, 앞서 살펴본 예제에서 Age 속성의 set 접근자를 제거해보자.

```
private int age;

public int Age
{
    get
    {
        return age;
    }
}
```

에러 내용

```
Property or indexer 'Human.Age' cannot be assigned to -- it is read only
```

속성에서 set 접근자를 제거하면 Age 속성은 age 변수의 값을 설정하는 부분을 잃게 된다. 따라서 외부에서 age 변수의 값을 변경할 수 없게 되고, age에 15를 대입하는 부분에서 위 그림과 같은 에러가 발생한다. 에러에서도 알 수 있듯이 set 접근자를 제거하면 Age 속성은 **읽기 전용**(read only) 속성이 된다.

물론 set 접근자는 그대로 두고 get 접근자를 제거할 수도 있다. 이 경우에는 age 변수의 값을 변경할 수는 있지만, age 변수의 값을 읽을 수 없는 수정 전용 속성이 된다.

이처럼 속성의 강력한 기능은 어떤 필드를 외부에 부분적으로 공개하는 것이다. get 접근자와 set 접근자를 이용해 읽기 전용 필드 또는 수정 전용 필드를 만들 수 있다.

또한, get 접근자와 set 접근자의 접근 수준을 다르게 할 수도 있다. 예를 들어, 다음과 같이 set 접근자에 private 접근 제한자를 추가해보자. 이는 클래스 내부에서는 값을 할당할 수 있지만, 외부에서는 값을 할당할 수 없게 한다. 이처럼 속성을 이용하면 어떤 필드의 공개 수준을 아주 다양하게 설정할 수 있다.

```
public int Age
{
    get
    {
        return age;
    }
    private set
```

```
    {
        age = value;
    }
}
```

메서드로 속성 구현

지금까지 속성을 정의하고 활용하는 방법을 배웠다. 사실 속성을 이용하지 않고도 get 접근자와 set 접근자의 역할을 메서드로 구현할 수도 있다. 속성을 사용하는 것이 훨씬 좋은 방법이지만 속성의 이해를 돕기 위해 다음과 같이 두 개의 메서드로 age 필드의 값을 읽고 쓰는 예제를 연습해보자.

예제 3.9 속성의 역할을 하는 메서드   (File : Scripts/Example/Chapter3/PropertyExample.cs)

```
using UnityEngine;

public class PropertyExample : MonoBehaviour
{
    void Start()
    {
        … 생략 …

        Human Kelly = new Human("kelly", 30, 167);
        Kelly.SetAge(27);
        Debug.Log(Kelly.GetAge());
    }
}
```

Human 클래스   (File : Scripts/Example/Chapter3/ClassExample.cs)

```
    … 생략 …

class Human
{
    private string name;
    private float height;
    private int age;

    public int GetAge()
    {
```

```
            return age;
    }
    public void SetAge(int _age)
    {
        age = _age;
    }
    … 생략 …
}
```

위 예제에서는 age 필드를 private으로 두고 GetAge() 메서드와 SetAge() 메서드를 만들어 age의 값에
접근하거나 수정할 수 있게 했다. 이 경우에 각 메서드는 속성의 get 접근자, set 접근자와 완전히 같은
역할을 한다.

3.3 상속

우리는 앞서 추상화와 캡슐화를 이용해 Human 클래스를 구성하고 기본적인 동작들을 구현했다. 이번
절에서는 객체 지향의 4가지 특성 중 세 번째 특성인 상속(Inheritance)에 대해 알아보자.

3.3.1 상속이란

상속이란 글자 뜻 그대로 어떤 클래스를 물려받는 것이다. 예를 들어, Human 클래스에 이어 Adult
클래스와 Baby 클래스를 만든다고 가정하자. 상속을 이용하지 않는다면 다음과 같이 Adult 클래스와
Baby 클래스를 정의해야 한다.

```
class Adult
{
    private string name;
    private int age;
    private float height;

    public string Name
    {
        get { return name; }
        set { name = value; }
    }
```

```
        public int Age
        {
            get { return age; }
            set { age = value; }
        }
        public float Height
        {
            get { return height; }
            set { height = value; }
        }

        public Adult(string _name, int _age, float _height)
        {
            name = _name;
            age = _age;
            height = _height;
        }

        public void Eat()
        {
            Debug.Log("eat");
        }
        public void Walk()
        {
            Debug.Log("walk");
        }
        public void Sleep()
        {
            Debug.Log("sleep");
        }
}

class Baby
{
    private string name;
    private int age;
    private float height;

    public string Name
    {
        get { return name; }
```

```csharp
        set { name = value; }
    }
    public int Age
    {
        get { return age; }
        set { age = value; }
    }
    public float Height
    {
        get { return height; }
        set { height = value; }
    }

    public Baby(string _name, int _age, float _height)
    {
        name = _name;
        age = _age;
        height = _height;
    }

    public void Eat()
    {
        Debug.Log("eat");
    }
    public void Walk()
    {
        Debug.Log("walk");
    }
    public void Sleep()
    {
        Debug.Log("sleep");
    }
}
```

하지만 두 클래스는 기존에 정의했던 Human 클래스와 거의 같은 필드와 메서드를 가지는 것을 알 수 있다. 이는 같은 코드를 여러 번 작성해야 할 뿐 아니라 필드나 메서드를 수정할 때 각각을 따로 수정해야 하는 불편함도 있다. 만약 Human 클래스의 멤버를 다시 작성하지 않고 그대로 이어받을 수 있다면 어떨까? 이것이 바로 상속의 개념이자 필요성이다.

상속이란 상위 클래스의 코드를 하위 클래스가 물려받아 사용하는 개념이다. 상위 클래스는 부모 클래스(parent class), 베이스 클래스(base class) 등의 이름으로 불리며, 하위 클래스는 자식 클래스(child class), 파생 클래스(derived class) 등으로 불린다. 다음 그림과 같이 하나의 부모 클래스는 여러 개의 자식 클래스가 상속받을 수 있다. 하지만 여러 개의 부모 클래스를 한 자식 클래스가 상속받는 다중 상속은 불가능하다. 실제 부모와 자식 간의 관계를 생각하면 쉽게 이해할 수 있다. 물론 부모 클래스의 모든 필드를 자식 클래스가 물려받는 것은 아니다. 이는 멤버의 접근 제한자에 의해 결정되며, 다음 장에서 설명한다.

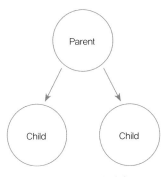

그림 3.3 상속의 개념

기존에 만들었던 Human 클래스를 부모 클래스로 설정하고, Adult 클래스와 Baby 클래스가 Human 클래스를 상속받도록 해보자. 상속은 하위 클래스의 이름 뒤에 **콜론(:)**을 입력하고 상속받을 클래스의 이름을 입력하면 된다. 다음과 같이 Adult 클래스와 Baby 클래스가 Human 클래스를 상속받도록 해보자.

예제 3.10 상속 예제   (File : Scripts/Example/Chapter3/InheritanceExample.cs)

```csharp
using UnityEngine;

public class InheritanceExample : MonoBehaviour
{

}

class Adult : Human
{
    public Adult(string _name, int _age, float _height) : base(_name, _age, _height) { }
}
```

```
class Baby : Human
{
    public Baby(string _name, int _age, float _height) : base(_name, _age, _height) { }
}
```

Adult와 Baby 클래스는 상속을 이용해 Human의 멤버를 그대로 물려받음으로써 똑같은 코드를 그대로 작성할 필요가 없게 됐다. name, age 등의 필드와 Eat, Walk 등의 메서드를 Adult와 Baby 클래스 또한 그대로 가지게 된다는 뜻이다. 단, 생성자는 **base**라는 새로운 키워드가 등장하며 알아보기 어려운 형태가 됐는데, 이는 이어서 등장할 this와 base를 배울 때 설명하겠다.

Adult와 Baby 클래스가 Human 클래스의 멤버를 잘 물려받았는지 확인해보자. 다음은 자식 클래스의 객체에서 부모 클래스의 멤버를 사용하는 예제다.

예제 3.11 부모 클래스 멤버에 접근   (File : Scripts/Example/Chapter3/InheritanceExample.cs)

```
using UnityEngine;

public class InheritanceExample : MonoBehaviour
{
    void Start()
    {
        Adult john = new Adult("john", 28, 173);
        Baby lisa = new Baby("lisa", 3, 95);
        Debug.Log(john.Age);
        lisa.Sleep();
    }
}

class Adult : Human
{
    public Adult(string _name, int _age, float _height) : base(_name, _age, _height) { }
}

class Baby : Human
{
    public Baby(string _name, int _age, float _height) :
            base(_name, _age, _height) { }
}
```

실행결과   − □ ×
28
sleep

john이라는 객체의 age 필드와 lisa라는 객체의 Sleep() 메서드에 접근한 것을 확인할 수 있다. Adult, Baby 클래스에는 age 필드와 Sleep() 메서드를 정의하지 않았지만, 상속을 이용해 부모의 멤버를 갖게 된 것이다.

상속은 이처럼 부모 클래스의 멤버를 사용해 중복 코드를 획기적으로 줄여준다. 또한 유지 보수를 편리하게 한다. 만약 Adult와 Baby에서 중복되는 코드를 각각 작성했다면 이를 수정할 때에도 각각 따로 수정해야 한다. 하지만 상속을 이용한다면 부모 클래스에서 한 번에 수정할 수 있다. 이처럼 상속을 이용해 객체 지향의 큰 장점인 유지보수의 용이성이 실현되는 것이다. 이제 상속이 무엇인지 알았으므로 이전에 배웠던 접근 제한자와 형변환이 상속 관계에서는 어떻게 적용되는지 알아보자.

3.3.2 상속에서의 접근 제한자

앞서 캡슐화를 공부할 때 접근 제한자에는 public, internal, protected, private이 있다고 배웠다. 지금까지는 public과 private만 사용해왔지만, 상속 관계에는 **protected** 접근 제한자를 사용할 수 있다. public은 클래스 외부에서도 해당 멤버로의 접근을 허용하는 접근 제한자이고, private은 클래스 내부에서만 해당 멤버로의 접근을 허용하는 접근 제한자다. protected는 외부에서의 접근은 불가능하지만, 파생 클래스에만 접근을 허용한다. 즉, private 접근 제한자에 파생 클래스로부터의 접근을 허용하는 역할이 추가됐다고 할 수 있다.

표 3.2 접근 제한자의 접근 제한 범위

접근 제한자	외부 어셈블리	외부 클래스	파생 클래스	클래스 내부
public	O	O	O	O
internal	X	O	O	O
protected	X	X	O	O
private	X	X	X	O

예를 들어, Human 클래스에 address 필드를 추가하고 접근 제한자를 protected로 설정해보자. 이 경우에는 파생 클래스인 Adult와 Baby 클래스에서는 다음과 같이 address 필드에 접근할 수 있다. 당연히 protected가 아닌 private을 사용한다면 Adult와 Baby 클래스에서도 address 필드에 접근할 수 없다.

··· 생략 ···

```csharp
class Adult : Human
{
    public Adult(string _name, int _age, float _height) : base(_name, _age, _height) { }

    public void PrintAddress()
    {
        Debug.Log(address);
    }
}

class Baby : Human
{
    public Baby(string _name, int _age, float _height) : base(_name, _age, _height) { }

    public void PrintAddress()
    {
        Debug.Log(address);
    }
}
```

Human 클래스   (File : Scripts/Example/Chapter3/ClassExample.cs)

```csharp
class Human
{
    public string name;
    public float height;
    public int age;
    protected string address;

    ··· 생략 ···
}
```

3.3.3 this와 base

이제 상속 관계에서 중요한 역할을 하는 this와 base 키워드를 알아보자.

this

우리는 지금까지 생성된 객체의 멤버에 접근할 때 객체의 이름 뒤에 마침표를 붙여 접근했다.

```
Human tom = new Human();
tom.Age = 10;
```

그리고 클래스 내부에서 멤버에 접근할 때는 멤버의 이름으로 바로 멤버에 접근할 수 있었다.

```
int age;
age = 10;
```

클래스 내부에 정의돼 있기 때문에 직관적으로 이해할 수 있었지만, 이는 사실 다음과 같이 클래스의 현재 객체를 가리키는 키워드 **this**가 생략된 것이다. 결국 멤버에 접근하려면 객체를 이용해 접근해야 하고, 멤버가 정의된 클래스 내부에서 멤버에 접근할 때에는 클래스의 현재 객체를 가리키는 this 키워드를 이용해 멤버에 접근하는 것이다.

```
this.age = 10;
```

this를 활용하는 방법을 하나 배워보자. Human 클래스에 age 필드의 값을 변경하는 SetAge() 메서드를 다음과 같이 정의해보자.

```
public int SetAge(int _age)
{
    age = _age;
}
```

멤버 변수 age는 별다른 키워드 없이 변수의 식별자만으로 접근하고 있다. 이는 this가 생략된 것으로 다음과 같이 쓸 수 있다. 멤버 변수 age를 this.age로 표현했기 때문에 이제 매개변수의 이름을 _age와 같이 지을 필요가 없다. 멤버 변수 age와 매개변수가 같은 이름이어도 this 키워드로 구분할 수 있기 때문이다.

```
public int SetAge(int age)
{
    this.age = age;
}
```

this가 클래스의 현재 객체를 가리키는 키워드이기 때문에 연결되는 특징이 있다. 첫 번째로, **this()**는 자기 자신의 생성자를 가리킨다. 따라서 클래스 내부에서 생성자를 호출할 때 this()를 사용할 수 있다. 이를 이용해 여러 생성자의 중복 코드를 줄일 수도 있다. 두 번째로, 5장에서 배울 static 변수는 객체가 아닌 클래스 자체에 속하기 때문에 this를 이용해 접근할 수 없다.

base

이러한 this와 비슷한 역할을 하는 키워드가 있는데, 바로 **base** 키워드다. this 키워드는 클래스의 현재 객체를 가리키지만, base 키워드는 부모 클래스를 가리킨다. 만약 Human 클래스의 파생 클래스인 Adult 클래스에도 Human 클래스의 Age 속성과 이름이 같은 멤버가 존재한다고 해보자. 그렇다면 Adult 객체를 생성한 다음 Age에 접근하면 Adult 클래스에 정의된 Age 변수에만 접근할 뿐 Human 클래스에 정의된 Age 속성에는 접근할 수 없다.

```
class Adult : Human
{
    ... 생략 ...
    public int Age;
}
```

따라서 이 경우에 부모 클래스의 Age 속성에 접근하려면 다음과 같이 base 키워드를 사용해 접근해야 한다. 즉, base 키워드는 생성된 객체의 부모 클래스의 멤버에 접근할 수 있게 해준다.

예제 3.13 base 키워드   (File : Scripts/Example/Chapter3/InheritanceExample.cs)

```
using UnityEngine;

public class InheritanceExample : MonoBehaviour
{
    void Start()
    {
        … 생략 …
```

```
        Adult maria = new Adult("maria", 10, 12);
        maria.Age = 1;
        maria.SetBaseAge(2);
        Debug.Log(maria.Age);
        Debug.Log(maria.GetBaseAge());
    }
}
```

Human 클래스   (File : Scripts/Example/Chapter3/ClassExample.cs)

```
class Adult : Human
{
    public Adult(string _name, int _age, float _height) : base(_name, _age, _height) { }

    public void PrintAddress()
    {
        Debug.Log(address);
    }

    public int Age;
    public void SetBaseAge(int age)
    {
        base.age = age;
    }
    public int GetBaseAge()
    {
        return base.age;
    }
}
```

실행결과   − □ ×
1
2

base 키워드를 이해하면 생소했던 Adult 클래스와 Baby 클래스의 생성자까지 이해할 수 있다.

```
public Adult(string _name, int _age, float _height) : base(_name, _age, _height) { }
```

Adult 클래스의 생성자를 살펴보면 클래스의 상속과 비슷하게 :(콜론)과 함께 base 키워드를 사용한 것을 볼 수 있다. 이때 **base()**는 부모 클래스의 생성자를 호출하는 것이다. 따라서 생성자의 매개변수인 _name, _age, _height를 각각 base 생성자의 인수로 전달해 base 생성자를 호출한 것이다.

3.3.4 형변환

앞서 자료형을 공부할 때 알아봤던 형변환에는 암시적 형변환과 명시적 형변환이 있었다. 암시적 형변환이란 특수한 타입(좁은 범위)에서 일반적인 타입(넓은 범위)으로 형변환 될 때 별도의 표시를 하지 않아도 컴파일러가 알아서 형변환을 해주는 방식이었고, 명시적 형변환은 일반적인 타입(넓은 범위)에서 특수한 타입(좁은 범위)으로 형변환 될 때 변환되는 타입을 명시해 형변환하는 방식이었다.

예를 들어, 정수형 타입의 경우에는, long 타입이 int 타입보다 더 넓은 범위의 정수를 포함하므로 long 타입이 일반적인 타입, int 타입이 특수한 타입이다. 이는 클래스에서도 똑같이 적용될 수 있다. 상속 관계에서는 부모 클래스가 일반적인 타입, 자식 클래스가 특수한 타입이라고 생각할 수 있으며, 이 관계를 그림으로 나타내면 다음과 같다.

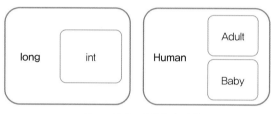

그림 3.4 클래스의 상속과 범위

암시적 형변환

특수한 타입인 자식 클래스는 일반적인 타입인 부모 클래스로 암시적 형변환이 가능하다. 즉, Adult 객체와 Baby 객체는 Human 타입으로 형변환 할 수 있다.

예제 3.14 암시적 형변환   (File : Scripts/Example/Chapter3/TypeConversionExample.cs)

```
using UnityEngine;

public class TypeConversionExample : MonoBehaviour
{
    void Start()
    {
        Adult maria = new Adult("maria", 10, 12);
        Human human = maria;
    }
}
```

명시적 형변환

그렇다면 long 타입에서 int 타입으로 캐스팅 연산자를 이용해 명시적 형변환을 했듯이 Human 타입의 객체도 Adult 또는 Baby 타입으로 명시적 형변환을 할 수 있을까?

예제 3.15 명시적 형변환 에러 　　　　　　　　　　　　　(File : Scripts/Example/Chapter3/TypeConversionExample.cs)

```
using UnityEngine;

public class TypeConversionExample : MonoBehaviour
{
    void Start()
    {
        … 생략 …

        Human robert = new Human("robert", 32, 172);
        Adult adult = (Adult)robert
    }
}
```

위와 같이 Human 타입 객체를 생성한 다음 이를 Adult 타입으로 형변환하면 컴파일 에러가 발생하지 않기 때문에 형변환이 된다고 생각할 수 있다. 하지만 실행해 보면 다음과 같은 에러가 발생한다.

에러 내용

```
InvalidCastException: Specified cast is not valid.
```

이렇게 부모 타입의 객체를 부모 타입 변수에 담은 경우에는 자식 타입의 변수로 명시적 형변환을 할 수 없다. 이는 당연한 결과인데 Adult 클래스에는 Human 클래스에서 정의하지 않은 필드나 메서드가 포함될 수 있기 때문이다.

하지만 클래스 간의 형변환에서도 명시적 형변환이 사용되는 경우가 있다. 바로, 부모 클래스 변수에 담긴 자식 클래스 객체를 다시 자식 클래스 변수로 형변환 할 때 사용된다. 다소 복잡하게 느껴질 수 있지만, 예제를 이용해 이해해보자.

```
using UnityEngine;

public class TypeConversionExample : MonoBehaviour
{
    void Start()
    {
        ⋯ 생략 ⋯

        // Human robert = new Human("robert", 32, 172);
        // Adult adult = (Adult)robert;

        Human jason = new Adult("jason", 32, 172); // Adult 타입 객체를 Human 타입 변수에 대입
        Adult adult = (Adult)jason;
    }
}
```

Human 클래스의 변수에 Human 객체를 대입하는 대신 Adult 클래스 객체를 암시적 형변환하여 대입했다. 그리고 다시 아랫줄에서 이 변수를 Adult 클래스 변수로 명시적 형변환했다. 변수에 담긴 객체가 부모 타입일 때는 자식 클래스로의 형변환할 수 없었지만, 위 예제처럼 변수에 담긴 객체가 자식 클래스일 때는 자식 클래스로 형변환이 가능한 것이다.

하지만 부모 클래스 변수에 부모 클래스 객체가 담긴 경우에도 에러를 발생시키지 않고 형변환을 시도할 수 있는 방법이 있다. 바로 as 연산자가 이를 가능하게 해준다.

as

as는 만약 형변환이 가능하다면 캐스팅 연산자와 마찬가지로 형변환을 실행하고, 불가능하다면 **null**을 반환한다. 형변환에 실패하더라도 오류가 발생하지 않으며, 그 변수가 null을 가리키는지의 여부로 형변환의 성공 여부도 알 수 있다. 다음과 같이 as 연산자를 이용해 형변환을 시도해보자.

```
using UnityEngine;

public class TypeConversionExample : MonoBehaviour
{
```

```
    void Start()
    {
        … 생략 …

        Human Paul = new Human("paul", 3, 90);
        Baby baby = Paul as Baby;

        if (baby == null)
        {
            Debug.Log("형변환 실패");
        }
        else
        {
            Debug.Log("형변환 성공");
        }
    }
}
```

실행결과	− □ ×
형변환 실패	

앞서 명시적 형변환으로 발생했던 에러가 더 이상 발생하지 않는다. 하지만 명시적 형변환과 마찬가지로 Human 타입 객체를 Baby 타입으로 형변환하는 것에 실패했기 때문에 변수는 null을 가리킨다. 다음 예제는 Adult 객체를 생성한 다음 as 연산자를 이용해 형변환에 성공한 예제다.

예제 3.18 as와 형변환 성공   (File : Scripts/Example/Chapter3/TypeConversionExample.cs)

```
using UnityEngine;

public class TypeConversionExample : MonoBehaviour
{
    void Start()
    {
        … 생략 …

        Human Alexis = new Adult("alexis", 23, 155);
        Adult adult_alexis = Alexis as Adult;

        if (adult_alexis == null)
        {
            Debug.Log("형변환 실패");
        }
        else
```

```
        {
            Debug.Log("형변환 성공");
        }
    }
}
```

as는 참조형 변수(클래스 등)에만 사용할 수 있다. 만약 as를 값형 변수(정수형, 실수형 등)에 사용한다면 컴파일 에러가 발생한다.

is

as와 비슷하지만 다른 역할을 하는 is 연산자에 대해서도 배워보자. is 연산자는 실제로 캐스팅을 해주지는 않으며 캐스팅이 가능하면 true, 불가능하면 false를 반환한다. 캐스팅 가능 여부만 확인하는 역할을 한다. 다만 is는 as와 달리 값형 변수에도 사용할 수 있다.

예제 3.19 형변환 가능 여부 확인   (File : Scripts/Example/Chapter3/TypeConversionExample.cs)

```
using UnityEngine;

public class TypeConversionExample : MonoBehaviour
{
    void Start()
    {
        … 생략 …

        Human Alexis = new Adult("alexis", 23, 155);
        Debug.Log(Alexis is Adult);

        … 생략 …
    }
}
```

3.4 다형성

지금까지 우리는 객체 지향의 4가지 특성 중 추상화, 캡슐화, 상속을 알아봤다. 이번 절에서는 마지막 특징인 다형성(Polymorphism)을 알아볼 차례다. **다형성**은 글자 그대로 해석하면 여러 가지의 형태를 가질 수 있다는 뜻이다. 이는 같은 형태의 코드가 다른 역할을 할 수 있다는 의미로 해석할 수 있다. 메서드 오버라이드와 오버로드를 이용해 다형성을 이해해보자.

3.4.1 메서드 오버라이드

메서드 오버라이드(Method override)란 부모 클래스의 메서드를 자식 클래스에서 **재정의**하는 것을 의미한다. 이때 두 메서드는 접근 제한자, 식별자, 매개변수, 반환 타입이 같아야 한다. 즉, 형태는 같지만, 그 역할을 재정의하는 것이다. 메서드 오버라이드를 하려면 부모 클래스의 메서드에는 **virtual**, 자식 클래스의 메서드에는 **override** 키워드를 붙여야 한다.

```
접근제한자 virtual 반환타입 메서드이름(매개변수)          // 부모 클래스의 메서드
{

}
```

```
접근제한자 override 반환타입 메서드이름(매개변수)         // 자식 클래스의 메서드
{

}
```

이를 활용해 Human 클래스의 Walk() 메서드를 Baby 클래스에서 재정의해보자. Human 클래스의 Walk() 메서드에는 virtual 키워드를 추가하고, Baby 클래스에는 override 키워드를 붙인 Walk() 메서드를 추가한다. 그리고 Baby 클래스의 Walk() 메서드는 기존의 Walk() 메서드와 차이를 두기 위해 콘솔 창에 walk가 아닌 crawl이라는 문자열을 출력하도록 했다.

그리고 Baby 타입의 객체를 생성한 후 재정의된 Walk() 메서드를 호출해보면 콘솔 창에 walk가 아닌 crawl 메시지가 출력되는 것을 확인할 수 있다.

예제 3.20 Walk() 메서드 오버라이드 (부모)   (File : Scripts/Example/Chapter3/ClassExample.cs)

```
class Human
{
    … 생략 …

    public virtual void Walk()
    {
```

```
        Debug.Log("walk");
    }

    … 생략 …
}
```

Walk() 메서드 오버라이드 (자식)   (File : Scripts/Example/Chapter3/InheritanceExample.cs)

```
using UnityEngine;

public class InheritanceExample : MonoBehaviour
{
    void Start()
    {
        … 생략 …

        Baby jake = new Baby("jake", 3, 62);
        jake.Walk();
    }
}

class Baby : Human
{
    … 생략 …

    public override void Walk()
    {
        Debug.Log("crawl");
    }
}
```

실행결과   — ☐ ✕
crawl

이처럼 메서드 오버라이드는 부모 클래스의 메서드를 자식 클래스에서 재정의하는 것이다. 메서드 오버라이드의 동작 원리를 더 자세히 이해하기 위해 다음과 같이 경우를 나눠 생각해보자.

1. 부모 타입 변수에 부모 타입 객체를 담는 경우

2. 자식 타입 변수에 자식 타입 객체를 담는 경우

3. 부모 타입 변수에 자식 타입 객체를 담는 경우

```csharp
using UnityEngine;

public class InheritanceExample : MonoBehaviour
{
    void Start()
    {
        … 생략 …

        Human sujin = new Human("sujin", 12, 147);
        Baby jake = new Baby("jake", 3, 62);
        Human chris = new Baby("chris", 6, 110);

        sujin.Walk();
        jake.Walk();
        chris.Walk();
    }
}
```

```
실행결과           — □ ×
walk
crawl
crawl
```

사실 첫 번째 경우와 두 번째 경우는 직관적으로 당연한 결과다. 첫 번째 경우는 Human 타입 객체를 Human 타입 변수에 대입했으니 당연히 Human 클래스의 Walk() 메서드가 호출된 것이고, 두 번째 경우는 Baby 타입 객체를 Baby 타입 변수에 대입했으니 Baby 클래스의 Walk() 메서드가 호출된 것이다.

하지만 세 번째 경우에는 chris 변수가 Human 타입이지만 Baby 객체를 생성해 대입한 것이므로 Baby 클래스의 Walk() 메서드가 호출된 것을 확인할 수 있다.

new

그렇다면 자식 클래스에서 부모 클래스의 메서드를 재정의하는 것이 아닌 완전히 다른 메서드지만 식별자만 같은 메서드를 정의하려면 어떻게 해야 할까? 이 경우 override 키워드 대신 new 키워드를 사용하면 된다. 다음과 같이 자식 클래스의 메서드에 override 대신 new 키워드를 붙여준다. Baby 클래스의 Walk() 메서드에 override 키워드 대신 new 키워드를 사용하고 예제를 다시 실행하면 다음과 같은 결과를 얻을 수 있다.

```
class Baby : Human
{
    … 생략 …

    public new void Walk()
    {
        Debug.Log("crawl");
    }
}
```

실행결과	− □ ×
walk	
crawl	
walk	

new 키워드를 사용한 경우, Human 타입에 Baby 타입 객체를 담은 세 번째 경우에 Walk() 메서드를 실행하니 Human(부모) 클래스의 Walk() 메서드가 실행됐다. 메서드 오버라이딩과 달리 부모 클래스의 Walk() 메서드와 자식 클래스의 Walk() 메서드가 식별자만 같은 별개의 함수로 정의됐음을 확인할 수 있다.

3.4.2 메서드 오버로드

이번엔 다형성의 또 다른 예인 메서드 오버로드(Method overload)를 배워보자. 메서드 오버라이드가 부모 클래스의 메서드를 자식 클래스에서 재정의하는 것이었다면 메서드 오버로드는 같은 클래스에 식별자는 같지만 매개변수는 다른 메서드를 두 개 이상 정의하는 것이다. 예를 들어, Human 클래스의 Eat() 메서드를 다음과 같이 오버로딩 할 수 있다.

```
public void Eat()
{
    Debug.Log("eat");
}

private void Eat(string message)
{
    Debug.Log("eat " + message);
}
```

이름은 같지만 매개변수가 다른 두 개의 함수를 만들었다. 위 예에서도 알 수 있듯이 매개변수뿐 아니라 접근 제한자와 반환 타입도 다르게 설정할 수 있다. 쉽게 말하면 메서드 오버로드는 이름만 같은 여러 개의 메서드를 만드는 것이다. 왜 다른 메서드의 이름을 굳이 같게 해야 할까? Add() 메서드를 메서드 오버로드를 이용해 구현해보며 그 이유를 알아보자.

두 정수를 인수로 받아 그 합을 반환하는 Add 함수는 다음과 같이 정의할 수 있을 것이다.

```
int Add(int a, int b)
{
    return a + b;
}
```

그럼 int 타입이 아닌 float 타입과 doble 타입을 인수로 요구하는 Add() 메서드를 정의하려면 어떻게 해야 할까? 이제 이 메서드의 매개변수는 int 타입이 아니므로 다음과 같이 세 메서드를 다른 이름으로 정의해야 한다.

```
int Add_int(int a, int b)
{
    return a + b;
}

float Add_float(float a, float b)
{
    return a + b;
}

double Add_double(double a, double b)
{
    return a + b;
}
```

정의한 세 메서드는 매개변수와 반환 값의 타입만 다를 뿐 기능은 같다. 이러한 경우에 식별자를 다르게 정의한다면 메서드의 이름이 불필요하게 길어지고 메서드를 호출할 때 매번 다른 이름의 메서드를 호출해야 하므로 혼란스러울 수 있다. 따라서 이런 경우에는 다음 예제처럼 메서드 오버로드를 이용해 메서드의 식별자를 하나로 통일한다. 이렇게 하면 메서드를 정의하기도 간편하며 메서드를 호출하는 부분에서는 어떤 메서드를 호출해야 하는지 고민할 필요가 없다. 인수의 타입에 따라 알아서 해당하는 메서드를 호출하기 때문이다.

```csharp
using UnityEngine;

public class MethodOverloadExample : MonoBehaviour
{
    void Start()
    {
        Debug.Log(Add(1, 3));
        Debug.Log(Add(2.0f, 3.1f));
        Debug.Log(Add(2.0d, 3.1d));
    }

    int Add(int a, int b)
    {
        return a + b;
    }

    float Add(float a, float b)
    {
        return a + b;
    }

    double Add(double a, double b)
    {
        return a + b;
    }
}
```

실행결과   − □ ×
4
5.1
5.1

이처럼 같은 이름의 메서드가 다양한 형태로 사용될 수 있는 오버로드는 다형성의 대표적인 예다. 메서드 오버로드의 예는 이미 우리가 배웠던 메서드들에서도 찾아볼 수 있다. 앞서 배웠던 생성자도 오버로드의 예다. 여러 생성자의 식별자는 클래스의 이름과 같지만, 인수를 다르게 해 사용할 수 있었다. 또한, 디버그를 위해 많이 사용하는 Debug.Log() 메서드도 인수로 int, float, string 등 다양한 타입을 사용할 수 있는데 이 또한 오버로드의 예다.

3.5 3장 종합 예제 – 적군 구현

이제 3장에서 배운 내용들을 종합해 적군(Enemy)을 구현해보자. 가장 먼저 Enemy 클래스를 정의하고 객체를 생성할 것이다. 그리고 앞서 구현했던 플레이어의 공격에 의한 적군의 피격을 구현하고 적군의 종류를 추가하는 방법을 알아보자.

3.5.1 Enemy 클래스 생성

클래스를 배웠으니 이제 프로젝트로 돌아가 Enemy 클래스를 정의해보자. 유니티 프로젝트에서 마우스 오른쪽 버튼을 클릭하고 [Create] → [C# Script]를 선택해 스크립트를 생성한다. 스크립트의 이름은 Enemy로 설정한다.

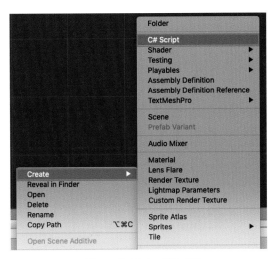

그림 3.5 새로운 스크립트 생성

스크립트를 생성하면 다음과 같이 설정한 스크립트의 이름과 같은 클래스가 자동으로 생성된다.

```
using System.Collections;
using System.Collections.Generic;
using UnityEngine;

public class Enemy : MonoBehaviour
{
    // Start is called before the first frame Update
    void Start()
```

```
    {

    }

    // Update is called once per frame
    void Update()
    {

    }
}
```

Enemy 클래스의 멤버

생성된 Enemy 클래스는 기본적으로 함께 생성되는 Start()와 Update() 메서드를 제외하면 비어 있는 상태다. 이제 Enemy 클래스에 필요한 필드와 메서드를 정의하며 적군의 특성과 행위를 구현해보자.

일단 가장 기본적으로 적군에게 필요한 health 필드를 정의해보자. float 타입으로 정의한다면 다음과 같이 필드를 정의할 수 있다.

```
public class Enemy : MonoBehaviour
{
    float health;

    … 생략 …
}
```

필요하다면 health 변수에 초깃값을 지정할 수 있다. 지정한 초깃값은 객체가 생성될 때 해당 필드가 갖게 되는 값이다. 50으로 초깃값을 지정한다면 다음과 같이 코드를 작성할 수 있다. 만약 초깃값을 지정하지 않는다면 float 타입의 기본값인 0으로 초기화된다.

```
public class Enemy : MonoBehaviour
{
    float health = 50.0f;

    … 생략 …
}
```

적군의 특성에 해당하는 필드를 정의했으니 적군의 행위를 설명하는 메서드를 구현해보자. TakeDamage(), GetHealth() 메서드를 구현할 것이다.

먼저 적군의 체력을 감소시키는 TakeDamage() 메서드를 정의해보자.

```
void TakeDamage(int value)
{
    health -= value;
}
```

인수로 체력을 얼마만큼 감소시킬지 값을 받아 value라는 매개변수에 저장하고, 미리 정의한 필드인 health를 value만큼 감소시킨다. 이때 반환 값은 필요하지 않으므로 반환 타입은 void이다.

다음으로 변경된 health의 값을 확인할 수 있도록 GetHealth() 메서드를 정의해보자. 메서드의 반환 타입은 health 변수의 타입과 같은 float으로 해야 한다.

```
public float GetHealth()
{
    return health;
}
```

이렇게 필드와 메서드를 이용해 적군 클래스를 정의해봤다. 정의된 Enemy 클래스의 전체 코드는 다음과 같다.

예제 3.24 적군 클래스 정의   (File : Scripts/Enemies/Enemy.cs)

```
using UnityEngine;

public class Enemy : MonoBehaviour
{
    float health = 50.0f;

    void TakeDamage(int value)
    {
        health -= value;
    }

    public float GetHealth()
```

```
    {
        return health;
    }
}
```

3.5.2 Enemy 객체 생성

앞서 객체를 배울 때 객체는 생성자를 이용해 인스턴스화했다. 하지만 유니티에서는 더 간단하고 직관적인
방법으로 객체를 생성할 수 있다. 유니티에서 객체를 생성하려면 스크립트를 게임 오브젝트에 부착하기만
하면 된다. 다음과 같이 빈 게임 오브젝트를 생성하고 그 이름을 Enemy1이라고 하자.

그림 3.6 Enemy1 게임 오브젝트 생성

생성된 게임 오브젝트에 앞서 우리가 작성한 Enemy 스크립트를 부착한다. 이렇게 하면 유니티는 Enemy
스크립트에 정의된 Enemy 클래스를 기반으로 객체를 생성한다. 여러 개의 객체를 생성하려면 여러 개의
게임 오브젝트를 생성한 다음 각각 스크립트를 부착해주면 된다.

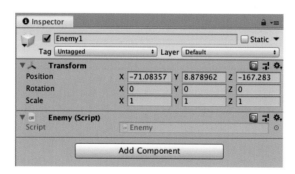

그림 3.7 Enemy 스크립트 부착

앞서 2장에서 설명했듯이 이는 게임 오브젝트와 스크립트를 연결해주는 MonoBehaviour 덕분에 가능한 일이다. 즉, MonoBehaviour를 상속받는 경우에는 이처럼 스크립트를 부착하는 방식으로 객체를 생성한다. 하지만 경우에 따라 MonoBehaviour를 사용하지 않고 클래스를 정의해야 할 수도 있다. 이때는 앞서 배웠던 대로 생성자를 이용해 객체를 생성하면 된다.

만약 MonoBehaviour를 상속받은 채로 생성자를 이용해 객체를 생성하면 다음과 같은 경고 문구가 발생하며 이는 유니티에서 금지하고 있는 사용법이다.

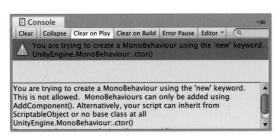

그림 3.8 잘못된 객체 생성

정리하자면 유니티에서 **객체를 생성하는 방법은 2가지**가 있는 셈이다. 첫 번째 방법은 게임 오브젝트에 스크립트를 부착하는 것이다. 이 경우에는 객체가 생성될 때 실행돼야 하는 코드 즉, 초기화 부분에 해당하는 코드를 게임이 실행될 때 호출되는 Awake() 또는 Start() 메서드에 넣어준다.

두 번째 방법은 생성자를 이용하는 방법이다. 이 경우에는 생성자 메서드 안에 초기화 코드를 포함할 수 있다. 하지만 생성자를 이용하려면 MonoBehaviour를 제거해야 하므로 Enemy 스크립트를 게임 오브젝트에 부착할 수 없는 상태가 된다. Enemy 클래스는 앞으로 MonoBehavior를 유지한 채로 구현할 것이므로 Enemy 객체를 생성할 때에는 첫 번째 방법으로 생성하도록 하자.

객체를 생성하고 적당한 스프라이트를 선택해주면 Enemy 게임 오브젝트가 게임 씬에 나타나게 된다. 2장에서 구현한 Player 게임 오브젝트와 함께 게임 씬에 배치해보자.

예제에서는 Transform의 Position Y를 3으로 설정하고 Scale X, Scale Y를 2로 설정했다. 그리고 Sprite Renderer 컴포넌트를 추가하고 Sprite를 Knob로 선택한 다음 Color는 빨간색으로 설정했다.

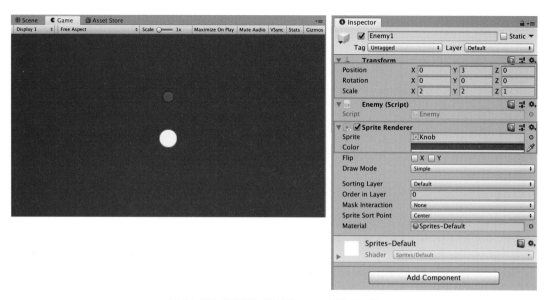

그림 3.9 씬에 배치한 플레이어와 Enemy 게임 오브젝트

3.5.3 적군의 피격

이렇게 배치된 상태에서 투사체를 발사해보자. 원래 의도대로라면 투사체는 Enemy 게임 오브젝트에 닿아 소멸하고, 적군은 데미지를 입어 체력이 감소해야 한다.

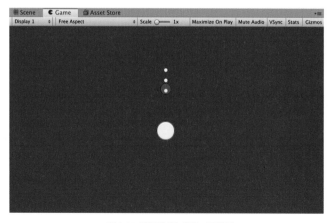

그림 3.10 적군을 통과하는 투사체

하지만 지금은 투사체와 충돌해 체력이 감소하는 기능은 구현하지 않았으므로 투사체가 적군을 그대로 통과하게 된다.

적군의 피격 과정

투사체에 의한 충돌과 적군의 피격을 구현하기 위해 다음과 같이 과정을 세 단계로 나눠 생각해 볼 수 있다.

1. 적군과 투사체의 충돌
2. 충돌 시 적군의 체력 감소
3. 충돌 후 투사체 소멸

적군과 투사체의 충돌

가장 먼저 투사체와 적군은 서로 충돌해야 한다. 2장에서 투사체를 움직이게 하기 위해 Bullet 게임 오브젝트에 RigidBody2D 컴포넌트를 부착했던 것처럼 충돌을 위해서는 **콜라이더(Collider)**라는 컴포넌트를 부착해야 한다. 적군과 Bullet 모두 원형이므로 **Circle Collider 2D** 컴포넌트를 각각 추가한다. 콜라이더는 게임 오브젝트의 스프라이트 모양에 맞춰 크기가 자동으로 조절된다.

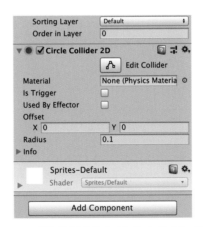

그림 3.11 Enemy 게임 오브젝트에 추가한 Circle Collider 2D 컴포넌트

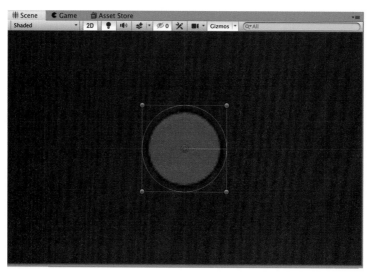

그림 3.12 씬 뷰에서 살펴본 콜라이더

콜라이더는 씬 뷰에서 초록색 선으로 확인할 수 있다. 이제 Enemy 게임 오브젝트는 다른 충돌체와 충돌할 수 있는 충돌체가 됐으며, 씬 뷰에 보이는 초록색 선이 충돌의 기준선이 된다. 마찬가지로 Bullet 프리팹에도 콜라이더를 추가한다.

> **Tip**
>
> Bullet을 변경할 때는 Bullet 이 프리팹이기 때문에 프리팹 모드로 들어간 후에 컴포넌트를 추가해야 한다. 프리팹을 변경할 때에는 프리팹 모드에서 변경해야 한다는 사실을 기억해두자. 프리팹 모드는 프로젝트 창에서 해당 프리팹을 더블클릭 하면 진입할 수 있다.

Bullet 프리팹에도 콜라이더를 추가했다면 이제 다시 게임을 실행해 투사체를 적군에게 발사해보자.

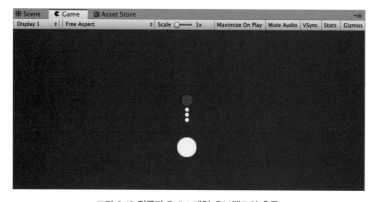

그림 3.13 적군과 Bullet 게임 오브젝트의 충돌

우리가 의도한 대로 두 게임 오브젝트가 충돌하는 모습을 확인할 수 있다. 현재 상태에서는 충돌 후에도 Bullet 게임 오브젝트가 사라지지 않고 그대로 화면에 남아 있다. 이는 적군의 체력을 감소시킨 후에 구현하도록 하자.

충돌 시 적군의 체력 감소

이제 두 번째 단계인 적군의 체력 감소를 구현해보자. 적군과 투사체가 충돌한 후 적군의 체력을 감소시키려면 일단 스크립트 상에서 두 콜라이더의 충돌을 감지해야 한다. 스크립트에서 두 콜라이더의 충돌을 감지하는 메서드는 바로 **OnCollisionEnter2D()** 메서드다. 이 메서드를 Enemy 스크립트에 추가하면 Enemy에 부착된 콜라이더가 다른 콜라이더와 충돌했을 때 이 메서드가 실행된다. 다음과 같이 Enemy 클래스에 메서드를 추가하고 다시 게임을 실행해 투사체를 발사해보자.

```
public class Enemy : MonoBehaviour
{
    … 생략 …

    public void OnCollisionEnter2D(Collider2D coll)
    {
        Debug.Log("충돌");
    }
}
```

그림 3.14 OnCollisionEnter2D() 메서드가 실행된 결과

위 그림에서 확인할 수 있듯이 Bullet 게임 오브젝트의 콜라이더가 Enemy 게임 오브젝트의 콜라이더와 충돌하며 Enemy 클래스의 OnCollisionEnter2D() 메서드가 실행된 것을 확인할 수 있다. OnCollisionEnter2D()는 MonoBehaviour가 제공하는 메서드로 두 콜라이더가 충돌하는 시점에 실행되는 메서드다. 이외에도 **OnCollisionStay2D()**와 **OnCollisionExit2D()** 메서드도 있다. OnCollisionStay2D()는 두 콜라이더가 접촉해 있는 동안 계속 실행되는 메서드이며 OnCollisionExit2D()는 두 콜라이더가 충돌 후 떨어질 때 실행되는 메서드다. 여기서는 투사체가 적군에 닿자마자 기능들이 실행돼야 하므로 OnCollisionEnter2D()를 사용했다.

이제 두 콜라이더의 충돌을 스크립트에서 감지할 수 있게 됐으므로 다음과 같이 작성해 적군의 체력을 감소시켜 보자. 다음은 투사체와 적군이 충돌하면 적군의 체력을 10 감소시키고, 시작 시점과 충돌 후의 체력을 콘솔 창에 출력하는 예제다. 초기 체력은 스크립트에서 초기화한 대로 50이다.

예제 3.25 적군의 피격 예제   (File : Scripts/Enemies/Enemy.cs)

```csharp
using UnityEngine;

public class Enemy : MonoBehaviour
{
    float health = 50.0f;

    void Start()
    {
        Debug.Log("health : " + health);
    }

    void TakeDamage(int value)
    {
        health -= value;
    }

    public float GetHealth()
    {
        return health;
    }

    public void OnCollisionEnter2D(Collision2D coll)
    {
        TakeDamage(10);
        Debug.Log("health : " + health);
    }
}
```

그림 3.15 피격 후 적군의 체력 변화

게임을 시작하고 Start() 메서드에서 콘솔 창에 체력이 50으로 초기화됐음을 출력했다. 그리고 투사체와 충돌 후 TakeDamage() 메서드를 통해 체력이 10만큼 감소했음을 콘솔 창에서 확인할 수 있다.

충돌 후 투사체 소멸

이제 적군 피격의 마지막 단계로 충돌한 다음 Bullet 게임 오브젝트를 사라지게 해야 한다. 2장에서 Bullet을 구현할 때 생성 후 2초 후에 Destroy() 메서드를 이용해 소멸되게 했으므로 적군과 충돌했을 때에는 SetActive() 메서드를 이용해 게임 오브젝트를 비활성화해주기만 하면 된다.

이 역시 Enemy 클래스에 추가한 OnCollisionEnter2D() 메서드에서 구현할 수 있다. 하지만 이 경우에는 Enemy 게임 오브젝트가 아닌 충돌체인 Bullet 게임 오브젝트에 접근해야 한다. OnCollisionEnter2D() 메서드를 자세히 살펴보면 매개변수에 Collision2D coll이라고 정의한 것을 확인할 수 있는데, 이 매개변수를 이용해 충돌한 투사체에 접근할 수 있다. 다음은 두 콜라이더가 충돌했을 때 Bullet 게임 오브젝트를 비활성화하는 예제다.

예제 3.26 Bullet 게임 오브젝트 비활성화   (File : Scripts/Enemies/Enemy.cs)

```
using UnityEngine;

public class Enemy : MonoBehaviour
{
    … 생략 …

    public void OnCollisionEnter2D(Collision2D coll)
    {
        TakeDamage(10);
        Debug.Log("health : " + health);
        coll.gameObject.SetActive(false);
    }
}
```

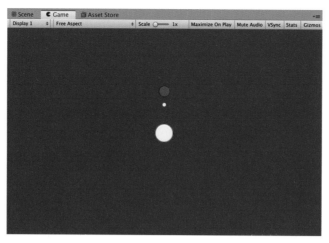

그림 3.16 충돌 후 비활성화된 Bullet 게임 오브젝트

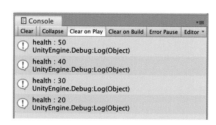

그림 3.17 피격 후 적군의 체력 변화

위 그림에서 확인할 수 있듯이 이제 Bullet 게임 오브젝트는 충돌 후 그대로 남아있지 않고 바로 비활성화된다. 그 덕분에 뒤에 오던 투사체도 적군과 충돌할 수 있게 되고 3개의 투사체 모두 적군에게 데미지를 입힌 것을 콘솔 창에서 확인할 수 있다.

이로써 발사된 투사체에 의한 적군의 피격까지 구현했다. 추가로 적군의 체력이 0보다 작거나 0이 되면 적군이 소멸하는 기능까지 구현해보자. 적군이 소멸하는 기능은 Bullet 클래스에 구현했던 것과 같이 Destroy() 메서드를 이용해 구현할 수 있다.

```
public class Enemy : MonoBehaviour
{
    … 생략 …

    void Die()
    {
```

```
        Destroy(this.gameObject);
    }

    … 생략 …
}
```

이제 TakeDamage() 메서드에서 체력이 0보다 작아지거나 0이 되면 Die() 메서드를 실행하도록 하면
된다. 다음은 이를 구현한 예제다.

예제 3.27 체력이 0보다 작거나 같으면 Die() 메서드 실행   (File : Scripts/Enemies/Enemy.cs)

```csharp
using UnityEngine;

public class Enemy : MonoBehaviour
{
    float health = 50.0f;

    … 생략 …

    void TakeDamage(int value)
    {
        health -= value;
        if (health <= 0)
        {
            Die();
        }
    }

    public float GetHealth()
    {
        return health;
    }

    void Die()
    {
        Destroy(this.gameObject);
    }

    … 생략 …
}
```

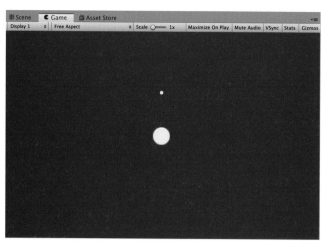

그림 3.18 체력이 0이 돼 소멸된 Enemy 게임 오브젝트

health 변수 은닉

Enemy의 health 변수의 값을 실수로 잘못 변경하면 적군이 피격당하지 않아도 죽은 상태가 될 수 있다. 즉, health 변수는 외부에 공개하면 안 되는 민감한 정보이며 이를 방지하기 위해 health 변수를 private 으로 설정하고 외부에서 값을 읽는 것만을 허용하도록 GetHealth() 메서드를 따로 구현했다.

하지만 어떤 필드를 외부에 공개하지 않으려면 메서드로 관리하는 것보다 더 직관적이고 쉬운 방법이 있는데, 그게 바로 앞서 캡슐화를 배우며 소개한 속성이다. 속성을 이용해 health 변수의 접근을 관리해보자. 가장 먼저 다음과 같이 health 변수는 그대로 둔 채로 health 변수에 해당하는 속성을 추가해보자.

```
float health = 50.0f;

public float Health
{
    get { return health; }
    set { health = value; }
}
```

이제 속성을 이용해 외부에서도 health에 접근할 수 있게 됐다. 하지만 health 변수는 외부에서 값을 읽을 수는 있지만, 값을 변경해선 안 된다. 따라서 set 접근자는 제거한다. 그리고 GetHealth() 메서드 없이도 외부에서 접근할 수 있게 됐으므로 GetHealth() 메서드는 삭제한다.

```
using UnityEngine;

public class Enemy : MonoBehaviour
{
    float health = 50.0f;

    public float Health
    {
        get { return health; }
    }

    … 생략 …
}
```

플레이어의 피격

적군과 투사체가 충돌했듯이 플레이어와 적군도 같은 원리로 충돌 처리를 해야 한다. 적군과 플레이어가
충돌하면 플레이어는 데미지를 입고 적군은 소멸한다. 먼저 플레이어도 적군과 같은 방식으로 충돌 처리를
해야 하므로 다음과 같이 Player 스크립트를 작성하고 Player 게임 오브젝트에 부착한다.

예제 3.29 플레이어 피격 예제 (File : Scripts/Player/Player.cs)

```
using UnityEngine;

public class Player : MonoBehaviour
{
    float health = 100.0f;

    void TakeDamage(int value)
    {
        health -= value;
        if (health <= 0)
        {
            Die();
        }
    }

    void Die()
```

```
    {
        Destroy(this.gameObject);
    }

    public void OnCollisionEnter2D(Collision2D coll)
    {
        TakeDamage(10);
        Destroy(coll.gameObject);
    }
}
```

그리고 충돌 처리가 될 수 있게 Player 게임 오브젝트에도 Circle Collider 2D(콜라이더) 컴포넌트를 부착하고, Enemy 게임 오브젝트에 Rigidbody2D 컴포넌트를 추가한다. RigidBody2D의 Gravity Scale을 0으로 하는 것도 잊으면 안 된다.

그림 3.19 Player 스크립트와 Circle Collider 2D(콜라이더) 컴포넌트를 부착한 Player

이제 Player 게임 오브젝트도 충돌하면 10만큼 health 값이 줄어들고, health가 0보다 작거나 같으면 Die() 메서드가 실행된다. 하지만 한 가지 문제가 있다. 현재 콜라이더가 부착된 게임 오브젝트는 Player, Enemy, Bullet으로 세 가지다. 즉, 플레이어는 적군과 충돌했을 때 체력이 감소하지만 투사체와 충돌했을 때에도 체력이 감소한다. 마찬가지로 적군 역시 투사체와 플레이어를 구분하지 못한다. 즉, 스크립트에서 현재는 어떤 게임 오브젝트와 충돌 했는지 구분할 수 없는 것이다. 이럴 때 필요한 기능이 **tag**이다.

유니티에서 게임 오브젝트를 선택한 다음 인스펙터 창의 위쪽을 보면 Tag가 있다. 태그는 게임 오브젝트를 구분하기 위해 달아놓는 꼬리표다. 태그를 이용하면 스크립트에서 이 게임 오브젝트가 어떤 게임 오브젝트인지 구분할 수 있다.

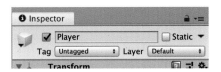

그림 3.20 게임 오브젝트의 Tag

먼저 Player 게임 오브젝트에는 Player라는 태그를 달아주자. Tag 드롭다운을 선택한 다음 Player를 선택한다.

그리고 Bullet Prefab에는 Bullet이라는 태그를 달아주자. 하지만 다음 그림처럼 Bullet 태그는 미리 준비돼 있지 않다. 따라서 Add Tag를 선택해 Bullet 태그를 추가한다.

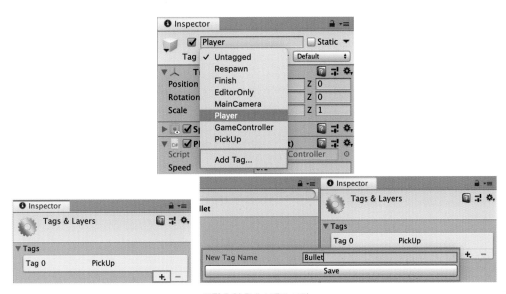

그림 3.21 Bullet 태그 추가

그리고 다시 Bullet 프리팹으로 돌아가 태그를 Bullet으로 설정하면 Bullet 프리팹에 Bullet이라는 태그가 부착된다.

그림 3.22 Bullet 태그 설정

Bullet과 마찬가지로 Enemy에도 똑같이 Enemy 태그를 부착한다.

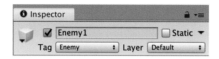

그림 3.23 Enemy 태그 설정

이제 Player, Enemy, Bullet 게임 오브젝트에 태그를 달아 주었으므로 스크립트에서 충돌체를 구분할 수 있다. 어떤 게임 오브젝트의 태그를 검사할 때에는 다음과 같이 **CompareTag()** 메서드를 사용한다.

예제 3.30 태그를 이용한 충돌 검사 예제 (File : Scripts/Player/Player.cs)

```csharp
using UnityEngine;

public class Player : MonoBehaviour
{
    … 생략 …

    public void OnCollisionEnter2D(Collision2D coll)
    {
        if (coll.gameObject.CompareTag("Enemy"))
        {
            TakeDamage(10);
            Destroy(coll.gameObject);
        }
    }
}
```

이제 플레이어와 충돌한 게임 오브젝트의 태그가 Enemy일 때만 작성한 코드가 실행되고, 플레이어의 체력이 감소한다. 투사체와 충돌했을 때에는 투사체의 태그가 Enemy가 아니므로 if 문이 실행되지 않는다.

Enemy 클래스에도 이를 똑같이 적용하자. Enemy 클래스는 투사체와 충돌했을 때에만 TakeDamage() 메서드를 실행해야 하므로 다음과 같이 코드를 작성한다.

예제 3.31 투사체의 태그를 이용한 충돌 처리   (File : Scripts/Enemies/Enemy.cs)

```csharp
using UnityEngine;

public class Enemy : MonoBehaviour
{
    … 생략 …

    public void OnCollisionEnter2D(Collision2D coll)
    {
        if (coll.gameObject.CompareTag("Bullet"))
        {
            TakeDamage(10);
            Debug.Log("health : " + health);
            coll.gameObject.SetActive(false);
        }
    }
}
```

3.5.4 상속을 이용한 적군의 종류 추가

적군을 구현하다 보면 체력이나 이동 방식 등이 다른 여러 종류의 적군을 구현해야 하는 상황이 온다. 이렇게 많은 속성과 행위를 공유하지만 다른 객체를 만들어야 할 때 상속을 이용하면 쉽게 구현할 수 있다.

만약 상속을 이용하지 않고 Enemy1과 Enemy2를 각각 정의한다면 다음과 같이 구현할 수 있다.

```csharp
public class Enemy1
{
    float health = 50.0f;

    public float Health
    {
        … 생략 …
```

```csharp
    }

    void Start()
    {
        ... 생략 ...
    }

    void TakeDamage(int value)
    {
        ... 생략 ...
    }

    void Die()
    {
        ... 생략 ...
    }

    public void OnCollisionEnter2D(Collision2D coll)
    {
        ... 생략 ...
    }

    // 새로운 Enemy1의 기능
}

public class Enemy2
{
    float health = 50.0f;

    public float Health
    {
        ... 생략 ...
    }

    void Start()
    {
        ... 생략 ...
    }

    void TakeDamage(int value)
    {
```

```
        ... 생략 ...
    }

    void Die()
    {
        ... 생략 ...
    }

    public void OnCollisionEnter2D(Collision2D coll)
    {
        ... 생략 ...
    }

    // 새로운 Enemy2의 기능
}
```

위 예제에서 많은 코드가 두 번씩 작성된 것을 알 수 있다. 물론 복사한 다음 붙여넣기 하면 구현하는 데는 시간이 얼마 걸리지 않을지 모르지만 이러한 코딩 방식은 객체 지향을 제대로 활용하지 못한 방식이다.

따라서 이러한 방식을 개선하기 위해 Enemy1과 Enemy2 클래스는 같은 부모를 상속받아야 한다. 기존에 정의했던 Enemy 클래스를 이용해 위 예제를 다음과 같이 수정할 수 있다.

예제 3.32 부모 클래스 Enemy   (File : Scripts/Enemies/Enemy.cs)

```
public class Enemy : MonoBehaviour
{
    float health = 50.0f;

    public float Health
    {
        ... 생략 ...
    }

    void Start()
    {
        ... 생략 ...
    }

    void TakeDamage(int value)
    {
```

```
        ... 생략 ...
    }

    void Die()
    {
        ... 생략 ...
    }

    public void OnCollisionEnter2D(Collision2D coll)
    {
        ... 생략 ...
    }
}
```

자식 클래스 Enemy1   (File : Scripts/Enemies/Enemy1.cs)

```
public class Enemy1 : Enemy
{
    // 새로운 Enemy1의 기능

}
```

자식 클래스 Enemy2   (File : Scripts/Enemies/Enemy2.cs)

```
public class Enemy2 : Enemy
{
    // 새로운 Enemy2의 기능

}
```

이로써 Enemy1과 Enemy2는 기존 Enemy 클래스가 가진 필드와 메서드는 그대로 물려받고, 새로운 기능만 추가해주면 된다. 즉, 두 개 이상의 클래스가 많은 멤버를 공유할 경우 같은 부모 클래스를 상속받음으로써 중복 코드를 줄일 수 있다.

이제 Enemy1과 Enemy2를 구분할 기능을 구현해보자. Enemy1과 Enemy2에 각각 다른 Move() 메서드를 정의해보자. Move() 메서드는 PlayerController에서 투사체를 발사할 때 사용했던 RigidBody2D 컴포넌트와 AddForce() 메서드를 이용해 구현할 수 있다.

```
using UnityEngine;

public class Enemy1 : Enemy
{
    void Start()
    {
        Move();
    }

    void Move()
    {
        GetComponent<Rigidbody2D>().AddForce(Vector2.right * 50);
    }
}
```

간단히 코드를 살펴보면 게임이 시작하고 Start() 메서드가 Move() 메서드를 호출한다. Move() 메서드는 게임 오브젝트에 부착된 RigidBody2D 컴포넌트의 AddForce() 메서드를 호출해 게임 오브젝트를 오른쪽으로 이동시킨다.

Enemy2 역시 이동 방향만 왼쪽으로 바꿔 다음과 같이 Move() 메서드를 정의할 수 있다. 코드를 단순하게 하기 위해 매 프레임마다 오른쪽 또는 왼쪽으로 이동하게 Move() 메서드를 구현했지만, 이동 방식을 달리해 다양하게 응용할 수 있다.

```
using UnityEngine;

public class Enemy2 : Enemy
{
    void Start()
    {
        Move();
    }

    void Move()
    {
        GetComponent<Rigidbody2D>().AddForce(Vector2.left * 50);
    }
}
```

```
        }
    }
```

그리고 다시 유니티 에디터로 돌아가 Enemy1, Enemy2 객체를 생성해보자. 하이어라키 창에서 게임 오브젝트를 생성하고 Enemy1 게임 오브젝트에는 Enemy1 스크립트를, Enemy2 게임 오브젝트에는 Enemy2 스크립트를 부착한다. 이때 앞서 생성한 Enemy 오브젝트와 동일하게 Sprite Renderer, Circle Collider 2D(콜라이더), Rigidbody 2D(리지드바디) 컴포넌트를 추가해야 한다.

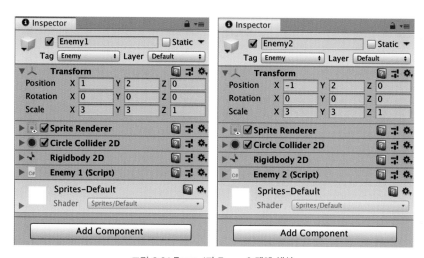

그림 3.24 Enemy1과 Enemy2 객체 생성

그리고 두 게임 오브젝트의 스프라이트 색을 적절하게 변경한다. 스프라이트의 색은 Sprite Renderer 컴포넌트의 Color를 선택하면 나오는 색상 편집기에서 변경할 수 있다.

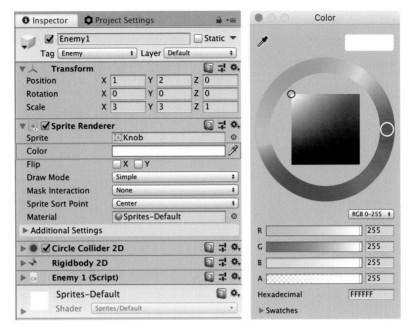
그림 3.25 스프라이트의 색 변경

두 객체를 생성한 다음 게임을 실행하면 Move() 메서드가 실행돼 두 객체가 반대 방향으로 이동하는 모습을 확인할 수 있다.

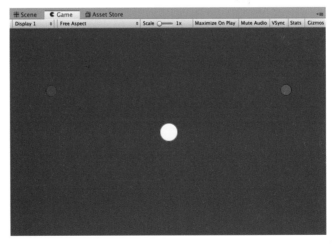
그림 3.26 Enemy1과 Enemy2 이동

적군의 이동속도는 어떻게 조절할 수 있을까? 2장에서 투사체의 속도를 구현했을 때처럼 **speed** 변수를 추가해주면 된다. 이 역시 인스펙터 창에서 조절할 수 있도록 접근 제한자를 public으로 설정한다. speed 역시 Enemy1과 Enemy2 모두 가져야 하는 필드이므로 부모 클래스인 Enemy 클래스에 정의하는 것이 좋다.

예제 3.35 speed 변수 추가   (File : Scripts/Enemies/Enemy.cs)

```csharp
using UnityEngine;

public class Enemy : MonoBehaviour
{
    float health = 50.0f;
    public float speed;

    … 생략 …
}
```

그림 3.27 인스펙터에 표시된 speed 변수

이렇게 인스펙터 창에서 speed 변수를 조절할 수 있다면 플레이 중에도 속도를 변경할 수 있어 디버그하기가 편리하다.

3.5.5 메서드 오버라이드, 오버로드를 이용한 메서드 응용

지금까지 우리는 Enemy 객체를 생성할 때 미리 유니티의 하이어라키 창에서 게임 오브젝트를 생성하는 방식으로 객체를 생성했다. 하지만 이 역시 스크립트에서 할 수 있다. 적군의 종류와 수가 많아지면 일일이 유니티에서 배치하는 것이 매우 어려운 일이 될 수 있으므로 SpawnManager.cs 스크립트를 생성하고 이 스크립트에서 적군의 생성을 관리해보자.

SpawnManager

스크립트에서 게임 오브젝트를 생성할 때 사용하는 개념은 투사체에서도 등장했던 **프리팹** 개념이다. 프리팹은 사용하고자 하는 게임 오브젝트를 통째로 에셋에 저장하고 이를 필요할 때마다 꺼내 쓰는 개념이다. 프리팹을 생성하는 방법은 하이어라키 창의 게임 오브젝트를 프로젝트 창으로 드래그 앤드 드롭해주면 된다. Prefabs 폴더를 미리 만들어 뒀으므로 다음과 같이 Enemy1과 Enemy2를 Prefabs 폴더로 드래그 앤드 드롭해 프리팹으로 만들어주자.

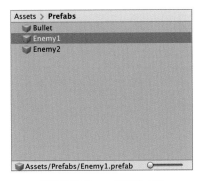

그림 3.28 Enemy 프리팹 생성

이제 SpawnManager 스크립트를 작성해보자. GameObject 타입의 변수를 2개 선언하고 각각 Enemy1과 Enemy2의 프리팹을 담을 용도로 사용한다. 그리고 프리팹을 인스턴스화하고 위치를 지정하는 SpawnEnemy() 메서드를 정의한 다음 이를 Start() 메서드 안에서 실행하도록 했다.

예제 3.36 SpawnManager 구현   (File : Scripts/Managers/SpawnManager.cs)

```
using UnityEngine;

public class SpawnManager : MonoBehaviour
{
```

```
    public GameObject Enemy1Prefab;
    public GameObject Enemy2Prefab;

    void Start()
    {
        SpawnEnemy(Enemy1Prefab, new Vector3(1,2,0));
        SpawnEnemy(Enemy2Prefab, new Vector3(-1,2,0));
    }

    public void SpawnEnemy(GameObject prefab, Vector3 _position)
    {
        GameObject enemy = Instantiate(prefab);
        enemy.transform.position = _position;
    }
}
```

그리고 다시 유니티로 돌아와 SpawnManager 게임 오브젝트를 생성하고 SpawnManager 스크립트를 부착한다. public으로 선언한 두 변수에는 각각 Prefabs 폴더에 생성해놓은 프리팹을 연결해준다.

그림 3.29 SpawnManager 게임 오브젝트

이제 게임을 실행하면 다음과 같이 두 프리팹이 인스턴스화되어 씬에 생성되는 모습을 확인할 수 있다. 그리고 Start() 메서드에 의해 Move() 메서드가 실행되며 두 게임 오브젝트가 이동하는 모습을 볼 수 있다.

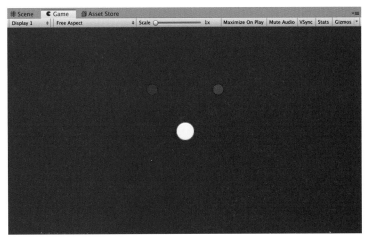

그림 3.30 생성된 두 개의 적군

하지만 이처럼 객체가 생성되고 Start()에 의해 Move()가 호출되는 방법은 바람직하지 않다. 지금은 두 객체가 동시에 생성돼 움직이기 시작하므로 괜찮아 보이지만 예를 들어 여러 개의 객체가 시간차를 두고 생성된 다음 동시에 움직이기 시작하게 하는 등 다양한 방식의 변화를 주려면 적군의 Move() 메서드 역시 SpawnManager 클래스에서 호출하는 것이 좋다. 하지만 SpawnEnemy() 메서드에서 Enemy1 클래스와 Enemy2 클래스에 따로 접근해 Move() 메서드를 호출하는 것은 매우 비효율적이다. 따라서 상속과 메서드 오버라이드를 이용해 효율적인 방식으로 구현해보자.

먼저 Enemy 클래스에 Move() 메서드를 추가한다. 단, 자식 클래스에서 이를 오버라이딩할 것이므로 **virtual** 키워드를 붙여준다. 그리고 기존에 Enemy1과 Enemy2에 구현했던 Move() 메서드에는 **override** 키워드를 붙여 부모 클래스의 메서드를 오버라이딩한 것임을 표시한다.

예제 3.37 Move() 메서드 오버라이드 예제

부모 클래스 Enemy   (File : Scripts/Enemies/Enemy.cs)

```
public class Enemy : MonoBehaviour
{
    … 생략 …

    public virtual void Move()
    {

    }
}
```

자식 클래스 Enemy1 (File : Scripts/Enemies/Enemy1.cs)

```
public class Enemy1 : Enemy
{
    public override void Move()
    {
        GetComponent<Rigidbody2D>().AddForce(Vector2.right * 50);
    }
}
```

자식 클래스 Enemy2 (File : Scripts/Enemies/Enemy2.cs)

```
public class Enemy2 : Enemy
{
    … 생략 …
    public override void Move()
    {
        GetComponent<Rigidbody2D>().AddForce(Vector2.left * 50);
    }
}
```

그리고 SpawnManager의 SpawnEnemy() 메서드에 다음과 같은 코드를 추가해 Enemy 클래스의 Move() 메서드를 실행하게 한다. 이렇게 하면 우리는 Enemy 클래스의 Move() 메서드를 호출했지만 객체가 Enemy1, Enemy2의 객체이므로 Enemy1과 Enemy2에 있는 Move() 메서드가 실행된다. 만약 상속과 메서드 오버라이딩을 사용하지 않았다면 SpawnEnemy1(), SpawnEnemy2()메서드를 따로 구현하고 각각 Enemy1과 Enemy2에 접근해 Move() 메서드를 호출해야 한다. 만약 적군의 종류가 10종류라면 10개의 메서드를 따로 구현해야 한다. 상속과 메서드 오버라이딩은 처음에는 이해하기가 조금 까다로울 수 있지만, 사용에 익숙해지면 많은 코드를 줄일 수 있다.

예제 3.38 메서드 오버라이드로 구현한 Move() 메서드 호출 (File : Scripts/Managers/SpawnManager.cs)

```
using UnityEngine;

public class SpawnManager : MonoBehaviour
{

    public void SpawnEnemy(GameObject prefab, Vector3 _position)
    {
```

```
        GameObject enemy = Instantiate(prefab);
        enemy.transform.position = _position;
        enemy.GetComponent<Enemy>().Move();
    }
}
```

코드를 위와 같이 작성하고 게임을 실행하면 Enemy1, Enemy2가 생성되고 각각의 Move() 메서드가
실행되는 모습을 확인할 수 있다.

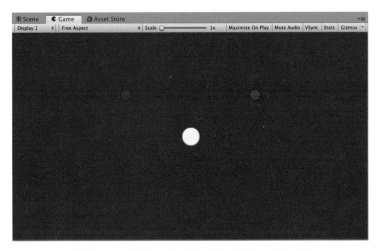

그림 3.31 상속과 메서드 오버라이드를 이용한 메서드 호출

지금은 코드를 단순화하기 위해 두 객체를 중앙에 생성한 다음 양옆으로 움직이는 기능만 구현했다. 하지만
지금까지 배운 내용만으로도 충분히 많은 변화를 줄 수 있다. SpawnManager에서 for 문을 이용해 더
많은 적군을 생성할 수도 있고, Move() 메서드를 수정해 다양한 방식으로 움직이는 적군을 구현할 수도
있다.

TakeDamage() 메서드 오버로드

앞서 Enemy 클래스에 정의했던 TakeDamage() 메서드를 보완해보자. 기존에 정의한 TakeDamage()
메서드는 int 타입에 해당하는 값을 전달해 적군의 체력을 감소시키는 메서드다. 그런데 만약 체력을 10%
감소처럼 값이 아닌 비율로 체력을 감소시키고 싶다면 어떻게 해야 할까? 물론 다음과 같이 메서드를 하나
더 추가해도 된다.

```
void TakeDamage(int value)
{
    health -= value;
    …. 생략 …
}

void TakeDamageByRatio(float ratio)
{
    health = health - (int)(health * ratio);
    …. 생략 …
}
```

지금은 메서드가 2개뿐이라 헷갈릴 이유가 없지만, 만약 비슷한 기능을 하는 또 다른 메서드를 매번 정의해야 한다면 사용하는 데 어려움이 있을 것이다. 이는 메서드 오버로드를 이용해 다음과 같이 메서드를 정의함으로써 해결할 수 있다.

예제 3.39 메서드 오버로드   (File : Scripts/Enemies/Enemy.cs)

```
using UnityEngine;

public class Enemy : MonoBehaviour
{
    … 생략 …

    void TakeDamage(int value)
    {
        health -= value;
        if (health <= 0)
        {
            Die();
        }
    }

    void TakeDamage(float ratio)
    {
        health -= (int)(health * ratio);
        if (health <= 0)
        {
            Die();
        }
```

```
        }

    … 생략 …
    }
```

이제 Enemy 클래스에는 두 개의 TakeDamage() 메서드가 생겼다. 이제 TakeDamage() 메서드를 호출할 때 인수를 정숫값으로 준다면 그 값만큼 체력을 감소시키는 메서드가 실행될 것이고, 실숫값으로 전달한다면 비율만큼 체력을 감소시키는 메서드가 실행될 것이다.

04

클래스의 응용

이전 장에서 클래스를 배우며 객체 지향이란 무엇이고 클래스가 이 객체 지향 문법에서 어떤 역할을 하는지 배웠다. 이제부터는 이 클래스를 더 잘 응용하기 위한 방법들을 배운다. 추상 클래스, 인터페이스, 구조체처럼 기존에 배웠던 클래스와 비슷하지만 다른 개념들을 배우고, 네임스페이스, 인덱서, 열거형 등 클래스를 응용할 수 있는 방법을 배운다.

4.1 추상 클래스

추상 클래스(Abstract class)는 추상 메서드와 분리할 수 없는 개념이다. 추상 클래스와 추상 메서드는 부모 클래스의 어떤 메서드를 자식 클래스에서 재정의하도록 강제할 때 사용한다. 무슨 뜻인지 와 닿지 않으므로 한가지 예를 들어보자.

다음과 같이 Animal이라는 부모 클래스와 Bird, Fish의 자식 클래스를 구현해보자.

```
using UnityEngine;

class Animal
{

}

class Bird : Animal
{

}

class Fish : Animal
{

}
```

새와 물고기 둘 다 동물이기 때문에 갖게 되는 공통 특성이 있다. 예를 들어, 새와 물고기는 둘 다 이동할 수 있으며 먹이를 먹는다. 따라서 Move() 메서드와 Eat() 메서드는 Bird 클래스와 Fish 클래스 모두 필요하다. 이는 3장에서 배웠듯이 상속을 이용하면 쉽게 구현할 수 있다.

```
using UnityEngine;

class Animal
{
    public void Move()
    {
        Debug.Log("move");
    }
    public void Eat()
```

```
    {
        Debug.Log("eat");
    }
}

class Bird : Animal
{

}

class Fish : Animal
{

}
```

하지만 이는 무언가 이상하다. 새와 물고기는 둘 다 이동하긴 하지만 분명 다르게 이동한다. 새는 날고 물고기는 헤엄친다. 따라서 Bird 클래스와 Fish 클래스는 Move() 메서드를 가져야 하긴 하지만 서로 다르게 재정의해야 한다. 즉, Move() 메서드는 각 자식 클래스에서 **반드시 다시 재정의해야 하는 메서드**다.

부모 클래스의 메서드를 재정의하는 것을 메서드 오버라이드라고 배웠다. 추상 클래스와 추상 메서드는 이 메서드 오버라이드를 강제한다. 직접 추상 클래스와 추상 메서드를 만들어보며 이를 이해해보자. 자식 클래스에서 재정의가 필요한 Move() 메서드에 다음과 같이 **abstract** 키워드를 추가한다. abstract 키워드를 메서드에 추가하면 이 메서드는 추상 메서드가 된다. abstract 키워드는 메서드의 접근 제한자와 반환 타입 사이에 위치한다.

추상 메서드는 한 가지 조건이 더 있는데 바로 메서드의 바디라고 부르는 구현부가 없어야 한다. 즉, 추상 메서드 Move()는 다음과 같이 정의해야 한다.

```
public abstract void Move();
```

추상 메서드의 구현부가 없는 이유는 이 메서드의 구현을 부모 클래스가 아닌 자식 클래스에서 할 것이기 때문이다. 추상 메서드를 정의하고 나면 클래스 또한 추상 클래스로 만들어줘야 한다. 추상 클래스도 다음과 같이 클래스 키워드 앞에 **abstract** 키워드를 추가하면 된다.

```
abstract class Animal
{
    public abstract void Move();

    public void Eat()
    {
        Debug.Log("eat");
    }
}
```

이제 Animal 클래스는 추상 클래스가 됐고, Move() 메서드는 추상 메서드가 됐다. 또 주의할 점은 추상 메서드가 있는 클래스는 반드시 추상 클래스여야 한다. 하지만 추상 클래스의 메서드라고 해서 모두 추상 메서드일 필요는 없다.

부모 클래스에서 추상 메서드를 정의했다면 자식 클래스에서는 다음과 같은 에러가 발생할 것이다.

에러 내용

```
'Bird' does not implement inherited abstract member 'Animal.Move()'
```

에러의 내용은 상속받은 추상 멤버인 Move() 메서드를 구현하지 않았다는 것이다. 즉, 추상 메서드에 의해 자식 클래스에서의 Move() 메서드를 재정의하는 것이 강제된 것이다.

추상 메서드 오버라이드

이제 자식 클래스에서 Move() 메서드를 재정의해보자. 이는 다형성에서 배웠던 **override** 키워드를 이용한다.

```
class Bird : Animal
{
    public override void Move()
    {
        Debug.Log("fly");
    }
}

class Fish : Animal
{
    public override void Move()
```

```
    {
        Debug.Log("swim");
    }
}
```

이제 앞서 추상 메서드에 의해 발생한 에러는 사라지고 자식 클래스에서 Move() 메서드가 재정의됐다. 다음은 Bird와 Fish 객체를 각각 생성하고 Move() 메서드를 실행시키는 예제다.

예제 4.1 추상 클래스와 추상 메서드 (File : Scripts/Chapter4/AbstractExample.cs)

```csharp
using UnityEngine;

public class AbstractExample : MonoBehaviour
{
    void Start()
    {
        Bird eagle = new Bird();
        Fish shark = new Fish();

        eagle.Move();
        shark.Move();
    }
}

abstract class Animal
{
    public abstract void Move();

    public void Eat()
    {
        Debug.Log("eat");
    }
}

class Bird : Animal
{
    public override void Move()
    {
        Debug.Log("fly");
    }
```

```
    }

class Fish : Animal
{
    public override void Move()
    {
        Debug.Log("swim");
    }
}
```

실행결과 — □ ×
fly
swim

이처럼 추상 클래스와 추상 메서드는 각 자식 클래스에서 꼭 재정의해야 하는 메서드를 구현할 때 사용한다. 주의해야 할 점은 추상 클래스는 인스턴스화 할 수 없다는 점이다. 즉, 다음과 같이 Animal 클래스를 인스턴스화 하는 것은 불가능하다.

```
Animal animal = new Animal();           // 에러 발생
```

에러 내용

```
Cannot create an instance of the abstract class or interface 'Animal'
```

4.2 인터페이스

이번 절에서는 인터페이스(Interface)에 대해 배운다. 인터페이스는 추상 클래스와 매우 유사한 구조이지만 추상 클래스와는 분명한 차이점이 있다. 앞서 클래스의 상속을 배울 때 하나의 자식 클래스가 여러 부모 클래스를 상속하는 다중 상속은 불가능하다고 배웠다. 즉, 자식 클래스는 단 하나의 부모 클래스만 상속받을 수 있다. 이러한 문제점을 해결하기 위해 등장한 개념이 바로 인터페이스다.

인터페이스의 구조는 추상 클래스와 매우 유사하다. 인터페이스는 **interface** 키워드를 이용해 정의한다. 그리고 인터페이스의 바디에는 오직 추상 멤버만 정의할 수 있다.

```
interface 인터페이스이름
{
    // 추상 멤버 정의
}
```

예를 들어 ISword 라는 인터페이스를 구현해보자. 인터페이스의 이름에는 앞에 I를 붙이는 것이 관례다. 그리고 ISword라는 인터페이스에는 Attack이라는 추상 메서드와 Damage라는 추상 속성을 정의했다.

```
interface ISword
{
    string Damage { get; set; }
    void Attack();
}
```

인터페이스가 추상 클래스와 다른 점은 추상 메서드와 속성에 abstract 키워드를 붙이지 않는다는 것이다. 추상 클래스에는 일반 메서드와 일반 속성도 정의될 수 있기 때문에 추상 메서드와 추상 속성은 abstract 키워드를 이용해 구분해야 했다. 하지만 인터페이스는 추상 메서드와 추상 속성만 포함할 수 있기 때문에 abstract 키워드를 생략한다. 마찬가지로 인터페이스의 모든 멤버는 public으로 처리되기 때문에 접근 제한자도 생략한다.

인터페이스의 장착

이제 인터페이스를 클래스에 장착하는 방법을 알아보자. 이는 인터페이스를 클래스에 implement 한다고 표현하는데 implement는 장착, 구현 등으로 해석될 수 있으며 이 책에서는 장착이라고 해석하겠다.

인터페이스를 장착하는 것은 클래스를 상속하는 것과 똑같이 클래스의 이름 옆에 :(콜론)과 함께 인터페이스의 이름을 쓰면 된다. Knight라는 클래스를 만들고 ISword 인터페이스를 장착해보자.

```
interface ISword
{
    string Damage { get; set; }
    void Attack();
}

class Knight : ISword
{

}
```

인터페이스 역시 추상 클래스와 마찬가지로 인터페이스에 구현된 멤버(추상 메서드, 추상 속성 등)를 구현하지 않으면 다음과 같은 에러가 발생한다.

```
'Knight' does not implement interface member 'ISword.Damage'
'Knight' does not implement interface member 'ISword.Attack()'
```

따라서 인터페이스를 장착한 클래스에서는 다음과 같이 인터페이스의 멤버를 구현해야 한다. 또한 인터페이스의 멤버는 public으로 구현해야 한다.

```
class Knight : ISword
{
    public string Damage { get; set; }

    public void Attack()
    {

    }
}
```

이번 절에서는 클래스에 인터페이스를 장착하는 법까지 알아봤다. 하지만 이대로라면 추상 클래스의 용도와 크게 다를 것이 없어 보인다. 하지만 인터페이스의 진짜 용도는 앞서 언급했듯이 인터페이스를 여러 개 장착하는 것이 가능하다는 점에 있다. 다음은 IShield라는 인터페이스를 구현하고 다중 장착하는 예제다.

예제 4.2 인터페이스의 다중 장착 예제　　　　　　　　　　　　　　(File : Scripts/Chapter4/InterfaceExample.cs)

```
using UnityEngine;

class Knight : ISword, IShield
{
    public string Damage { get; set; }
    public string DefensivePower { get; set; }

    public void Attack()
    {

    }

    public void Defend()
    {
```

```
        }
}

interface ISword
{
    string Damage { get; set; }
    void Attack();
}

interface IShield
{
    string DefensivePower { get; set; }
    void Defend();
}
```

이처럼 인터페이스는 여러 개의 인터페이스를 장착하게 함으로써 추상 클래스가 가지는 한계점을 극복할 수 있다.

4.3 구조체

구조체(Struct) 역시 클래스와 비슷하게 어떤 대상을 추상화한 것이다. 하지만 클래스와 구조체는 메모리 공간에 어떻게 저장되는 지가 다른데, 이로부터 모든 차이점이 발생한다. 구조체가 클래스와 어떤 차이점이 있는지를 중점으로 두고 배워보자.

구조체를 정의하는 방법은 클래스를 정의하는 방법과 매우 유사하다. 구조체는 class 대신 **struct** 키워드를 사용해 정의한다.

```
struct 구조체이름
{

}
```

또한, 구조체도 필드와 메서드를 멤버로 가지며 생성자도 정의할 수 있다. 그 예로 Point_struct 구조체를 정의해보자. Point_struct는 말 그대로 x 좌표와 y 좌표를 필드로 갖는 구조체다.

```
using UnityEngine;

public class StructExample : MonoBehaviour
{
    void Start()
    {

    }
}

struct Point_struct
{
    public int x;
    public int y;

    public Point_struct(int x, int y)
    {
        this.x = x;
        this.y = y;
    }

    public string GetPoint()
    {
        return $"({x}, {y})";
    }
}
```

여기서 주의해야 할 점이 몇 가지 있다. 구조체의 필드는 초기화할 수 없다. 즉, 선언과 함께 값을 지정할 수 없다. 또한, 구조체의 생성자는 모든 필드의 값을 인수로 받아 값을 할당해야 한다. 즉, 다음과 같은 경우는 에러가 발생한다.

```
struct Point_struct
{
    public int x = 1;     // 필드 초기화 불가능
    public int y;

    … 생략 ..
}
```

```
'Point_struct': cannot have instance property or field initializers in structs
```

```
struct Point_struct
{
    public int x;
    public int y;
    public int z;

    // 변수 z가 생성자에서 값이 할당되지 않음
    public Point_struct(int x, int y)
    {
        this.x = x;
        this.y = y;
    }

    public string GetPoint()
    {
        return $"({x}, {y})";
    }
}
```

에러 내용

```
Field 'Point_struct.z' must be fully assigned before control is returned to the caller
```

구조체의 사용

구조체를 사용하는 방법도 클래스와 비슷하다. 다음은 생성자를 이용해 구조체의 멤버를 초기화하고, 그 값을 출력하는 예제다.

예제 4.4 구조체의 사용 방법　　　　　　　　　　　　　　　　　　　　　(File : Scripts/Chapter4/StructExample.cs)

```
using UnityEngine;

public class StructExample : MonoBehaviour
{
    void Start()
    {
```

```
        Point_struct point = new Point_struct(1,1);
        Debug.Log(point.GetPoint());
    }
}

struct Point_struct
{
    … 생략 …
}
```

참조형과 값형(Reference type and Value type)

이제 예시를 통해 클래스와 구조체의 가장 중요한 차이점을 알아보자. 먼저 2개의 Point를 생성한 다음 point2에 point1를 담아 그 값을 출력하는 예제다.

예제 4.5 구조체 인스턴스 대입   (File : Scripts/Chapter4/StructAssignment.cs)

```
using UnityEngine;

public class StructAssignment : MonoBehaviour
{
    void Start()
    {
        Point_struct point1 = new Point_struct(1, 1);
        Point_struct point2 = point1;

        Debug.Log(point1.GetPoint());
        Debug.Log(point2.GetPoint());
    }
}
```

당연하게도 point1에 담긴 값은 point2로 복사된다. 그럼 만약 point2의 x, y 값을 변경한다면 두 Point의 좌푯값은 어떻게 될까?

예제 4.6 구조체에서 한 인스턴스의 값 변경   (File : Scripts/Chapter4/StructAssignment.cs)

```
using UnityEngine;

public class StructAssignment : MonoBehaviour
```

```
{
    void Start()
    {
        Point_struct point1 = new Point_struct(1,1);
        Point_struct point2 = point1;
        point2.x = 2;
        point2.y = 2;

        Debug.Log(point1.GetPoint());
        Debug.Log(point2.GetPoint());
    }
}
```

point2의 값을 바꿔도 point1의 값은 그대로 유지되는 것을 확인할 수 있다. 어찌 보면 point1과 point2는 다른 변수이기 때문에 당연한 결과라고 느껴진다. 그렇다면 이제 클래스로 똑같은 과정을 반복해보자. 정의해 놓은 구조체에서 struct 키워드를 class 키워드로 바꾸고, 이름 Point_struct를 Point 로 바꿔 똑같은 예제를 테스트해보자.

```
class Point
{
    public int x;
    public int y;

    public Point(int x, int y)
    {
        this.x = x;
        this.y = y;
    }

    public string GetPoint()
    {
        return $"({x}, {y})";
    }
}
```

놀라운 결과가 나왔다. 구조체를 클래스로 바꿔 준 것뿐인데 point2의 값을 변경했을 때 point1의 값 또한 변경됐다. 이것이 참조형과 값형의 차이이자, 클래스와 구조체가 다른 점이다.

클래스는 참조형이다. 다음과 같이 new 키워드를 사용해 인스턴스를 생성하면 인스턴스를 저장하기 위한 메모리 공간이 할당된다. 참조형 인스턴스를 저장하는 메모리 공간을 **힙**(Heap)이라고 한다.

```
new Point(1,1);
```

그리고 변수를 선언해 이 인스턴스를 담는다. 선언된 변수는 **스택**(Stack)이라는 메모리 공간에 저장되며 해당 변수는 다음 그림과 같이 인스턴스가 저장된 메모리를 가리키게 된다. 정확히 이야기하면 point1이라는 변수가 저장된 스택 메모리에는 해당 인스턴스가 저장된 힙 메모리의 주소가 적혀있는 것이다. 메모리에 대한 설명이 어렵다면 다음 그림과 같이 point1이라는 변수가 저장된 인스턴스를 가리키고 있다고 생각하면 된다.

```
Point point1 = new Point(1,1);
```

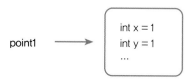

그림 4.1 클래스에서 변수와 인스턴스의 관계

그리고 point2에 point1을 대입하면 point2 변수 역시 이전에 생성한 인스턴스를 가리키게 된다. 그러므로 point1과 point2는 다른 변수이지만 다음과 같이 같은 인스턴스를 가리키고 있는 것이다.

```
Point point2 = point1;
```

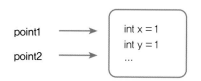

그림 4.2 클래스에서 poin2에 point1을 대입한 결과

따라서 point2가 가리키는 인스턴스의 값을 변경하면 point1이 가리키는 인스턴스의 값도 변경되는 것이다.

```
point2.x = 2;
point2.y = 2;
```

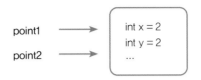

그림 4.3 클래스에서 point2의 멤버 값을 변경한 결과

그렇다면 다시 구조체로 돌아가 같은 코드를 이해해보자. 구조체는 값형이다. 값형이 참조형과 다른 점은 참조형 인스턴스는 힙 메모리에 저장되지만 값형 인스턴스는 스택 메모리에 저장된다는 것이다. 즉, 클래스에서는 스택에 저장된 변수가 힙에 저장된 인스턴스를 가리키고 있었지만, 구조체에서는 인스턴스가 스택에 바로 저장된다. 다음 그림과 같이 point1이라는 그릇에 생성된 인스턴스가 담긴 것을 상상하면 된다.

```
Point_struct point1 = new Point_struct(1, 1);
```

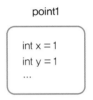

그림 4.4 구조체에서 변수와 인스턴스의 관계

그리고 point2에 point1을 대입한다는 것은 point1에 담긴 인스턴스의 값을 새로운 인스턴스를 생성해 복사한다는 뜻이다. 즉, point1과 point2에 담긴 인스턴스는 멤버들의 값은 같지만, 다음 그림과 같이 다른 인스턴스다. 이것이 바로 참조형과 값형의 차이점이다.

```
Point_struct point2 = point1;
```

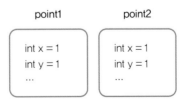

그림 4.5 구조체에서 point2에 point1을 대입한 결과

point1과 point2에 담긴 인스턴스가 별개의 인스턴스이기 때문에 다음과 같이 point2에 담긴 인스턴스의
값을 변경하더라도 point1에 담긴 인스턴스는 변화가 없다.

```
point2.x = 2;
point2.y = 2;
```

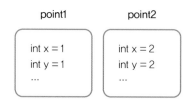

그림 4.6 구조체에서 point2의 멤버 값을 변경한 결과

이를 이해한다면 클래스와 구조체의 차이를 아주 명확히 이해할 수 있을 것이다. 한 가지 예를 더 들어보자.
만약 Point가 구조체라면 다음과 같이 변수만 선언하더라도 그 안에 인스턴스가 담겨 있기 때문에 구조체
멤버에 접근할 수 있다.

```
Point_struct point1;
point1.x = 1;
point1.y = 2;
```

하지만 Point가 클래스일 때는 어떨까? 컴파일 오류가 발생한다. 클래스는 참조형이기 때문에 변수를
선언하는 것만으로는 인스턴스가 생성되지 않는다. new 키워드를 이용해 힙 메모리에 인스턴스를
생성해야 하기 때문이다. 따라서 클래스라면 변수를 선언하는 것만으로는 멤버에 접근할 수 없는 것이다.

구조체는 클래스와 매우 비슷하지만 값형이라는 점에서 완전히 다르다. 메모리 구조에 대한 이야기이기
때문에 조금 어려울 수 있지만 값형과 참조형은 꼭 알아둬야 하는 중요한 부분이다. 우리가 지금까지
배웠던 모든 타입은 값형과 참조형으로 나눌 수 있다. int, float, char, bool 등은 값형이고 배열, string,
object는 참조형이다. 이 타입들 또한 클래스와 구조체의 차이처럼 똑같은 차이점을 가진다.

구조체가 가지는 또 다른 특징은 상속이 불가능하다는 점이다. 단, 인터페이스를 장착하는 것은 가능하다.

4.4 네임스페이스

네임스페이스(Namespace)는 클래스들의 묶음이다. 여러 클래스를 한데 모아놓은 것이라고 생각하면 된다. 네임스페이스는 **namespace** 키워드를 이용해 정의할 수 있으며 구조는 다음과 같다.

```
namespace A
{
    class A
    {

    }
    class B
    {

    }
}
```

우리는 지금까지 같은 이름을 가진 클래스를 생성할 수 없다고 생각했지만 사실 네임스페이스가 다르다면 같은 이름의 클래스를 생성할 수 있다. 다른 클래스에서 같은 이름의 변수를 선언하는 것과 같다고 생각하면 된다.

```
namespace A
{
    class A
    {

    }
}
namespace B
{
    class A
    {

    }
}
```

조금 낯설게 느껴질 수 있지만 사실 우리는 지금까지 계속 네임스페이스를 사용해왔다. 우리가 유니티에서 만들었던 모든 스크립트의 맨 윗부분에는 다음과 같은 코드가 적혀있을 것이다.

```
using UnityEngine;
```

이때 사용한 UnityEngine이 네임스페이스다. 유니티에서 이 네임스페이스에 여러 클래스를 담아 우리에게 제공하고, 우리는 using이라는 키워드와 함께 이 네임스페이스를 스크립트로 가져온 다음 네임스페이스에 담긴 클래스를 사용했던 것이다.

우리가 지금까지 구현은 하지 않았지만 당연하게 사용했던 MonoBehaviour나 Debug 같은 것들이 UnityEngine 네임스페이스에서 제공하는 클래스다.

네임스페이스 내 요소에 접근

네임스페이스 안에 담긴 클래스 등의 요소에는 네임스페이스 외부에서 바로 접근할 수 없다. 즉, 다음과 같이 exampleNS 네임스페이스에 담긴 exampleClass 클래스는 외부에서 바로 접근할 수 없다. 그 경우에는 해당 요소를 찾을 수 없다는 에러가 발생한다.

```
using UnityEngine;

public class NamespaceExample : MonoBehaviour
{
    void Start()
    {
        exampleClass obj = new exampleClass();
    }
}

namespace exampleNS
{
    class exampleClass
    {

    }
}
```

에러 내용

```
The type or namespace name 'exampleClass' could not be found (are you missing a using directive or
and assembly reference?)
```

따라서 네임스페이스에 먼저 접근한 다음 그 안의 요소에 접근해야 한다. 네임스페이스에 접근하는 방법은 두 가지가 있다. 첫 번째는 using 키워드를 이용해 접근하는 방법이다. 파일의 맨 위에 using 키워드와 접근하고 싶은 네임스페이스의 이름을 적어주면 네임스페이스 내부 요소에 접근할 수 있다. 다음은 using 키워드를 이용해 네임스페이스 내부 요소에 접근하는 예제다.

예제 4.7 using을 이용한 네임스페이스 접근 (File : Scripts/Chapter4/NamespaceExample.cs)

```csharp
using UnityEngine;
using exampleNS;

public class NamespaceExample : MonoBehaviour
{
    void Start()
    {
        exampleClass obj = new exampleClass();
    }
}

namespace exampleNS
{
    class exampleClass
    {

    }
}
```

using 키워드를 이용하면 해당 네임스페이스에 있는 요소들을 이 파일에서 자유롭게 접근하겠다고 선언하는 것과 같다.

두 번째 방법은 직접 네임스페이스의 이름을 적어 접근하는 방식이다. exampleClass에 바로 접근하는 것이 아니라 네임스페이스에 먼저 접근한 다음 . 을 이용해 내부 요소에 접근하는 방식이다. 다음은 두 번째 방법을 이용한 예제다.

예제 4.8 네임스페이스에 직접 접근 (File : Scripts/Chapter4/NamespaceExample.cs)

```csharp
using UnityEngine;

public class NamespaceExample : MonoBehaviour
```

```
{
    void Start()
    {
        exampleNS.exampleClass obj2 = new exampleNS.exampleClass();
    }
}

namespace exampleNS
{
    class exampleClass
    {

    }
}
```

어떤 네임스페이스 내부 요소에 자주 접근한다면 첫 번째 방법과 같이 using 키워드를 이용해 선언하는 것이 좋고, 사용 빈도가 적다면 두 번째 방법과 같이 직접 접근하는 것이 좋다.

4.5 인덱서

인덱서(Indexer)는 클래스, 구조체, 인터페이스 등을 배열처럼 인덱스를 사용해 접근할 수 있게 해주는 구문이다. 인덱서는 **this** 키워드와 [](대괄호)를 사용하며 구조는 다음과 같다.

```
public 배열의타입 this[int index]
{
    get
    {
        return 배열의이름[index];
    }

    set
    {
        배열의이름[index] = value;
    }
}
```

눈치챘겠지만 인덱서는 속성과 매우 비슷하다. 식별자가 들어가야 할 부분에 this가 들어간다는 것과 [](대괄호)와 함께 인덱스를 인수로 받는다는 점이 다르다.

예를 들어, 학생 10명의 성적을 관리하기 위해 Grade 클래스를 만들어 관리한다고 해보자. 그리고 기본적인 인덱서의 구조대로 다음과 같이 인덱서를 정의할 수 있다.

```
class Grade
{
    public int[] grades = { 24, 75, 90, 74, 51, 74, 83, 52, 31, 58 };

    public int this[int index]
    {
        get
        {
            return grades[index];
        }

        set
        {
            grades[index] = value;
        }
    }
}
```

Grade 클래스의 인덱서를 살펴보자. get 접근자와 set 접근자의 사용법은 속성의 사용법과 같다. 속성에서는 속성과 대응하는 필드의 값에 접근했다면 인덱서는 인덱서와 대응하는 배열에 인덱스를 이용해 접근한다. 이 인덱서를 이용해 외부에서는 Grade 클래스의 객체를 배열처럼 사용할 수 있게 된다.

인덱서의 사용

인덱서의 사용법을 좀 더 직관적으로 이해하기 위해 인덱서를 사용하지 않는다고 가정하고 Grade 클래스의 배열에 접근해보자.

```
class Grade
{
    public int[] grades = { 24, 75, 90, 74, 51, 74, 83, 52, 31, 58 };
}
```

```
public class IndexerExample : MonoBehaviour
{
    void Start()
    {
        Grade grades = new Grade();

        grades.grades[3] = 57;
        grades.grades[8] = 12;

        for (int i = 0; i < 10; i++)
        {
            Debug.Log(grades.grades[i]);
        }
    }
}
```

외부 클래스에서 배열 grades에 접근하려면 먼저 객체를 생성한 다음 객체를 이용해 배열에 접근해야한다. 그렇기 때문에 grades.grades와 같은 불필요한 표현이 만들어지게 된다. 인덱서는 이를 효과적으로해결할 수 있다. 위에서와같이 Grade 클래스에 인덱서를 정의하고 나면 다음과 같이 객체에 바로 인덱스를사용함으로써 배열에 접근할 수 있게 된다.

예제 4.9 인덱서의 사용 예제 (File : Scripts/Chapter4/IndexerExample.cs)

```
using UnityEngine;

public class IndexerExample : MonoBehaviour
{
    void Start()
    {
        Grade grades = new Grade();

        grades[3] = 57;
        grades[8] = 12;

        for (int i = 0; i < 10; i++)
        {
            Debug.Log(grades[i]);
        }
    }
```

```
}

class Grade
{
    public int[] grades = { 24, 75, 90, 74, 51, 74, 83, 52, 31, 58 };

    public int this[int index]
    {
        get
        {
            return grades[index];
        }

        set
        {
            grades[index] = value;
        }
    }
}
```

실행결과 — □ ×
```
24
75
90
57
51
74
83
52
12
58
```

4.6 열거형

열거형(Enum)은 숫자를 쉽게 열거하기 위해 숫자에 이름을 붙인 것이다. 열거형은 다음과 같이 **enum** 키워드를 이용해 정의하며 열거형의 멤버는 , (콤마)로 구분한다.

```
enum 열거형이름
{
    멤버1, 멤버2, …
}
```

열거형의 기본 형식을 이용해서 요일을 멤버로 가지는 Days라는 열거형을 만들어보자.

```
enum Days
{
    Mon, Tue, Wed, Thu, Fri, Sat, Sun
}
```

열거형의 사용

앞서 정의한 Days 열거형의 멤버는 순서대로 0부터 시작해 1씩 커지는 정숫값을 가지고 있다. 이를 확인하기 위해 열거형의 멤버를 콘솔 창에 출력해보자. 정숫값을 출력하기 위해 int 형으로 명시적 형변환을 했다. 열거형의 멤버는 객체의 멤버에 접근하는 것처럼 . 을 이용해 접근한다.

예제 4.10 열거형 사용 예제 (File : Scripts/Chapter4/EnumExample.cs)

```csharp
using UnityEngine;

public class EnumExample : MonoBehaviour
{
    void Start()
    {
        Debug.Log((int)Days.Mon);
        Debug.Log((int)Days.Sat);
    }
}


enum Days
{
    Mon, Tue, Wed, Thu, Fri, Sat, Sun
}
```

```
실행결과          – □ ×

0
5
```

열거한 순서대로 0부터 시작하는 정숫값을 가지는 것을 알 수 있다. 하지만 꼭 0부터 1씩 커지는 정숫값을 가질 필요는 없다. 각 멤버는 서로 다른 정숫값으로 지정할 수 있으며 지정하지 않은 정숫값은 바로 이전의 멤버의 정숫값보다 1만큼 큰 값을 가지게 된다. 예를 들어, 다음과 같이 열거형의 멤버 중 몇 개의 값을 새로 지정해 출력하는 예제를 작성해보자.

예제 4.11 열거형 사용 예제 (File : Scripts/Chapter4/EnumExample.cs)

```csharp
using UnityEngine;

public class EnumExample : MonoBehaviour
{
    void Start()
    {
        Debug.Log((int)Days.Mon);
        Debug.Log((int)Days.Tue);
```

```
        Debug.Log((int)Days.Wed);
        Debug.Log((int)Days.Thu);
        Debug.Log((int)Days.Fri);
        Debug.Log((int)Days.Sat);
        Debug.Log((int)Days.Sun);
    }
}

enum Days
{
    Mon = 3, Tue, Wed, Thu = 12, Fri, Sat, Sun
}
```

실행결과
```
3
4
5
12
13
14
15
```

Mon을 3으로 지정했기 때문에 Tue와 Wed는 각각 1씩 증가해 4와 5가 된 것을 확인할 수 있다. 그리고 Thu을 12로 지정했기 때문에 다시 12부터 1씩 증가하며 지정된 것을 확인할 수 있다. 이렇게 열거형은 숫자와 이름이 쌍을 이뤄 존재한다. 이런 구조를 가진 열거형은 왜 필요한 것일까?

첫 번째로 코드의 가독성이 높아지고 실수할 가능성이 작아진다. 예를 들어, 학생들의 이름을 관리하기 위해 번호를 매겨 배열을 생성한다고 해보자. 5명의 학생을 관리한다고 하면 다음과 같은 배열이 만들어지게 될 것이다.

```
string[] students = { "john", "emily", "tom", "sophia", "noah" };
```

이를 사용하기 위해 배열에 접근한다면 다음과 같이 인덱스로 접근해야 한다. 하지만, 누가 몇 번째 학생인지 기억할 수 없기 때문에 코드의 가독성이 매우 떨어진다. 그리고 실수로 인덱스를 잘못 입력할 확률도 높다. 만약 학생 수가 5명에서 더 늘어나게 되면 문제는 심각해질 것이다.

```
public class EnumExample : MonoBehaviour
{
    string[] students = { "john", "emily", "tom", "sophia", "noah" };
    void Start()
    {
        Debug.Log(students[1]);          // emily 출력
        Debug.Log(students[4]);          // noah 출력
    }
}
```

이럴 때 열거형을 유용하게 사용할 수 있다. 다음과 같이 배열의 순서와 같게 열거형을 선언해보자.

```
enum Students
{
    john, emily, tom, sophia, noah
}
```

이제 열거형 덕분에 0, 1, 2, 3, 4, 5의 숫자는 각각 john, emily, tom, sophia, noah라는 이름을 갖게 됐다. 따라서 배열에 접근할 때 숫자가 아닌 이름으로 접근할 수 있다. 다음은 열거형을 이용해 배열의 요소에 접근하는 예제다. 이제 배열 요소에 접근하는 코드의 가독성이 훨씬 좋아졌고 실수의 가능성도 없어졌다.

예제 4.12 배열과 열거형 사용 예제   (File : Scripts/Chapter4/EnumWithArray.cs)

```
using UnityEngine;

public class EnumWithArray : MonoBehaviour
{
    string[] students = { "john", "emily", "tom", "sophia", "noah" };

    void Start()
    {
        Debug.Log(students[(int)Students.emily]);    // emily 출력
        Debug.Log(students[(int)Students.noah]);     // noah 출력
    }

    enum Students
    {
        john, emily, tom, sophia, noah
    }
}
```

```
실행결과                  ─ □ ×
emily
noah
```

열거형의 두 번째 장점은 목록에 없는 값의 사용을 미리 방지할 수 있다는 것이다. 예를 들어, 앞서 사용한 Students 배열의 모든 값을 사용하는 것이 아니라 일부 값만 사용하고자 한다고 해보자. 이 경우 열거형에서 사용하지 않는 값을 제거해주면 열거형을 이용해서 그 값에 접근할 수 없게 된다.

4.7 4장 종합 예제 – 아이템 구현

이제 4장에서 배운 내용들을 바탕으로 아이템을 구현해보자. 게임 내에서 아이템의 역할은 다양하다. 금이나 은 같은 재화가 될 수도 있고 플레이어의 능력치를 상승시켜주는 무언가일 수도 있다. 용도는 다양하지만, 아이템은 게임 씬에 생성되고 플레이어와 상호작용하는 등 공통 기능이 있으므로 추상 클래스와 인터페이스를 이용해 Item 클래스를 구현할 것이다.

또한, 실제 프로젝트에서 인덱서와 네임스페이스가 어떻게 사용되는지 배우고, 구조체를 활용해 좌표를 효과적으로 표현하는 방법을 알아본다. 마지막으로 열거형을 이용해 여러 아이템을 효과적으로 관리하는 방법도 알아본다.

4.7.1 Item 클래스

가장 먼저 아이템 구현의 기본이 되는 Item 클래스를 정의해보자. 이 Item 클래스는 여러 아이템의 부모 클래스가 될 것이다. 지금까지 해왔던 것과 마찬가지로 유니티에서 Item이라는 이름을 가진 스크립트를 생성하면 다음과 같은 클래스를 얻을 수 있다.

```
using UnityEngine;

public class Item : MonoBehaviour
{
    // Start is called before the first frame update
    void Start()
    {

    }

    // Update is called once per frame
    void Update()
    {

    }
}
```

추상 클래스, 추상 메서드

그리고 이 Item 클래스에 추상 메서드를 추가해보자. 가장 먼저 플레이어에게 아이템을 적용할 ApplyItem() 메서드와 생성된 후 일정 시간이 지나면 아이템을 사라지게 하는 DestroyAfterTime() 메서드를 정의하자. 두 메서드 모두 상속받은 클래스에서 재정의를 강제할 것이므로 abstract 키워드를 붙여준다.

예제 4.13 아이템 클래스 정의 (File : Scripts/Items/Item.cs)

```
using UnityEngine;

public abstract class Item : MonoBehaviour
{
    public abstract void DestroyAfterTime();
    public abstract void ApplyItem();
}
```

추상 메서드를 생성했으면 class 키워드 앞에 abstract를 추가해 추상 클래스로 만들어야 한다. 다시 한번 복습하면 추상 메서드를 포함한 클래스는 반드시 추상 클래스가 돼야 하며 추상 클래스라고 해서 추상 메서드만 가질 수 있는 것은 아니다.

이제 정의한 Item 클래스를 상속받을 클래스를 정의하자. 가장 먼저 Coin이라는 스크립트를 생성해 클래스를 정의하고 아이템을 상속받기 위해 다음과 같이 코드를 작성하자.

```
using UnityEngine;

public class Coin : Item
{

}
```

Coin 클래스가 Item 클래스를 상속받고 나면 에러가 발생할 것이다. 추상 메서드를 포함한 클래스를 상속받은 클래스는 반드시 해당 메서드를 재정의해야 한다. 따라서 다음과 같이 Item 클래스에 정의한 추상 메서드를 재정의한다.

```csharp
using UnityEngine;

public class Coin : Item
{
    public override void DestroyAfterTime()
    {

    }

    public override void ApplyItem()
    {

    }
}
```

먼저 DestroyAfterTime() 메서드를 구현해보자. 게임 오브젝트를 사라지게 하는 메서드는 다음과 같이 Destroy() 메서드를 이용해 구현할 수 있다.

```csharp
public override void DestroyAfterTime()
{
    Destroy(gameObject);
}
```

하지만 이처럼 구현하면 DestroyAfterTime() 메서드가 호출되자마자 게임 오브젝트가 제거될 것이다. 따라서 일정 시간이 지난 후에 Destroy() 메서드가 호출되게 해야 하는데 이는 Invoke() 메서드를 이용해 구현할 수 있다.

예제 4.15 일정 시간 후에 게임 오브젝트를 제거하는 메서드 구현 (File : Scripts/Items/Coin.cs)

```csharp
using UnityEngine;

public class Coin : Item
{
    public override void DestroyAfterTime()
    {
        Invoke("DestroyThis", 5.0f);
    }
```

```
    public void DestroyThis()
    {
        Destroy(gameObject);
    }


    public override void ApplyItem()
    {


    }
}
```

Invoke() 메서드는 두 개의 인수를 받을 수 있는데, 첫 번째 인수는 실행할 함수의 이름이며 두 번째 인수는 실행할 함수를 몇 초 후 실행할 것인지 시간을 전달한다. 따라서 DestroyAfterTime() 메서드가 호출되면 Invoke() 메서드에 의해 5초 후에 DestroyThis() 메서드가 호출되고 결과적으로 Destroy() 메서드가 호출돼 게임 오브젝트가 제거된다.

Coin을 정의한 것과 마찬가지로 SpeedUp이라는 아이템을 정의해보자. 이 또한 Item 클래스를 상속받으며 클래스의 멤버는 Coin과 동일하게 구현했다. 뒤에서 ApplyItem() 메서드를 구현하며 서로 다른 아이템의 동작을 구분할 것이다.

예제 4.16 Item 클래스를 상속받은 SpeedUp 클래스 구현   (File : Scripts/Items/SpeedUp.cs)

```
using UnityEngine;

public class SpeedUp : Item
{
    public override void DestroyAfterTime()
    {
        Invoke("DestroyThis", 5.0f);
    }

    public void DestroyThis()
    {
        Destroy(gameObject);
    }

    public override void ApplyItem()
    {
```

```
        }
    }
```

마지막으로 두 아이템 모두 생성과 동시에 DestroyAfterTime() 메서드를 호출해야 하므로 부모 클래스인 Item 클래스의 Start() 메서드에서 DestroyAfterTime() 메서드를 호출한다.

예제 4.17 부모클래스에서 DestroyAfterTime() 메서드 호출   (File : Scripts/Items/Item.cs)

```csharp
using UnityEngine;

public abstract class Item : MonoBehaviour
{
    public abstract void DestroyAfterTime();
    public abstract void ApplyItem();

    void Start()
    {
        DestroyAfterTime();
    }
}
```

이제 유니티로 돌아가 두 아이템을 게임 씬에 소환해보자. 이전에 했던 것처럼 가장 먼저 하이어라키 창에 새로운 게임 오브젝트를 생성하고 이름을 짓는다.

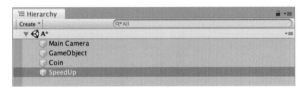

그림 4.7 게임 오브젝트 생성

그리고 각각 인스펙터 창에서 스크립트와 Sprite Renderer 컴포넌트를 부착한 다음 스프라이트의 색상을 아래와 같이 설정한다.

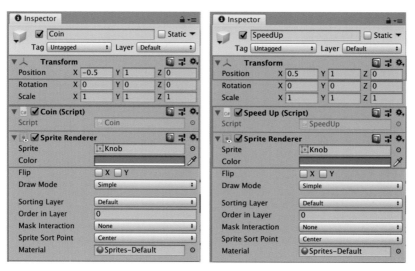

그림 4.8 스크립트와 Sprite Renderer 컴포넌트 부착

그리고 적당한 위치를 설정한 다음 게임을 실행하면 다음 그림과 같이 5초 후에 두 개의 아이템이 사라지는 모습을 확인할 수 있다.

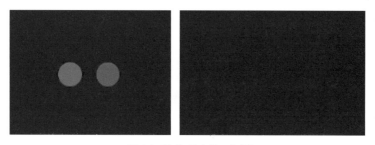

그림 4.9 5초 후 사라지는 아이템

이제 ApplyItem() 메서드를 구현해보자. ApplyItem() 메서드는 플레이어가 아이템과 충돌했을 때 실행돼야 하는 메서드다. 3장에서도 활용했듯이 이런 때는 콜라이더를 이용해 구현한다. 콜라이더와 충돌은 3장에서 설명했으니 여기서는 구현하는 코드만 소개하겠다. 다음은 SpeedUp 아이템을 플레이어에게 적용시키는 예제다.

```csharp
using UnityEngine;

public class SpeedUp : Item
{
    … 생략 …

    public override void ApplyItem()
    {
        GameObject playerObj = GameObject.Find("Player");
        PlayerController controller = playerObj.GetComponent<PlayerController>();
        controller.speed *= 1.25f;

        DestroyThis();
    }

    public void OnCollisionEnter2D(Collision2D coll)
    {
        if (coll.gameObject.CompareTag("Player"))
        {
            ApplyItem();
        }
    }
}
```

코드를 작성하기에 앞서 SpeedUp 게임 오브젝트에 Circle Collider 2D (콜라이더) 컴포넌트와 Rigidbody 2D (리지드바디) 컴포넌트를 부착하는 것을 잊지 말아야 한다. 또한 리지드바디 컴포넌트의 Gravity Scale은 0으로 설정해야 한다. 아이템 콜라이더와 플레이어 콜라이더가 충돌하면 OnCollisionEnter2D() 메서드가 실행돼 ApplyItem() 메서드를 호출한다. ApplyItem() 메서드에서는 GameObject.Find() 메서드로 씬에서 Player라는 이름을 가진 게임 오브젝트를 가져오고 다음 줄에서 GetComponent() 메서드가 PlayerController 컴포넌트를 가져온다. 이는 PlayerController가 가지고 있는 speed를 올려주기 위함이다. speed에 1.25배를 곱해준 다음 DestroyThis() 메서드를 실행시켜 아이템을 제거해주면 게임에서는 아이템을 얻어 속도가 상승한 것처럼 보이게 된다.

Coin 아이템 또한 같은 방법으로 구현하면 된다. 다만 현재는 Coin의 쓰임새가 없으므로 ApplyItem() 메서드가 실행되면 아이템이 제거되도록 구현했다.

```csharp
using UnityEngine;

public class Coin : Item
{
    … 생략 …

    public override void ApplyItem()
    {
        DestroyThis();
    }
    public void OnCollisionEnter2D(Collision2D coll)
    {
        if (coll.gameObject.CompareTag("Player"))
        {
            ApplyItem();
        }
    }
}
```

Layer Collision Matrix

추가로, 게임 내 콜라이더의 개수가 많아지면 불필요한 충돌이 생길 가능성이 커진다. 따라서 유니티 내 세팅에서 콜라이더의 충돌을 제어할 수 있는 방법 한 가지를 소개한다.

현재 콜라이더를 가지고 있는 객체는 Player, Bullet, Enemy, Item 네 종류다. 모두가 각각 충돌할 필요는 없으므로 각각을 구분해보자. 구분하는데 사용되는 것이 바로 **레이어(Layer)**다. Layer는 인스펙터 창에서 Tag 옆에 위치한다.

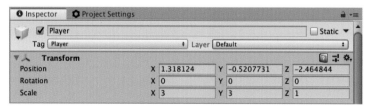

그림 4.10 Layer

Player, Bullet, Enemy, Item의 레이어를 종류별로 구분해준다. 레이어 목록을 추가하는 방법은 Add Layer를 누른 다음 목록에 내가 원하는 이름을 적어주면 된다. 그다음 각 게임 오브젝트를 선택하고 레이어 목록에 추가된 레이어를 선택한다.

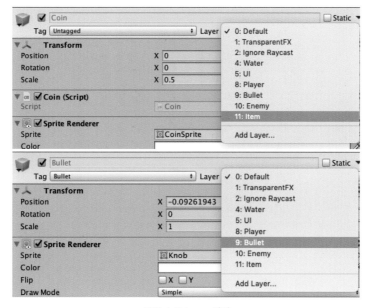

그림 4.11 Layer 설정

그리고 유니티의 주 메뉴에서 [Edit] → [Project Settings...] → [Physics 2D]로 이동하면 다음 그림과 같은 Layer Collision Matrix를 확인할 수 있다.

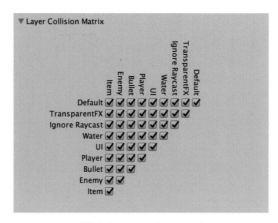

그림 4.12 Layer Collision Matrix

Layer Collision Matrix에서 각 레이어별로 충돌하는지 여부를 체크할 수 있다. 예를 들어, Player는 Bullet과 충돌하지 않아야 하므로 Bullet 축과 Player 축이 만나는 곳의 체크를 해제하면 Player 레이어와 Bullet 레이어로 명시된 게임 오브젝트는 더 이상 충돌하지 않게 된다.

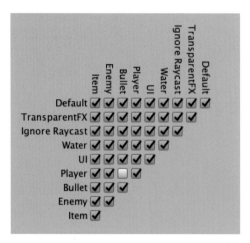

그림 4.13 플레이어와 Bullet 레이어의 충돌 해제

마찬가지로 서로 충돌하지 않아야 할 레이어를 찾아서 체크를 해제한다. 그럼 Layer Collision Matrix는 다음과 같은 모양이 될 것이다.

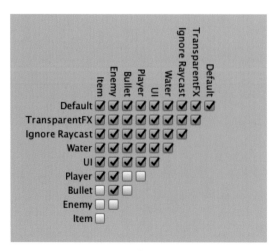

그림 4.14 설정이 완료된 Layer Collision Matrix

레이어별로 충돌 여부를 구분하는 것은 기능적으로도 굉장히 유용하지만, 성능면에서도 꼭 필요한 과정이다. Layer Collision Matrix에서 체크가 해제된 레이어끼리는 충돌에 대한 연산을 하지 않으므로 불필요한 연산을 피할 수 있다.

4.7.2 Point 구조체

ItemManager

이전 절에서 기본적인 아이템 클래스를 정의했다. 이제 이 아이템의 소환 등을 관리하는 ItemManager를 구현해보자. 먼저 ItemManager.cs 스크립트를 생성한다.

아이템을 씬에 소환하는 방법은 2장과 3장에서 투사체와 적군을 씬에 소환했던 것과 동일한 방법으로 진행한다. 먼저 아이템 프리팹을 생성하자. 앞서 생성한 2가지 종류의 아이템을 프로젝트 창의 Prefabs 폴더로 드래그 앤드 드롭해 프리팹으로 만든다.

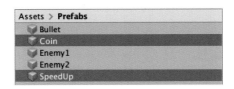

그림 4.15 프리팹 생성

이제 ItemManager 클래스에서 이 프리팹을 인스턴스화해 씬에 소환하는 메서드를 작성하면 아이템을 씬에 소환할 수 있게 된다. 다음은 Coin과 SpeedUp 아이템을 프리팹을 이용해 씬에 생성하는 예제다.

예제 4.20 아이템 생성 예제 (File : Scripts/Managers/ItemManager.cs)

```csharp
using UnityEngine;

public class ItemManager : MonoBehaviour
{
    public GameObject[] ItemPrefabs;

    void Start()
    {
        SpawnItem(ItemPrefabs[0], new Vector2(0,0));
        SpawnItem(ItemPrefabs[1], new Vector2(1,0));
    }
```

```
    public void SpawnItem(GameObject itemPrefab, Vector2 pos)
    {
        GameObject obj = Instantiate(itemPrefab);
        obj.transform.position = pos;
    }
}
```

하이러키 창에서 ItemManager인 빈 게임 오브젝트를 생성하고 ItemManager 스크립트를 부착한다. 그다음 앞서 public으로 생성한 ItemPrefabs 배열의 Size를 2로 설정하고 Element0과 Element1에 Coin 프리팹과 SpeedUp 프리팹을 연결한다.

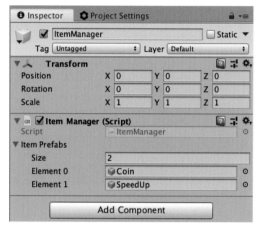

그림 4.16 ItemPrefabs에 아이템 프리팹 연결

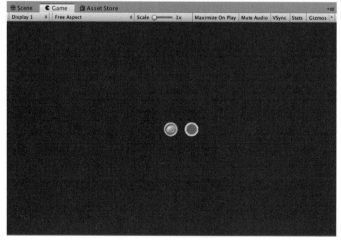

그림 4.17 생성된 아이템

ItemManager에서 SpawnItem() 메서드를 호출할 때 위치 값을 인수로 전달해 생성할 아이템의 위치를 지정했다. 하지만 매번 소환할 때마다 아이템의 좌표를 지정해주기는 어렵다. 따라서 미리 여러 개의 Point를 정의한 다음 이 위치에 아이템을 소환해보자.

Point 구조체

위치는 Point 구조체를 이용해 쉽게 관리할 수 있다. Point 구조체는 4.3절에서 구현한 것을 참고하면 된다. 다음과 같이 ItemManager 클래스 아래에 Point 구조체를 정의해보자.

예제 4.21 Point 구조체 정의 (File : Scripts/Managers/ItemManager.cs)

```
using UnityEngine;

public class ItemManager : MonoBehaviour
{
    … 생략 …
}

public struct Point
{
    public int x;
    public int y;

    public Point(int x, int y)
    {
        this.x = x;
        this.y = y;
    }

    public Vector2 GetPos()
    {
        return new Vector2(x, y);
    }
}
```

그리고 ItemManager에서 Point를 타입으로 하는 Points 배열을 만들고 이 Points 안에 원하는 만큼 Point 객체를 생성해 담아주면 된다.

```
public class ItemManager : MonoBehaviour
{
    public Point[] Points = {
        new Point(0,0),
        new Point(1,0),
        new Point(0,1),
        new Point(2,0),
        new Point(0,2),
    };

    … 생략 …
}
```

이제 Point 구조체를 활용해 아이템을 소환할 준비가 됐다. 다음은 5개의 Point 중에서 랜덤한 위치 3곳에 아이템을 소환하는 예제다. 랜덤한 숫자를 반환하기 위해 Random.Range() 메서드를 사용했다. Random.Range() 메서드는 첫 번째 인수는 포함하고 두 번째 인수는 포함하지 않는 정수 범위에서 랜덤한 값을 반환한다. 두 번째 배열 인수는 숫자로 명시하지 않고 각 배열의 크기로 써주었다.

예제 4.22 아이템 랜덤 생성 예제   (File : Scripts/Managers/ItemManager.cs)

```
using UnityEngine;

public class ItemManager : MonoBehaviour
{
    public Point[] Points = {
        new Point(0,0),
        new Point(1,0),
        new Point(0,1),
        new Point(2,0),
        new Point(0,2),
    };

    public GameObject[] ItemPrefabs = new GameObject[3];

    void Start()
    {
        for (int i = 0; i < 3; i++)
        {
            GameObject prefab = ItemPrefabs[Random.Range(0, ItemPrefabs.Length)];
```

```
        Vector2 pos = Points[Random.Range(0, Points.Length)].GetPos();
        SpawnItem(prefab, pos);
    }
}

public void SpawnItem(GameObject itemPrefab, Vector2 pos)
{
    GameObject obj = Instantiate(itemPrefab);
    obj.transform.position = pos;
}
}
```

그림 4.18 랜덤하게 생성된 아이템

인덱서 사용

Points 배열을 ItemManager 클래스 안에 정의하지 않고 따로 클래스를 만들어 인덱서로 접근하는 방법도 있다. 다음과 같이 ItemManager.cs에 Points라는 새로운 클래스를 만들고, 인덱서를 정의해보자.

```
class Points
{
    Point[] points =
    {
        new Point(0,0),
        new Point(1,1),
        new Point(-1,-1),
        new Point(2,2),
        new Point(-2,-2),
```

```
    };

    public Point this[int index]
    {
        get
        {
            return points[index];
        }
        set
        {
            points[index] = value;
        }
    }
}
```

이제 ItemManager 클래스에서는 Points 배열을 생성하지 않고 다음과 같이 인덱서를 통해 배열에 접근해 사용할 수 있다. 단, 기본적으로 points는 배열이 아닌 객체이기 때문에 Length를 사용할 수 없다.

```
void Start()
{
    for (int i = 0; i < 3; i++)
    {
        Points points = new Points();
        GameObject prefab = ItemPrefabs[Random.Range(0, ItemPrefabs.Length)];
        Vector2 pos = points[Random.Range(0, 5)].GetPos();
        SpawnItem(prefab, pos);
    }
}
```

이렇게 하면 Points 배열은 ItemManager 클래스에 종속되지 않고 독립된 형태로 존재한다. 따라서 여러 클래스에서 Points 배열이 필요하다고 했을 때 매번 배열을 새로 생성할 필요 없이 객체를 이용해서 접근할 수 있다.

4.7.3 IEffecft 인터페이스

앞서 추상 클래스를 이용해 아이템을 구현하고, 구조체를 이용해 아이템의 생성 위치를 관리했다. 이제 인터페이스를 이용해 아이템에 기능을 추가해보자.

지금까지 만든 아이템은 생성된 지 5초가 지나면 자동으로 소멸되게 구현해 놓았다. 여기에 3초가 지나면 아이템이 흐려지는 효과를 넣어 곧 아이템이 사라진다는 것을 알려주는 기능을 추가하자.

인터페이스는 다음과 같이 아이템의 이펙트를 추가한다는 의미로 IEffect라고 이름을 지었고 Item.cs 스크립트에 정의했다.

예제 4.23 IEffect 인터페이스 정의 (File : Scripts/Items/Item.cs)

```
using UnityEngine;

public abstract class Item : MonoBehaviour
{
    … 생략 …
}

public interface IEffect
{

}
```

인터페이스는 추상 메서드를 멤버로 가질 수 있다. 이 인터페이스를 장착하는 모든 아이템이 흐려지는 효과를 구현하도록 이를 추상 메서드로 추가하자.

예제 4.24 GetOpaque() 추상 메서드 정의 (File : Scripts/Items/Item.cs)

```
using UnityEngine;

public abstract class Item : MonoBehaviour
{
    … 생략 …
}

public interface IEffect
{
    void GetOpaque();
}
```

그리고 Coin과 SpeedUp 클래스에 IEffect 인터페이스를 다음과 같이 장착한다. 그리고 인터페이스를 장착한 클래스는 인터페이스에 정의된 메서드를 반드시 구현해야 한다.

```
public class Coin : Item, IEffect
{
    public void GetOpaque()
    {

    }

    … 생략 …
}
```

```
public class SpeedUp : Item, IEffect
{
    public void GetOpaque()
    {

    }

    … 생략 …
}
```

여기서 추상 클래스와 구별되는 인터페이스만의 장점을 알 수 있다. 바로 다중 상속이 가능하다는 점이다. 이미 상속받고 있는 클래스가 있더라도 인터페이스를 장착할 수 있고 여러 개의 인터페이스를 장착할 수도 있다.

게임 오브젝트의 투명도 조절

이제 GetOpaque() 메서드를 작성해보자. 게임 오브젝트의 투명도를 조절하는 것은 Sprite Renderer 컴포넌트의 Color에서 a 값을 조절하면 된다.

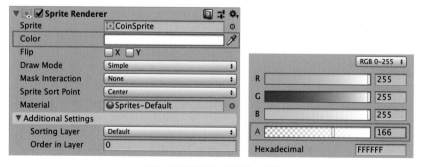

그림 4.19 투명도를 조정하는 속성

이를 스크립트에서 변경하려면 GetComponent() 메서드가 필요하다. GetComponent() 메서드를 이용해 Sprite Renderer 컴포넌트에 접근하고 이를 통해 color에 접근하면 된다. 다음과 같이 아이템의 투명도를 50으로 조절하도록 GetOpaque() 메서드를 정의해보자.

```
public void GetOpaque()
{
    Color32 color = GetComponent<SpriteRenderer>().color;
    GetComponent<SpriteRenderer>().color = new Color32(color.r, color.g, color.b, 50);
}
```

그리고 생성된 후 3초가 지나면 GetOpaque() 메서드가 실행되게 해야 한다. 이 역시 Invoke() 메서드를 이용해 구현할 수 있으며 DestroyAfterTime() 메서드에서 이를 호출하자. 생성된 지 3초 후에 아이템이 흐려지며 5초 후에 사라지는 기능의 전체 코드는 다음과 같다. SpeedUp.cs도 같은 방법으로 코드를 추가한다.

예제 4.25 아이템에 불투명 효과를 적용한 예제   (File : Scripts/Items/Coin.cs)

```
using UnityEngine;

public class Coin : Item, IEffect
{
    public override void DestroyAfterTime()
    {
        Invoke("GetOpaque", 3f);
        Invoke("DestroyThis", 5.0f);
    }

    public void GetOpaque()
    {
        Color32 color = GetComponent<SpriteRenderer>().color;
        GetComponent<SpriteRenderer>().color = new Color32(color.r, color.g, color.b, 50);
    }

    public void DestroyThis()
    {
        Destroy(gameObject);
    }
```

```
    … 생략 …
    }
```

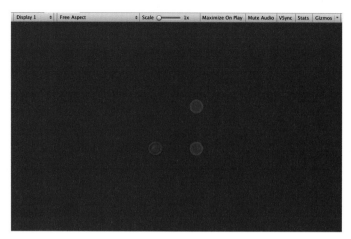

그림 4.20 3초 후 투명도가 변하는 아이템

이렇게 아이템을 랜덤하게 소환한 다음 이펙트를 주고 사라지게 하는 것까지 구현해봤다. 인터페이스와 추상 클래스는 자식 클래스에서 메서드를 강제로 정의하게 하므로 아이템마다 메서드를 각각 다르게 정의해 다양한 아이템의 기능을 구현할 수도 있다.

네임스페이스

여기에 앞에서 배웠던 네임스페이스를 적용할 수도 있다. Items라는 네임스페이스를 정의하고 Item 클래스와 IEffect 인터페이스를 포함하도록 해보자.

```
using UnityEngine;

namespace Items
{
    public abstract class Item : MonoBehaviour
    {
        … 생략 …
    }

    public interface IEffect
    {
```

```
        void GetOpaque();
    }
}
```

이제 Item 클래스와 IEffect 인터페이스를 사용하는 모든 곳에서 다음과 같은 에러가 생길 것이다.

에러 내용

```
The type or namespace name 'Item' could not be found (are you missing a using directive or and
assembly reference?)
```

Item 클래스와 IEffect 인터페이스는 이제 Items 네임스페이스 안에 포함되므로 Items 네임스페이스에 먼저 접근하지 않으면 접근할 수 없다. 네임스페이스에 접근하는 방법은 두 가지다. 첫 번째는 다음과 같이 네임스페이스 안에 포함된 요소를 사용할 때마다 직접 네임스페이스에 접근하는 것이다.

```
using UnityEngine;

public class Coin : Items.Item, Items.IEffect
{
    … 생략 …
}
```

두 번째 방법은 using 키워드를 이용하는 것이다. using UnityEngine과 마찬가지로 파일의 맨 앞에 using 키워드와 함께 Item 네임스페이스를 적어준다. 이렇게 하면 이 파일 안에서는 Items 네임스페이스에 담긴 요소들을 사용할 수 있게 된다.

```
using UnityEngine;
using Items;

public class Coin : Item, IEffect
{
    … 생략 …
}
```

하지만 네임스페이스를 사용하면 기존에 바로 접근할 수 있었던 요소에 한 가지 과정을 더 거쳐야만 접근할 수 있는 불편함이 발생한다. 사실 개인 프로젝트나 작은 규모의 프로젝트에서는 이렇게 클래스를 네임스페이스로 묶어 관리하지 않아도 크게 문제가 없다. 하지만 규모가 큰 프로젝트에서 여러 사람과 협업해야 한다면 클래스 이름의 중복, 모듈화 등의 이유로 여러 개의 클래스를 하나의 단위로 묶어 관리하는 시스템이 필요하고 네임스페이스가 이러한 역할을 하는 것이다.

이 프로젝트에서는 네임스페이스로 관리하는 것이 효율을 떨어뜨릴 수 있으므로 Items 등의 네임스페이스를 사용하지 않는 것으로 하자.

4.7.4 Items 열거형

이제 아이템의 종류를 조금 더 추가하고 이를 열거형을 이용해 관리해보자. 지금까지는 Coin과 SpeedUp 두 종류의 아이템뿐이었으므로 다음과 같이 두 아이템 프리팹에 접근하는 것이 혼란스럽지 않았을 것이다.

```
public class ItemManager : MonoBehaviour
{
    … 생략 …

    public GameObject[] ItemPrefabs = new GameObject[3];

    void Start()
    {
        GameObject CoinPrefab = ItemPrefabs[0];      // Coin
        GameObject SpeedUpPrefab = ItemPrefabs[1];   // SpeedUp
    }

    … 생략 …
}
```

하지만 아이템의 종류가 계속 늘어나면 아이템과 인덱스를 일일이 기억하기가 매우 어려울 것이다. 이럴 때 열거형은 큰 도움을 준다. Coin, SpeedUp, PowerUp 세 종류로 아이템의 종류를 늘리고 이를 열거형으로 표현해보자. 열거형의 이름은 Items라고 하고 Item.cs에 정의했다.

```
public enum Items
{
    Coin, SpeedUp, PowerUp
}
```

이제 이 열거형을 이용해 각각의 아이템에 접근할 수 있다. 앞서 인덱스를 이용해 접근한 것과는 다르게 열거형에 정의한 이름을 이용해 접근할 수 있다.

```
using UnityEngine;

public class ItemManager : MonoBehaviour
{
    … 생략 …

    public GameObject[] ItemPrefabs = new GameObject[3];

    void Start()
    {
        GameObject CoinPrefab = ItemPrefabs[(int)Items.Coin];          // Coin
        GameObject SpeedUpPrefab = ItemPrefabs[(int)Items.SpeedUp];    // SpeedUp
        GameObject PowerUpPrefab = ItemPrefabs[(int)Items.PowerUp];    // PowerUp
    }

    … 생략 …
}
```

만약 코드를 조금 더 간단하게 하고 싶다면 메서드를 만들어 형변환하는 과정을 생략할 수도 있다.

```
using UnityEngine;

public class ItemManager : MonoBehaviour
{
    … 생략 …

    public GameObject[] ItemPrefabs = new GameObject[3];

    void Start()
    {
        GameObject CoinPrefab = GetItem(Items.Coin);        // Coin
        GameObject SpeedUpPrefab = GetItem(Items.SpeedUp);  // SpeedUp
        GameObject PowerUpPrefab = GetItem(Items.PowerUp);  // PowerUp
    }

    GameObject GetItem(Items item)
```

```
    {
        return ItemPrefabs[(int)item];
    }

    … 생략 …
}
```

4.7.5 Player, Enemy, Item으로 게임의 모습 갖추기

지금까지 2장에서 플레이어, 3장에서 적군, 4장에서 아이템을 구현했다. 여기에 적당한 스프라이트를 선택하고 게임을 실행하면 다음과 같이 아이템을 획득하고 적을 처치하는 게임의 모습을 갖출 수 있다. 스프라이트를 선정하는 방법부터 차근차근 알아보자.

그림 4.21 구현된 게임의 모습

유니티 에셋 스토어

유니티는 게임을 만드는데 필요한 에셋을 내려받을 수 있는 에셋 스토어를 운영한다. 디자인적으로 활용되는 배경이나 캐릭터 이미지부터 기능적으로 활용되는 플러그인까지 아주 다양한 에셋이 에셋 스토어에 업로드돼 있다. 에셋 스토어의 주소는 다음과 같다.

- 유니티 에셋 스토어 : https://assetstore.unity.com/

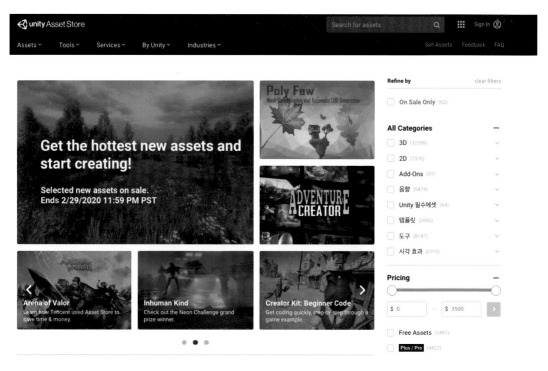

그림 4.22 유니티 에셋 스토어

에셋 스토어에서 무료 또는 유료 에셋을 내려받아 자유롭게 활용하면 된다. 다만 상업적으로 활용하고자 할 때에는 라이선스를 꼭 확인하도록 하자.

여기서는 유니티에서 무료로 제공하는 스프라이트 팩을 내려받아 사용해보자. 유니티 에셋스토어의 위쪽에 있는 검색창에 2d sprite pack이라고 검색하고 다음과 같은 에셋을 선택한다.

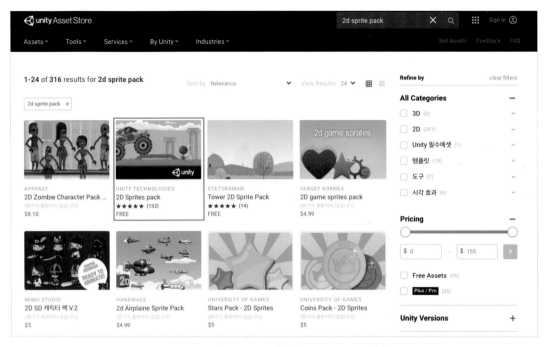

그림 4.23 유니티 에셋 스토어에서 2D Sprite pack 검색

- 에셋 주소 : https://assetstore.unity.com/packages/essentials/asset-packs/2d-sprites-pack-73728

유니티에 이 에셋을 추가하는 방법은 아주 간단하다. 로그인 상태가 아니라면 로그인을 한 다음 해당 에셋 화면에서 [Add to My Assets] 버튼을 눌러 내 에셋에 추가한다.

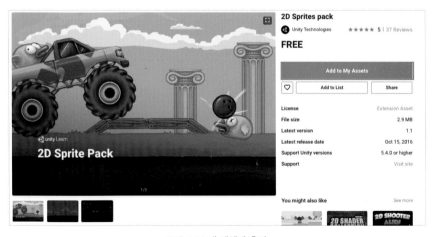

그림 4.24 내 에셋에 추가

내 에셋에 에셋이 추가되면 [Open In Unity] 버튼을 클릭해 유니티 에디터의 에셋 스토어 창에서 해당 에셋을 열 수 있다. 그리고 [Import] 버튼을 눌러 이 에셋을 프로젝트로 가져온다.

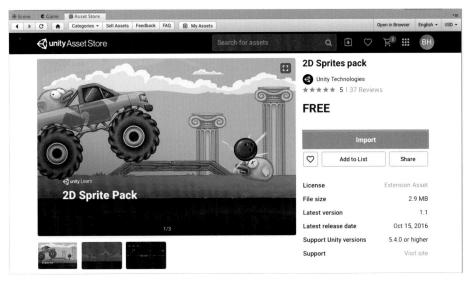

그림 4.25 유니티 에디터에서 열린 에셋

이제 마지막으로 패키지 목록을 확인하고 [Import] 버튼을 눌러주면 내 프로젝트로 해당 에셋이 임포트된다. 이제 이 에셋을 내 프로젝트에서 자유롭게 사용할 수 있다.

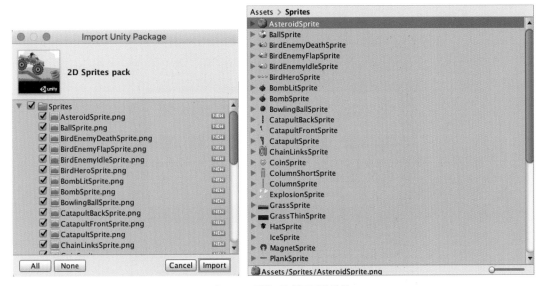

그림 4.26 프로젝트로 임포트된 에셋

이제 에셋이 준비됐으므로 구현한 게임 오브젝트들에 스프라이트를 입혀보자. 가장 먼저 플레이어 오브젝트의 스프라이트를 RetroSpaceship으로 선택했다.

그림 4.27 플레이어 오브젝트의 스프라이트 변경

스프라이트 슬라이싱

하지만 에셋을 임포트한 그대로의 상태라면 아마 RetroSpaceship 스프라이트는 다음과 같이 여러 개의 스프라이트가 합쳐진 형태일 것이다. 이렇게 다수의 스프라이트가 묶인 형태의 스프라이트는 Sprite editor 기능을 이용해 잘라서 사용해야 한다.

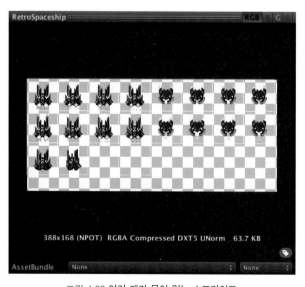

그림 4.28 여러 개가 묶여 있는 스프라이트

해당 스프라이트를 선택한 후 다음 그림과 같이 인스펙터 창에서 Sprite Mode를 Single에서 Multiple로 변경하고 [Sprite Editor] 버튼을 클릭한다.

그림 4.29 Sprite Editor 열기

열린 Sprite Editor 창에서 다른 설정은 그대로 둔 채로 [Slice] 버튼을 클릭하면 스프라이트 크기를 자동으로 인식해 크기에 맞게 스프라이트가 잘린다.

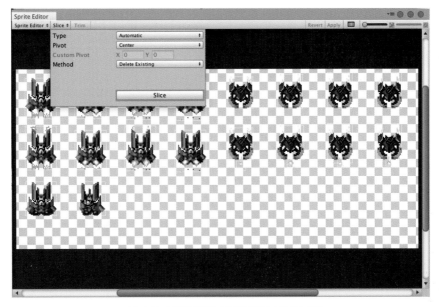

그림 4.30 스프라이트를 크기에 맞게 슬라이스하기

[Apply] 버튼을 누르고 창을 나오면 다음과 같이 스프라이트가 나누어진 모습을 볼 수 있다.

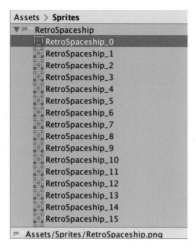

그림 4.31 여러 개로 나눠진 스프라이트

이번에는 허전한 배경을 채우기 위해 빈 게임 오브젝트를 생성해 BG라고 이름 짓고 Sprite Renderer 컴포넌트를 추가한 후 SkyTileSprite를 선택해보자. 화면에 잘 맞지 않는다면 Transform을 알맞게 조절한다. 배경이 다른 게임 오브젝트들보다 앞쪽에 위치하게 되면 다른 게임 오브젝트들이 배경에 가려져서 보이지 않을 수 있다. Transform 컴포넌트에서 Position Z의 값이 작을수록 카메라와 가까운 쪽에 위치하게 된다. 따라서 배경은 카메라와 가장 멀리 배치하기 위해 다른 게임 오브젝트의 값보다 큰 값으로 설정해두자.

그림 4.32 배경 추가

그리고 앞에서 생성한 Enemy, Item, Bullet 프리팹에도 적절한 스프라이트를 적용한다.

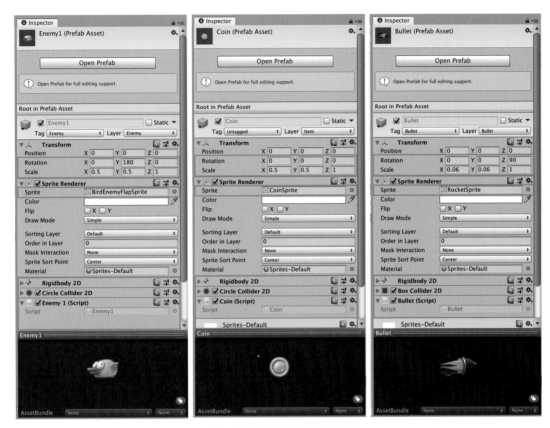

그림 4.33 프리팹에도 스프라이트 추가

Enemy, Item, Bullet은 스크립트에 의해 생성되므로 씬에 둘 필요는 없지만, 굳이 배치해보면 벌써 게임과 같은 모습을 갖춘 것을 확인할 수 있다. 정상적인 게임 동작을 위해서는 씬에서 프리팹을 삭제해줘야 한다.

스프라이트를 재설정할 때에 주의해야 할 점이 있다. 스프라이트를 설정하고 콜라이더 컴포넌트를 부착하면 스프라이트에 맞게 콜라이더 크기가 조절되지만, 콜라이더가 부착된 채로 스프라이트를 변경하면 콜라이더 크기는 변경되지 않는다. 따라서 콜라이더가 부착된 채로 스프라이트를 변경했다면 콜라이더의 크기를 재조정해야 한다. 콜라이더의 크기 재조정은 콜라이더 컴포넌트의 오른쪽에 있는 톱니바퀴 모양 아이콘을 클릭한 다음 [Reset] 버튼을 누르면 자동으로 재조정된다.

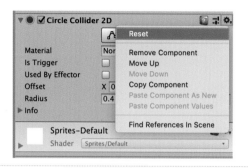

그림 4.34 씬에 배치해본 Enemy, Item, Bullet 프리팹

아이템과 적군 생성 예

이제 실제로 게임이 동작할 수 있도록 ItemManager와 SpawnManger를 다듬어보자. 먼저 적군을 소환하는 SpawnManager부터 살펴보자. SpawnManager에는 적군이 다양한 위치에 소환되도록 다음과 같이 임의로 Points 배열을 초기화했다.

```
public Point[] Points =
{
    new Point(-3,-5), new Point(-3,-3), new Point(-3,-1), new Point(-3,1), new Point(-3,3),
    new Point(-3,5), new Point(3,-5), new Point(3,-3), new Point(3,-1), new Point(3,1),
    new Point(3,3), new Point(3,5),
};
```

그리고 두 종류의 적군이 여러 포인트에서 랜덤하게 생성될 수 있게 다음과 같이 SpawnRandom() 메서드를 구현했다. 이 메서드에서 중요한 것은 프리팹을 인스턴스화한 다음 Invoke() 메서드를 이용해 0.3초 후에 다시 SpawnRandom() 메서드를 호출하도록 했다. 즉, 이 메서드는 한 번만 호출하면 0.3초마다 반복해서 호출되는 메서드다.

```
public void SpawnRandom()
{
    GameObject prefab = EnemyPrefabs[Random.Range(0,EnemyPrefabs.Length)];
    Vector2 pos = Points[Random.Range(0,Points.Length)].GetPos();
    SpawnEnemy(prefab,pos);
    Invoke("SpawnRandom", 0.3f);
}
```

지금까지 구현한 SpawnManager의 전체 코드는 다음과 같다.

예제 4.26 SpawnManager   (File : Scripts/Managers/SpawnManager.cs)

```
using UnityEngine;

public class SpawnManager : MonoBehaviour
{
    public GameObject[] EnemyPrefabs;

    public Point[] Points =
    {
```

```
        new Point(-3,-5), new Point(-3,-3), new Point(-3,-1), new Point(-3,1), new Point(-3,3),
        new Point(-3,5), new Point(3,-5), new Point(3,-3), new Point(3,-1), new Point(3,1),
        new Point(3,3), new Point(3,5),
    };

    void Start()
    {
        SpawnRandom();
    }

    public void SpawnEnemy(GameObject prefab, Vector3 _position)
    {
        GameObject enemy = Instantiate(prefab);
        enemy.transform.position = _position;
        enemy.GetComponent<Enemy>().Move();
    }

    public void SpawnRandom()
    {
        GameObject prefab = EnemyPrefabs[Random.Range(0,EnemyPrefabs.Length)];
        Vector2 pos = Points[Random.Range(0,Points.Length)].GetPos();
        SpawnEnemy(prefab,pos);
        Invoke("SpawnRandom", 0.3f);
    }
}
```

ItemManager 또한 비슷한 방식으로 구현했다. 아이템이 소환될 위치를 미리 Points 배열로 초기화하고, SpawnItem() 메서드를 이용해 일정 시간마다 아이템이 생성되게 했다. 전체 코드는 다음과 같다.

예제 4.27 ItemManager   (File : Scripts/Managers/ItemManager.cs)

```
using UnityEngine;

public class ItemManager : MonoBehaviour
{
    public Point[] Points = {
        new Point(0,0), new Point(1,1), new Point(1,-1), new Point(-1,1), new Point(-1,-1),
        new Point(2,2), new Point(2,-2), new Point(-2,2), new Point(-2,-2), new Point(3,3),
        new Point(3,-3), new Point(-3,3), new Point(-3,-3),
    };
```

```
    public GameObject[] ItemPrefabs = new GameObject[3];

    void Start()
    {
        SpawnRandom();
    }

    GameObject GetItem(Items item)
    {
        return ItemPrefabs[(int)item];
    }

    public void SpawnItem(GameObject itemPrefab, Vector2 pos)
    {
        GameObject obj = Instantiate(itemPrefab);
        obj.transform.position = pos;
    }

    public void SpawnRandom()
    {
        GameObject prefab = ItemPrefabs[Random.Range(0, ItemPrefabs.Length)];
        Vector2 pos = Points[Random.Range(0, Points.Length)].GetPos();
        SpawnItem(prefab, pos);
        Invoke("SpawnRandom", 1.0f);
    }
}

public struct Point
{
    public int x;
    public int y;

    public Point(int x, int y)
    {
        this.x = x;
        this.y = y;
    }

    public Vector2 GetPos()
    {
        return new Vector2(x, y);
```

```
        }
    }
```

이렇게 SpawnManager와 ItemManager를 설정하고 게임을 실행하면 랜덤하게 적군과 아이템이 생성되며 플레이어는 적군을 피해 다니며 투사체를 발사하는 게임이 완성된다. 또한 잊지 않고 인스펙터에서 ItemPrefabs와 EnemyPrefabs에 아이템과 적군 프리팹을 연결해줘야 한다.

그림 4.35 구현된 게임의 모습

이번 장에서 작성한 SpawnManger와 ItemManager는 하나의 예시일 뿐이다. 적군이 어떻게 움직일지, 아이템이 어떤 역할을 할지, 적군과 아이템을 어떻게 소환할지 등 게임 내 다양한 요소는 취향대로 자유롭게 수정하면 된다. 지금까지 살펴본 예제를 참고하며 자기만의 방식으로 즐겁게 게임을 수정해보자.

05

한 걸음 더

이번 장에서는 C#의 고급 문법들을 배운다. 이 장에서 배우는 개념들을 잘 활용하면 게임과 코드에 더욱 완성도를 더할 수 있다.

먼저 문자열, 컬렉션, 제네릭 등을 배우며 여러 타입의 데이터를 효과적으로 관리하고 사용하는 방법을 배운다. 그리고 정적 클래스와 정적 멤버, 델리게이트, 이벤트 등을 배우며 여러 클래스의 멤버들을 유기적으로 연결하는 방법을 배운다. 마지막으로 파일 스트림, 예외 처리, 익명 메서드, 람다식 등을 배우며 데이터를 저장하는 방법과 에러 핸들링, 간편 표기법을 배워보자.

5.1 문자열 다루기

문자열은 프로그램에서 가장 많이 다루게 되는 자료형 중 하나다. 또한 다른 기본 자료형과는 다르게 참조형이라는 중요한 차이점이 있으므로 문자열을 활용하는 방법을 잘 알아둘 필요가 있다.

5.1.1 String 클래스

앞서 자료형을 배울 때 string 타입은 문자열을 담을 수 있다고 배웠다. String 클래스에는 이러한 문자열을 처리하고 가공할 수 있는 여러 가지 속성과 메서드가 있다.

Length

Length 속성은 해당 문자열의 길이를 반환한다.

예제 5.1 Length 속성 사용 예제   (File : Scripts/Example/Chapter5/StringExample.cs)

```csharp
using UnityEngine;

public class StringExample : MonoBehaviour
{
    void Start()
    {
        string str1 = "Hello";
        string str2 = "Hello World!";
        Debug.Log(str1.Length);
        Debug.Log(str2.Length);
    }
}
```

실행결과   – □ ×
5
12

주의해야 할 점은 **공백** 또한 글자 수로 취급한다는 점이다. 따라서 Hello World!는 Length 값이 11이 아닌 12로 출력된다.

IndexOf()

IndexOf() 메서드는 인수에 해당하는 문자나 문자열이 포함돼 있다면 몇 번째에 있는지 반환하고, 포함돼 있지 않다면 −1을 반환한다.

```
using UnityEngine;

public class StringExample : MonoBehaviour
{
    void Start()
    {
        … 생략 …

        string str3 = "abcde";
        string str4 = "aeiou";
        Debug.Log(str3.IndexOf("e"));
        Debug.Log(str3.IndexOf("cde"));
        Debug.Log(str4.IndexOf("bcd"));
    }
}
```

실행결과   – □ ×
4
2
-1

Replace()

Replace() 메서드는 문자열의 일부를 치환하는 메서드이며 두 개의 인수가 필요하다. 첫 번째 인수와 일치하는 문자열을 두 번째 인수에 해당하는 문자열로 치환한다.

예제 5.3 Replace() 메서드 사용 예제   (File : Scripts/Example/Chapter5/StringExample.cs)

```
using UnityEngine;

public class StringExample : MonoBehaviour
{
    void Start()
    {
        … 생략 …

        string str5 = "abcde";
        Debug.Log(str5.Replace("cd","dc"));
    }
}
```

실행결과   – □ ×
abdce

Split()

Split() 메서드의 특징은 **배열**을 반환한다는 것이다. Split() 메서드는 인수에 해당하는 문자를 기준으로 문자열을 나누고 배열로 반환한다.

예제 5.4 Split() 메서드 사용 예제　　　　　　　　　　　　(File : Scripts/Example/Chapter5/StringExample.cs)

```
using UnityEngine;

public class StringExample : MonoBehaviour
{
    void Start()
    {
        … 생략 …

        string str6 = "apple";
        string[] arr = str6.Split('l');
        Debug.Log(arr[0]);
        Debug.Log(arr[1]);
    }
}
```

```
실행결과                      － □ ✕

app
e
```

주의해야 할 점은 인수로 문자열이 아닌 문자를 입력해야 한다는 점이다. 만약 문자가 아닌 문자열을 전달하면 다음과 같은 에러가 발생한다.

에러 내용

```
Argumenr 1: cannot convert from 'string' to 'char'
```

위 예제에서는 l을 기준으로 문자열이 둘로 나뉘어 크기가 2인 배열이 생성됐지만, 해당하는 문자가 여러 개 있을 때에는 크기가 3 이상인 배열이 생성될 수도 있다. 예를 들어 같은 예제에서 Split()의 인수를 l이 아닌 p로 설정했을 때의 결과는 다음과 같다.

예제 5.5 3개의 배열을 반환하는 Split() 메서드　　　　　　　(File : Scripts/Example/Chapter5/StringExample.cs)

```
using UnityEngine;

public class StringExample : MonoBehaviour
{
    void Start()
```

```
    {
        … 생략 …

        string str6 = "apple";
        string[] arr = str6.Split('p');
        Debug.Log(arr[0]);
        Debug.Log(arr[1]);
        Debug.Log(arr[2]);
    }
}
```

실행결과   – □ ×
a
le

2개의 p 사이에는 문자가 없으므로 빈 문자열이 배열의 두 번째 요소로 담긴 것을 확인할 수 있다.

Substring()

Split()이 어떤 문자를 기준으로 문자열을 나눠서 반환했다면 **Substring() 메서드**는 인덱스를 기준으로 문자열을 잘라 반환한다.

Substring() 메서드는 메서드 오버로드를 이용해 두 종류의 인수를 가질 수 있게 정의돼 있다. 1개의 인수를 전달하면 해당 인덱스 번호부터 끝까지 문자열을 잘라 반환하고, 2개의 인수를 전달하면 첫 번째 인수로 전달한 인덱스부터 두 번째 인수로 전달한 길이만큼 문자열을 잘라 반환한다.

예제 5.6 Substring() 메서드 사용 예제   (File : Scripts/Example/Chapter5/StringExample.cs)

```
using UnityEngine;

public class StringExample : MonoBehaviour
{
    void Start()
    {
        … 생략 …

        string str7 = "This is C#";
        Debug.Log(str7.Substring(5,2));    // 5번 인덱스부터 2개의 문자 출력
        Debug.Log(str7.Substring(8));      // 8번 인덱스부터 끝까지 출력
    }
}
```

실행결과   – □ ×
is
C#

Substring() 메서드는 문자열의 인덱스를 알고 있어야 사용할 수 있으므로 앞서 등장했던 IndexOf() 메서드와 함께 사용할 수도 있다.

예제 5.7 Substring() 메서드와 IndexOf() 메서드를 함께 사용한 예제   (File : Scripts/Example/Chapter5/StringExample.cs)

```csharp
using UnityEngine;

public class StringExample : MonoBehaviour
{
    void Start()
    {
        … 생략 …


        string str7 = "This is C#";
        Debug.Log(str7.Substring(5,2)); // 5번 인덱스부터 2개의 문자 출력
        Debug.Log(str7.Substring(8));    // 8번 인덱스부터 끝까지 출력
        Debug.Log(str7.Substring(str7.IndexOf("s")));
    }
}
```

```
실행결과    − □ ×
is
C#
s is C#
```

String.Format()

String.Format() 메서드는 {}(중괄호)를 이용해 문자열 안에 값을 삽입하는 메서드다. 콘솔 창에 어떤 값이 담긴 문자열을 출력할 때 유용하게 사용할 수 있다.

예제 5.8 String.Format() 메서드 사용 예제   (File : Scripts/Example/Chapter5/StringExample.cs)

```csharp
using UnityEngine;
using System;

public class StringExample : MonoBehaviour
{
    void Start()
    {
        … 생략 …

        string str8 = String.Format("4 + 8의 값은 {0}입니다.", 4+8);
        Debug.Log(str8);
    }
}
```

```
실행결과    − □ ×
4 + 8의 값은 12입니다.
```

String.Format() 메서드는 String 클래스를 직접 사용하기 때문에 String 클래스가 포함된 System 네임스페이스를 using 키워드와 함께 명시해줘야 한다. 위 예제에서는 {0}을 이용해 하나의 값을 문자열에 삽입했지만 {1}, {2}…와 같이 여러 중괄호를 포함시키고 여러 인수를 사용함으로써 여러 개의 값을 문자열에 대입할 수도 있다.

지금 소개한 6개의 멤버 외에도 String 클래스에는 더 많은 멤버가 포함돼 있다. 예제를 따라 해보며 여기서 소개하지 않은 멤버도 사용해보기를 추천한다.

5.1.2 string 형변환

코드를 작성하다 보면 int, float과 같은 정수형, 실수형을 string 타입으로 변환해야 하는 경우가 종종 생긴다. 하지만 이 경우에는 기존에 살펴본 형변환 연산자를 이용해 형변환하는 것과는 다른 방식으로 형변환을 해야 한다.

예를 들어, 다음과 같이 int 형 변수에 1이라는 값이 담겨 있을 때 이를 문자열로 변환한다고 하자. 이 경우 형변환 연산자를 이용해 형변환을 시도하면 다음과 같은 에러가 발생한다.

```
int a = 1;
string b = (string)a;
```

에러 내용

```
Cannot convert type 'int' to 'string'
```

ToString()

string 타입으로 형변환 할 때는 다음과 같이 **ToString()** 메서드를 사용해야 한다.

```
int a = 1;
string b = a.ToString()
```

Parse()

반대로 string 타입의 변수를 int 타입의 변수로 변환하려면 **Parse()** 메서드를 이용해야 한다.

```
string a = "12";
int b = int.Parse(a)
```

int와 string만 서로 변환할 수 있는 것이 아니라 float, double 등의 자료형도 같은 방법으로 형변환 할 수 있다. ToString()과 Parse() 등의 메서드를 이용하는 것이 익숙하지 않아 어렵게 느껴질 수 있지만, string과 다른 자료형들과의 형변환은 빈번하게 일어나므로 잘 익혀두는 게 좋다.

5.2 static

static은 정적인이라는 뜻을 가진 단어다. static 키워드를 사용한 클래스, 필드, 메서드 등은 객체와 무관하게 타입 자체에 속하게 되며 이를 정적으로 동작한다고 표현한다. 클래스를 정의하고 객체를 생성하여 클래스의 멤버에 접근하던 기존의 방식과는 다르게 static을 이용하면 객체를 생성하지 않고 멤버를 사용할 수 있게 된다.

예를 들어, 다음과 같이 클래스를 정의하고 객체를 생성해 필드에 접근한다고 하면 static 필드가 아닌 일반 필드는 객체마다 다른 값을 가진다.

```
class ExampleClass
{
    public int number;
}
```

```
ExampleClass obj1 = new ExampleClass();
ExampleClass obj2 = new ExampleClass();

obj1.number = 1;
obj2.number = 2;
```

즉, obj1과 obj2는 다른 객체이므로 각각이 가지고 있는 필드인 number에 다른 값을 할당했다면 다른 값을 가지게 된다. 당연한 이야기 같지만, static 키워드가 붙은 필드라면 이야기는 달라진다. static 키워드는 그 필드를 객체와 상관없이 독립적인 값을 갖게 한다. 그렇기 때문에 static 필드는 객체를 통하지 않고 클래스의 이름으로 접근한다. 만약 다음과 같이 객체를 이용해 접근하려 하면 에러가 발생한다.

```
using UnityEngine;

public class StaticExample : MonoBehaviour
{
    void Start()
    {
        ExampleClass obj = new ExampleClass();
        obj.number = 1;
    }
}

class ExampleClass
{
    public static int number;
}
```

에러 내용

```
Member 'ExampleClass.number' cannot be accessed with an instance reference; qualify it with a type
name instead
```

에러에도 ExampleClass의 number는 객체가 아닌 타입(클래스)의 이름으로 접근하라고 명시돼 있다.
static 필드를 정의하고 접근하는 올바른 방법은 다음 예제와 같다.

예제 5.9 static 키워드 사용 예제   (File : Scripts/Example/Chapter5/StaticExample.cs)

```
using UnityEngine;

public class StaticExample : MonoBehaviour
{
    void Start()
    {
        ExampleClass.number = 1;
    }
}

class ExampleClass
{
    public static int number;
}
```

메서드 또한 동일한 개념이 적용된다. static 메서드는 객체와 상관없이 클래스의 이름으로 바로 호출할 수 있다.

예제 5.10 static 메서드 호출 (File : Scripts/Example/Chapter5/StaticExample.cs)

```csharp
using UnityEngine;

public class StaticExample : MonoBehaviour
{
    void Start()
    {
        ExampleClass.number = 1;

        ExampleClass.Hello();
    }
}

class ExampleClass
{
    public static int number;

    public static void Hello()
    {
        Debug.Log("Hello");
    }
}
```

```
실행결과          — □ ×
Hello
```

static의 활용법

이러한 특징 때문에 객체와는 무관하게 값을 갖는 필드나 객체와 무관하게 동작하는 메서드는 static 키워드를 붙이는 것이 좋다. 한 가지 예를 들어보자. Member라는 클래스를 정의하고 객체가 생성될 때마다 그 숫자를 카운트한다고 해보자. 숫자를 세기 위해 클래스에 NumOfMembers라는 변수를 선언하고, 생성자가 호출될 때마다 그 숫자를 1씩 증가시켰다. static을 모를 때에는 다음과 같이 코드를 작성하는 실수를 하기 쉽다.

```csharp
using UnityEngine;

public class StaticUsageExample : MonoBehaviour
```

```
{
    void Start()
    {
        Member john = new Member("john", 21);
        Member jane = new Member("jane", 23);


        Debug.Log(jane.NumOfMembers);
    }
}

class Member
{
    public string name;
    public int age;
    public int NumOfMembers;

    public Member(string name, int age)
    {
        this.name = name;
        this.age = age;
        NumOfMembers++;
    }
}
```

실행결과	− □ ×
1	

당연하게도 결과는 2가 아닌 1이 출력된다. NumOfMembers 필드는 static 필드가 아닌 일반 필드다. 그렇기 때문에 객체에 종속적이다. 따라서 NumOfMembers는 john과 jane에 종속적이고 john.NumOfMembers와 jane.NumOfMembers는 각각 0으로 초기화됐다가 1씩 증가한 것뿐이다. 우리가 원하는 결과를 얻으려면 다음과 같이 NumOfMembers를 static 변수로 선언해야 한다.

예제 5.11 static 키워드 사용법   (File : Scripts/Example/Chapter5/StaticUsageExample.cs)

```
using UnityEngine;

public class StaticUsageExample : MonoBehaviour
{
    void Start()
    {
        Member john = new Member("john", 21);
        Member jane = new Member("jane", 23);
```

```
            Debug.Log(Member.NumOfMembers);
        }
    }

    class Member
    {
        public string name;
        public int age;
        public static int NumOfMembers;

        public Member(string name, int age)
        {
            this.name = name;
            this.age = age;
            NumOfMembers++;
        }
    }
}
```

실행결과   − □ ×
2

static 메서드의 예는 앞서 String 클래스에 포함된 메서드를 소개할 때 배웠다. String.Format() 메서드는 객체가 아닌 String 클래스의 이름으로 바로 접근했다. 하지만 IndexOf(), Replace(), Split(), Substring()의 경우에는 객체를 이용해 접근했다. 이를 이용해 5가지의 메서드 중에서 Format() 메서드만이 String 클래스 안에 static으로 선언됐음을 알 수 있다.

5.3 컬렉션과 제네릭

지금까지 같은 타입의 변수 여러 개를 관리하기 위해 배열을 활용했던 것을 기억할 것이다. 하지만 배열은 사용하는 데 있어 많은 불편한 점이 있다.

배열은 선언할 때 지정했던 배열의 크기를 변경할 수 없다. 그렇기 때문에 데이터에 비해 너무 많은 공간을 할당하면 메모리가 낭비되며 데이터에 비해 적은 공간을 할당하면 데이터를 담기 위해 새로운 배열을 생성해야 한다.

또한 데이터를 배열에 추가하거나 삭제하는 경우 비효율적인 과정이 필요하다. 중간에 데이터를 1개 삽입해야 할 경우 뒤에 존재하는 모든 데이터의 인덱스를 변경해야 하며 삭제의 경우에도 마찬가지다. 이러한 배열의 단점을 해결하기 위해 컬렉션과 제네릭을 배워보자.

5.3.1 System.Collections 네임스페이스

앞서 언급한 배열의 단점을 보완하기 위해 C#은 System.Collections라는 namespace 안에 ArrayList, HashTable, Queue, Stack 등 다양한 타입들을 준비해 놓았다. 이들의 특징을 하나하나 살펴보자.

ArrayList

첫 번째로 소개할 컬렉션은 **ArrayList**다. ArrayList는 배열과 달리 크기를 지정할 필요가 없다. ArrayList를 선언하는 방법은 다음과 같다. ArrayList는 System.Collections 네임스페이스에 포함된 타입이므로 사용하려면 using 키워드와 함께 System.Collections 네임스페이스를 명시해야 한다.

```
using System.Collections;

ArrayList myAL = new ArrayList();
```

ArrayList에 데이터를 추가할 때는 **Add()** 메서드를 사용한다. 배열에서는 요소를 추가할 때 인덱스를 이용해 추가해야 했던 반면 ArrayList는 Add() 메서드를 이용해 ArrayList에 요소를 추가하면 그 요소는 자동으로 가장 작은 인덱스를 부여받는다. 즉, 다음과 같이 Add() 메서드로 요소를 추가하고 인덱스를 이용해 접근할 수 있다.

또한, ArrayList를 포함한 모든 컬렉션은 배열과 달리 모든 타입의 요소를 담을 수 있다.

예제 5.12 ArrayList에 요소 추가   (File : Scripts/Example/Chapter5/ArrayListExample.cs)

```
using System.Collections;
using UnityEngine;

public class ArrayListExample : MonoBehaviour
{
    ArrayList myAL = new ArrayList();

    void Start()
    {
        myAL.Add(134);          // {134}
        myAL.Add("Hello");      // {134, "Hello"}
        myAL.Add(1275.97f);     // {134, "Hello", 1275.97f}
```

```
        Debug.Log(myAL[0]);
        Debug.Log(myAL[1]);
        Debug.Log(myAL[2]);
    }
}
```

여기서 배열과 비교했을 때 ArrayList가 가지는 장점을 확인할 수 있다. ArrayList를 선언할 때 크기를 지정하지 않았지만 ArrayList의 크기는 요소를 추가할 때마다 자동으로 늘어난다. 이를 확인하기 위해서는 **Count** 속성을 이용해 다음과 같이 ArrayList의 크기를 확인하면 된다.

예제 5.13 ArrayList의 Count 속성   (File : Scripts/Example/Chapter5/ArrayListExample.cs)

```csharp
using System.Collections;
using UnityEngine;

public class ArrayListExample : MonoBehaviour
{
    ArrayList myAL = new ArrayList();

    void Start()
    {
        Debug.Log("Count : " + myAL.Count);

        myAL.Add(134);           // {134}
        myAL.Add("Hello");       // {134, "Hello"}
        myAL.Add(1275.97f);      // {134, "Hello", 1275.97f}

        Debug.Log("Count : " + myAL.Count);

        … 생략 …
    }
}
```

요소를 제거할 때에는 **Remove()** 메서드 또는 **RemoveAt()** 메서드를 사용한다. 두 메서드는 용도가 조금 다른데 Remove() 메서드는 제거할 요소를 인수로 입력하고 RemoveAt() 메서드는 제거할 요소의 인덱스를 인수로 입력한다. 다음은 요소를 제거하는 예제다.

```csharp
using System.Collections;
using UnityEngine;

public class ArrayListExample : MonoBehaviour
{
    ArrayList myAL = new ArrayList();

    void Start()
    {
        myAL.Add(134);              // {134}
        myAL.Add("Hello");          // {134, "Hello"}
        myAL.Add(1275.97f);         // {134, "Hello", 1275.97f}

        myAL.Remove("Hello");       // {134, 1275.97f}
        myAL.RemoveAt(0);           // {1275.97f}

        Debug.Log(myAL[0]);
    }
}
```

실행결과   – □ ×
1275.97

지금까지 배열만 사용했기 때문에 위 예제가 조금 혼란스러울 것이다. 하나씩 차근차근 살펴보면 맨 처음 134, "Hello", 1275.97의 3가지 요소를 ArrayList에 추가했다. 이때 ArrayList의 크기는 3이며 각 요소의 인덱스는 차례로 0, 1, 2다.

그다음 Remove() 메서드를 이용해 "Hello" 요소를 삭제했다. "Hello" 요소는 인덱스가 1번이었기 때문에 인덱스가 2번이었던 1275.97의 인덱스가 자동으로 1로 바뀌고 ArrayList의 크기는 2가 된다.

다음에 RemoveAt() 메서드를 이용해 0번 요소를 삭제했으므로 0번 요소인 134가 삭제되며 1275.97의 인덱스는 0번이 되고 ArrayList의 크기는 1이 된다. 그렇기 때문에 마지막에 0번 인덱스의 요소를 출력하면 1275.97이 출력되는 것이다.

조금 복잡하긴 하지만 만약 이를 배열로 구현했다면 앞의 두 요소를 삭제해도 1275.97의 인덱스는 여전히 2일 것이고 인덱스 0과 1에 해당하는 요소의 자리는 비어 메모리 공간을 낭비하게 된다.

마지막으로 소개할 ArrayList의 메서드는 **Insert()** 메서드다. ArrayList의 Add() 메서드는 새로운 요소를 ArrayList의 맨 끝에 추가했다. 하지만 Insert() 메서드는 지정한 인덱스에 요소를 추가한다. 따라서 Insert() 메서드는 요소를 추가할 인덱스까지 인수에 명시해야 한다.

```csharp
using System.Collections;
using UnityEngine;

public class ArrayListExample : MonoBehaviour
{
    ArrayList myAL = new ArrayList();

    void Start()
    {
        … 생략 …

        myAL.Insert(0,"World"); // {"World", 1275.97f}
        myAL.Insert(0,"Hello"); // {"Hello", "World", 1275.97f}

        Debug.Log(myAL[0]);
        Debug.Log(myAL[1]);
        Debug.Log(myAL[2]);
    }
}
```

```
실행결과          – □ ×

Hello
World
1275.97
```

기존에 0번 인덱스에 1275.97만 저장돼 있던 ArrayList에 두 요소를 삽입했다. 첫 Insert() 메서드에 의해 World가 0번에 삽입되고 두 번째 Insert() 메서드에 의해 Hello가 삽입돼 크기가 3인 ArrayList가 됐다.

HashTable

두 번째로 살펴볼 컬렉션은 **HashTable**이다. 지금까지 배웠던 배열이나 ArrayList는 인덱스를 이용해 요소를 저장하고 접근했다. 하지만 HashTable은 요소를 저장할 때 키와 값을 쌍으로 저장한다. 요소에 접근하기 위해 정수 인덱스를 사용하는 것이 아니라 타입이 자유로운 키를 사용하는 것이다. HashTable의 선언은 다음과 같이 한다.

```csharp
Hashtable myHT = new Hashtable();
```

HashTable에 데이터를 추가할 때에는 **Add()** 메서드를 사용하며 키와 값의 두 개의 인수가 필요하다. 그리고 저장된 요소에 접근할 때에는 인덱스가 아닌 추가할 때 지정한 키를 사용한다.

```csharp
using System.Collections;
using UnityEngine;

public class HashTableExample : MonoBehaviour
{
    Hashtable myHT = new Hashtable();

    void Start()
    {
        myHT.Add("first", 187);
        myHT.Add("second", 1.8f);
        myHT.Add("third", "Star");

        Debug.Log(myHT["first"]);
        Debug.Log(myHT["second"]);
        Debug.Log(myHT["third"]);
    }
}
```

실행결과   − □ ×
187
1.8
Star

HashTable을 이용하면 배열과 ArrayList에서 정수 인덱스로만 요소에 접근해야 하는 한계점을 극복할 수 있다.

HashTable의 요소는 다음과 같이 **Remove()** 메서드를 이용해 삭제할 수 있다.

```csharp
myHT.Remove("first");
```

Queue

다음으로 살펴볼 컬렉션은 **Queue**다. Queue는 우리가 알고 있는 줄이라는 뜻과 그 기능이 연관 있다. 우리가 줄을 서서 차례를 기다리면 가장 먼저 줄에 선 사람이 가장 먼저 처리된다. 이를 프로그래밍에서는 **FIFO**(First In First Out)로 표현한다. 가장 먼저 들어온 데이터가 가장 먼저 나가는 것이다. Queue의 선언은 다음과 같이 한다.

```csharp
Queue myQueue = new Queue();
```

그리고 Queue에 데이터를 담는 것은 **Enqueue()** 메서드를 이용한다. Enqueue() 메서드로 Queue에 들어온 요소들은 들어온 순서에 맞게 정렬된다. Queue에 들어온 데이터는 앞서 배운 컬렉션들과는 달리 인덱스나 킷값으로 접근할 수 없다. Queue에 들어온 값을 순서대로 반환하려면 Enqueue() 메서드와 반대의 뜻을 가진 **Dequeue()** 메서드를 활용한다.

예제 5.17 Queue 사용 예제   (File : Scripts/Example/Chapter5/QueueExample.cs)

```
using System.Collections;
using UnityEngine;

public class QueueExample : MonoBehaviour
{
    Queue myQueue = new Queue();

    void Start()
    {
        myQueue.Enqueue(1);
        myQueue.Enqueue(2);
        myQueue.Enqueue(3);

        Debug.Log(myQueue.Dequeue());
        Debug.Log(myQueue.Dequeue());
        Debug.Log(myQueue.Dequeue());
    }
}
```

실행결과   − □ ×

```
1
2
3
```

하지만 주의해야 할 점이 있다. Dequeue() 메서드는 요소를 반환할 뿐만 아니라 Queue에서 요소를 **제거**한다. 즉, 다음 그림과 같이 Enqueue()에 의해 요소가 Queue에 저장되고 Dequeue() 메서드에 의해 요소가 제거된다.

그림 5.1 Queue의 작동 원리

요소를 제거하지 않고 확인만 하는 방법도 있다. 바로 **Peek()** 메서드를 이용하면 된다. Peek() 메서드는 요소를 반환하지만, Queue에서 요소를 제거하진 않는다.

예제 5.18 Queue Peek 사용 (File : Scripts/Example/Chapter5/QueueExample.cs)

```
using System.Collections;
using UnityEngine;

public class QueueExample : MonoBehaviour
{
    Queue myQueue = new Queue();

    void Start()
    {
        myQueue.Enqueue(1);
        myQueue.Enqueue(2);
        myQueue.Enqueue(3);

        Debug.Log(myQueue.Peek());
        Debug.Log(myQueue.Peek());
        Debug.Log(myQueue.Peek());
    }
}
```

실행결과 − □ ×

```
1
1
1
```

요소를 Queue에서 제거하지 않는 점이 Dequeue() 메서드와 다르지만, 가장 먼저 들어온 요소를 가장 먼저 반환한다는 특징은 Peek() 메서드에도 동일하게 적용된다.

Stack

마지막으로 배울 컬렉션은 바로 **Stack**이다. Stack이라는 말은 4장에서도 들어본 적이 있을 것이다. 4장에서 메모리에는 스택과 힙 메모리가 있다고 배웠는데, 이때 배웠던 스택 메모리와 지금 배울 Stack 컬렉션은 구조가 같다.

또한 Stack은 Queue와 매우 비슷하지만 다른 구조로 돼 있다. Queue가 먼저 들어온 것을 먼저 반환하는 FIFO(Fisrt In First Out) 구조였다면 Stack은 마지막에 들어온 것을 먼저 반환하는 **LIFO**(Last In First Out) 형태다. Stack은 다음과 같이 선언한다.

```
Stack myStack = new Stack();
```

Stack에 데이터를 추가하는 것은 **Push()** 메서드를 이용한다. 그리고 저장된 값을 반환할 때는 **Pop()** 메서드를 이용한다. Queue에서의 Enqueue(), Dequeue() 메서드와 대응되는 메서드라고 생각하면 된다.

예제 5.19 Stack 사용 예제 (File : Scripts/Example/Chapter5/StackExample.cs)

```csharp
using System.Collections;
using UnityEngine;

public class StackExample : MonoBehaviour
{
    Stack myStack = new Stack();

    void Start()
    {
        myStack.Push(1);
        myStack.Push(2);
        myStack.Push(3);

        Debug.Log(myStack.Pop());
        Debug.Log(myStack.Pop());
        Debug.Log(myStack.Pop());
    }
}
```

실행결과   − □ ×
3
2
1

결과를 보면 Queue와 정반대의 결과가 나왔음을 알 수 있다. 이는 앞서 설명했듯이 Stack은 나중에 들어온 데이터가 가장 먼저 반환되는 LIFO의 형태를 가지고 있기 때문이다. 이는 다음 그림과 같이 이해할 수 있다.

그림 5.2 Stack의 작동 원리

Stack에서도 마찬가지로 **Peek()** 메서드를 이용해 요소를 제거하지 않고 확인만 할 수 있다.

예제 5.20 Stack Peek 사용   (File : Scripts/Example/Chapter5/StackExample.cs)

```csharp
using System.Collections;
using UnityEngine;

public class StackExample : MonoBehaviour
{
    Stack myStack = new Stack();

    void Start()
    {
        myStack.Push(1);
        myStack.Push(2);
        myStack.Push(3);

        Debug.Log(myStack.Peek());
        Debug.Log(myStack.Peek());
        Debug.Log(myStack.Peek());
    }
}
```

```
실행결과      — □ ×
3
3
3
```

object 타입과 박싱, 언박싱

아주 편리한 기능을 제공하는 컬렉션에도 단점이 있다. 바로 성능적인 문제가 있다는 것이다. 이를 설명하려면 먼저 object 타입이 무엇인지 알아야 한다.

object 타입은 모든 타입의 부모 타입이다. 즉, int, string, float, class, struct 등 모든 타입은 이 object 타입을 상속받고 있다. 따라서 object 타입은 모든 값을 담을 수 있고, 모든 타입을 object 타입으로 형변환할 수 있다.

```csharp
object obj1 = 1;
object obj2 = "Hello";
object obj3 = 12.8f;


int a = 1;
string b = "Hello";
```

```
float c = 12.8f;

obj1 = a;
obj2 = b;
obj3 = c;
```

이렇게 보면 다른 타입을 사용해야 할 이유가 없다고 생각할 수도 있다. 하지만 object 타입을 사용하면 성능에 치명적인 악영향을 끼치는 박싱, 언박싱을 피할 수 없는 상황이 생긴다.

object 타입은 참조형이다. 따라서 값형 타입을 담을 때에는 이를 참조형으로 형변환하는 과정을 거쳐야 하고 이 과정을 **박싱(boxing)**이라고 부른다.

```
int a = 1;
object obj = a;    // 박싱
```

그리고 반대의 경우 즉, 참조형인 object 타입을 값형 타입으로 형변환하는 경우를 **언박싱(unboxing)**이라고 부른다.

```
object obj = 1;
int a = (int)obj;
```

4장에서 설명했듯이 값형과 참조형은 스택 메모리와 힙 메모리라는 서로 다른 메모리에 저장되기 때문에 이렇게 값형과 참조형을 서로 형변환하는 것은 성능적으로 매우 좋지 않다. 공식 문서인 MSDN에서는 박싱에는 단순 할당보다 20배, 언박싱에는 4배의 시간이 들 수 있다고 말하고 있다.

컬렉션을 배우며 박싱, 언박싱을 설명하는 이유는 컬렉션을 사용하면 박싱, 언박싱을 피할 수 없기 때문이다. 앞서 배웠던 ArrayList, HashTable, Queue, Stack 등의 컬렉션은 모든 타입의 값을 담을 수 있었다. 이는 컬렉션이 모든 요소를 object 타입으로 저장하기 때문이다.

따라서 어떤 값형 변수를 컬렉션에 저장하면 필연적으로 박싱이 발생하고, 컬렉션에 있는 값을 다시 값형 변수에 담으면 언박싱이 일어난다. 즉, 컬렉션은 타입이 미리 지정된 배열보다 성능적인 결함이 있을 수밖에 없는 것이다.

하지만 다행히 C#은 이후 제네릭을 지원하면서 이러한 컬렉션의 박싱, 언박싱으로 인한 성능 문제를 해결했다. 이어지는 절에서 제네릭을 배우며 컬렉션이 어떻게 성능 문제를 극복하게 됐는지 알아보자.

5.3.2 제네릭

일단 제네릭이 무엇인지 먼저 알아보자. **제네릭(Generic)**은 타입을 미리 설정하지 않고 이 타입을 사용할 때 타입이 무엇인지 정의하도록 하는 것이다. 예를 들어, 다음과 같이 int 형 변수를 멤버로 가지는 클래스를 정의한다고 해보자.

```
using UnityEngine;

public class GenericExample : MonoBehaviour
{
    void Start()
    {
        DataClass DC = new DataClass();
        DC.data = 1;
    }
}


class DataClass
{
    public int data;
}
```

그런데 갑자기 이 data에 int가 아닌 float 값을 담아야 하는 상황으로 상황이 바뀌었다고 가정하자. 그럼 기존 data 변수에는 float 값을 담을 수 없으므로 다음과 같이 변수를 하나 더 생성하든지 아니면 클래스 자체를 새로 만들어야 한다.

```
class DataClass
{
    public int data_int;
    public float data_float;
}

class DataClass_int
{
    public int data;
}
class DataClass_float
{
```

```
    public float data;
}
```

이러한 비효율을 완벽하게 해결해줄 수 있는 것이 바로 제네릭이다. 제네릭은 타입을 미리 정의하지 않고 정해지지 않은 타입으로 둔 후 나중에 타입을 결정하게 한다. 이때 사용되는 것이 **형식 매개변수(Type parameter)**이며 **T**로 표시한다. 다음은 위의 비효율적인 예시를 제네릭으로 수정한 예제다.

예제 5.21 제네릭 사용 예제 (File : Scripts/Example/Chapter5/GenericExample.cs)

```
using UnityEngine;

public class GenericExample : MonoBehaviour
{
    void Start()
    {
        DataClass<int> DC = new DataClass<int>();
        DC.data = 1;

        DataClass<float> DC2 = new DataClass<float>();
        DC2.data = 127.8f;
    }
}

class DataClass<T>
{
    public T data;
}
```

먼저 data의 타입을 미리 정하지 않고 T라는 타입으로 정의한다. 그리고 클래스 이름 옆에 〈T〉를 추가함으로써 객체를 생성할 때 이 타입을 정의하게 한다. 마지막으로 객체를 생성할 때 이 타입을 명시해줌으로써 data 변수의 타입을 객체를 생성할 때 정해준다.

이 형식 매개변수는 필드뿐 아니라 메서드에도 사용할 수 있다. data의 값을 반환하는 GetData() 메서드를 DataClass 클래스에 추가한다고 하면 다음과 같이 정의할 수 있다.

```
using UnityEngine;

public class GenericExample : MonoBehaviour
{
    void Start()
    {
        DataClass<int> DC = new DataClass<int>();
        DC.data = 1;
        Debug.Log(DC.GetData());

        DataClass<float> DC2 = new DataClass<float>();
        DC2.data = 127.8f;
        Debug.Log(DC2.GetData());
    }
}

class DataClass<T>
{
    public T data;

    public T GetData()
    {
        return data;
    }
}
```

실행결과   − □ ×
1
127.8

이처럼 제네릭은 여러 가지 타입을 유연하게 사용할 수 있게 해주는 아주 강력한 도구다. 우리는 사실 이미 제네릭을 경험한 적이 있다. 앞서 게임을 구현하며 사용했던 GetComponent() 메서드를 보면 다음과 같이 제네릭을 이용해 가져올 컴포넌트의 타입명을 명시했다.

```
Rigidbody2D rb = GetComponent<Rigidbody2D>();
```

제네릭이 없었다면 컴포넌트를 가져올 때 서로 다른 메서드를 사용해 가져와야 했을 것이다. 이제 이렇게 강력한 제네릭을 컬렉션과 함께 어떻게 사용하는지 배워보자.

5.3.3 제네릭 컬렉션

앞서 컬렉션을 설명하며 박싱과 언박싱 문제에 대해 설명했다. 다시 복습해보면 컬렉션은 모든 요소를 object 타입으로 저장해 박싱을 일으키고 이를 반환해 다시 값형으로 변환하는 과정에서 언박싱을 일으킨다. 이는 성능에 치명적인 악영향을 끼치게 된다.

간단히 생각해보면 컬렉션에 저장되는 값을 object 타입으로 저장하는 것이 아니라 내가 사용하고자 하는 타입으로 저장하면 되는 것이 아닌가 생각할 수 있다. 제네릭 컬렉션(Generic collection)은 이를 가능하게 한다.

먼저 제네릭 컬렉션을 사용하려면 다음과 같이 System.Collections.Generic 네임스페이스를 사용해야 한다.

```
using System.Collections.Generic;
```

네임스페이스를 명시했다면 이제 제네릭 컬렉션을 사용해보자. 앞에서 배웠던 ArrayList, HashTable, Queue, Stack과 대응되는 제네릭 컬렉션은 각각 **List〈T〉, Dictionary〈TKey, TValue〉, Queue〈T〉, Stack〈T〉**다. 대표적으로 List〈T〉의 사용법을 알아보자.

List〈T〉는 ArrayList와 같은 기능을 한다. 하지만 선언할 때 다음과 같이 그 타입을 명시해야 한다.

```
List<int> myList = new List<int>();
```

List를 선언할 때 int 타입으로 선언했다면 이제 이 List는 int 타입의 값만 저장할 수 있다. 만약 ArrayList를 사용할 때처럼 여러 타입의 값을 저장하려고 하면 다음과 같은 에러가 발생한다.

```
myList.Add(1.5f);
```

에러 내용
```
Argument 1: cannot convert from 'float' to 'int'
```

이러한 제네릭 컬렉션의 제한 조건은 박싱과 언박싱으로부터 벗어날 수 있게 해준다. List〈int〉는 int 값만을 처리하므로 ArrayList에서 int 타입을 object 타입으로 변환할 때 발생했던 박싱과 object 타입을 int 타입으로 변환할 때 발생했던 언박싱을 피할 수 있다.

컬렉션과 제네릭 컬렉션을 모두 소개하긴 했지만, 공식 문서인 MSDN에서도 일반 컬렉션의 사용을 권장하지 않는다. 제네릭 컬렉션이 나중에 추가됐기 때문에 **호환성**을 위해 컬렉션을 남겨놓은 것일 뿐 성능을 위해 제네릭 컬렉션을 사용하는 것을 권장하고 있다. 따라서 꼭 필요한 상황이 아니라면 ArrayList, HashTable, Queue, Stack이 아닌 List⟨T⟩, Dictionary⟨TKey, TValue⟩, Queue⟨T⟩, Stack⟨T⟩을 사용해야 한다. 다음은 이 네 가지 제네릭 컬렉션의 기본적인 사용 예제다.

예제 5.23 제네릭 컬렉션 사용 예제　　　　　　　　　　(File : Scripts/Example/Chapter5/GenericCollectionExample.cs)

```csharp
using System.Collections.Generic;
using UnityEngine;

public class GenericCollectionExample : MonoBehaviour
{
    List<int> myList = new List<int>();
    Queue<int> myQueue = new Queue<int>();
    Stack<int> myStack = new Stack<int>();
    Dictionary<string,int> myDictionary = new Dictionary<string,int>();

    void Start()
    {
        // List
        Debug.Log("List/////////////////");
        myList.Add(1);
        myList.Add(2);
        myList.Add(3);
        myList.RemoveAt(1);
        Debug.Log(myList[0]);
        Debug.Log(myList[1]);

        // Queue
        Debug.Log("Queue/////////////////");
        myQueue.Enqueue(1);
        myQueue.Enqueue(2);
        myQueue.Enqueue(3);
        Debug.Log(myQueue.Peek());
        Debug.Log(myQueue.Dequeue());
        Debug.Log(myQueue.Dequeue());
        Debug.Log(myQueue.Dequeue());
```

```csharp
        // Stack
        Debug.Log("Stack//////////////////");
        myStack.Push(1);
        myStack.Push(2);
        myStack.Push(3);
        Debug.Log(myStack.Peek());
        Debug.Log(myStack.Pop());
        Debug.Log(myStack.Pop());
        Debug.Log(myStack.Pop());

        // Dictionary
        Debug.Log("Dictionary///////////////////");
        myDictionary.Add("first", 1);
        myDictionary.Add("second", 2);
        myDictionary.Add("third", 3);
        myDictionary.Remove("second");
        Debug.Log(myDictionary["first"]);
        Debug.Log(myDictionary["third"]);
    }
}
```

```
실행결과               — □ ✕
List////////////////
1
3
Queue/////////////////
1
1
2
3
Stack/////////////////
3
3
2
1
Dictionary////////////////
1
3
```

5.4 파일스트림

지금까지 우리가 변수에 담아 저장했던 데이터는 메모리에 저장되기 때문에 프로그램이 종료되면
사라진다. 따라서 프로그램이 종료된 후에도 유지해야 하는 데이터는 디스크에 파일 형태로 저장해야 한다.
또한, 프로그램 내부에서 생성한 데이터뿐 아니라 외부 데이터를 읽어와야 할 때도 있는데, 이 경우에도
파일 형태로 된 데이터를 프로그램으로 읽어오는 과정을 거쳐야 한다. 이번 절에서는 프로그램 내의
데이터를 파일 형태로 저장하고, 파일 형태의 데이터를 프로그램으로 읽어오는 과정을 배워보자.

5.4.1 파일스트림이란

파일을 다룰 때 데이터가 움직이는 것을 흐름(스트림)으로 비유해 파일스트림(Filestream)이라고
표현한다. 우리는 파일을 다루기 위해 **System.io** 네임스페이스에 있는 **FileStream** 클래스를 이용한다.

가장 먼저 FileStream을 이용해 파일을 생성하는 방법을 알아보자. FileStream은 객체를 생성할 때 2가지 인수를 요구하는데 첫 번째 인수는 파일의 경로이고 두 번째 인수는 파일 모드다. 파일 경로는 사용자의 Desktop(바탕 화면) 폴더에 text.txt 파일로 저장할 것이고 파일 모드는 파일을 생성할 것이기 때문에 FileMode.Create이라고 입력해준다.

Desktop 폴더 경로

윈도우 : C:\Users\[유저 이름]\Desktop

macOS : /Users/[유저 이름]/Desktop

예제 5.24 파일 생성 예제   (File : Scripts/Example/Chapter5/FileStreamExample.cs)

```
using UnityEngine;
using System.IO;

public class FileStreamExample : MonoBehaviour
{
    void Start()
    {
        FileStream fs = new FileStream("/Users/유저명/Desktop/text.txt", FileMode.Create);
    }
}
```

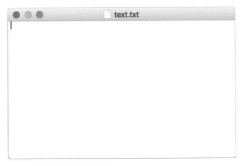

그림 5.3 생성된 빈 파일

코드를 실행하고 Desktop 폴더로 이동하면 위와 같이 우리가 지정한 이름으로 빈 파일이 생성된 것을 볼 수 있다. FileMode.Create는 이미 같은 이름의 파일이 있다면 파일을 덮어씌운다.

5.4.2 파일 읽고 쓰기

StreamWriter, StreamReader

이제 앞서 생성한 파일을 이용해 데이터를 읽고 쓰는 방법을 알아보자. 파일은 저장 형태에 따라 텍스트 파일과 바이너리 파일 크게 두 종류로 나눌 수 있다. 먼저 텍스트 파일에 대해 알아보자. 텍스트 파일을 쓸 때는 **StreamWriter** 클래스를 사용한다.

예제 5.25 텍스트 파일 쓰기   (File : Scripts/Example/Chapter5/FileStreamExample.cs)

```csharp
using UnityEngine;
using System.IO;

public class FileStreamExample : MonoBehaviour
{
    void Start()
    {
        FileStream fs = new FileStream("/Users/유저명/Desktop/text.txt", FileMode.Create);

        StreamWriter sw = new StreamWriter(fs);
        sw.Write("Hello");
        sw.Close();
    }
}
```

그림 5.4 텍스트 파일에 Hello라고 쓰기

파일에 텍스트를 쓰려면 StreamWriter 객체를 생성해야 한다. 객체를 생성할 때 인수는 생성한 파일스트림을 입력해줘야 한다. StreamWriter 클래스에는 텍스트를 쓰는 데 사용되는 여러 멤버가 구현돼 있다. **Write()** 메서드를 호출해 인수로 쓰고 싶은 텍스트를 전달하고, **Close()** 메서드를 이용해 파일을 닫아주면 된다.

이제 생성한 파일을 읽어보자. 파일의 텍스트를 읽는 것은 **StreamReader** 클래스를 이용한다. 다음과 같이 코드를 입력해보자.

예제 5.26 텍스트 파일 읽기 (File : Scripts/Example/Chapter5/FileStreamExample.cs)

```
using UnityEngine;
using System.IO;

public class FileStreamExample : MonoBehaviour
{
    void Start()
    {
        FileStream fs = new FileStream("/Users/유저명/Desktop/text.txt", FileMode.Create);

        StreamWriter sw = new StreamWriter(fs);
        sw.Write("Hello");
        sw.Close();

        fs = new FileStream("/Users/유저명/Desktop/text.txt", FileMode.Open);
        StreamReader sr = new StreamReader(fs);
        Debug.Log(sr.ReadLine());
        sr.Close();
    }
}
```

실행결과   − □ ×
Hello

여기서 중요한 것은 파일을 쓰고 난 후에 Close() 메서드로 파일을 닫았기 때문에 다시 파일을 열어야 한다는 것이다. 파일을 여는 방법은 파일 모드를 **FileMode.Open**으로 하여 새로운 FileStream 객체를 생성하면 된다. 그리고 텍스트를 읽기 위해 StreamReader 객체를 생성하고 **ReadLine()** 메서드를 호출해 1행의 텍스트를 읽어온 다음 이를 콘솔 창에 출력했다.

BinaryWriter, BinaryReader

바이너리 파일을 읽고 쓰는 것도 같은 방식을 사용한다. 다만 텍스트를 읽고 쓰는데 사용한 StreamReader, StreamWriter 클래스가 아닌 BinaryReader, BinaryWriter 클래스를 사용해야 한다. 또한, 값을 읽을 때 그 타입에 맞는 Read 메서드를 사용해야 한다.

```csharp
using UnityEngine;
using System.IO;

public class FileStreamExample : MonoBehaviour
{
    void Start()
    {
        … 생략 …

        FileStream fs2=new FileStream("/Users/유저명/Desktop/binary.data", FileMode.Create);
        BinaryWriter bw = new BinaryWriter(fs2);
        bw.Write("Hello binary");
        bw.Write(594);
        bw.Close();

        fs2 = new FileStream("/Users/유저명/Desktop/binary.data", FileMode.Open);
        BinaryReader br = new BinaryReader(fs2);
        Debug.Log(br.ReadString());
        Debug.Log(br.ReadInt32());
        br.Close();
    }
}
```

실행결과 — □ ×
Hello binary
594

하지만 BinaryWriter를 사용할 때 주의해야 할 점이 있다. 다음 그림과 같이 실제로 경로에 생성된 파일을 텍스트 편집기로 열어보면 저장한 숫자 594는 없고 R이라는 문자가 쓰여있는 것을 확인할 수 있다. 이를 이해하려면 바이너리 파일에 대해 조금 더 알아야 한다.

BinaryWriter는 파일을 바이너리 형태로 저장한다. 즉, 우리가 입력한 값을 컴퓨터가 이해하기 편한 형태인 0과 1의 형태로 저장한다. 십진수인 594는 이진수로의 변환이 문제없지만, Hello binary와 같은 텍스트는 이진수로 변환하기 위해 인코딩(Encoding) 과정을 거쳐야 한다. 즉, BinaryWriter는 텍스트와 숫자를 각각 다른 방식으로 바이너리 형태로 만들어 파일에 저장하고, 텍스트 편집기에서는 Hello binary와 594를 모두 텍스트로 인식해 숫자를 잘못 변환한 것이다. 코드에서 텍스트와 숫자를 서로 다른 메서드로 읽어왔던 것도 같은 이유다.

그렇다고 해서 바이너리 형태로 파일을 저장하는 것이 나쁜 것은 아니다. 컴퓨터는 데이터를 바이너리 형태로 처리하기 때문에 BinaryWriter를 사용하면 메모리를 좀 더 효율적으로 사용할 수 있다. 즉, 저장하려는 파일의 용도에 맞게 StreamWriter와 BinaryWriter를 선택해 사용해야 한다.

그림 5.5 텍스트 편집기에서 확인한 binary.data

5.4.3 객체를 파일로 저장

직렬화(Serialization)

이전 절에서 텍스트와 정수 등을 파일에 읽고 쓰는 방법을 배웠다. 하지만 C# 프로그램에서 데이터는 주로 객체 형태로 존재한다. 따라서 이번에는 객체를 파일로 저장하는 방법을 알아보자.

객체를 파일 형태로 저장하려면 **직렬화(Serialization)** 과정을 거쳐야 한다. 직렬화라는 단어가 어렵다면 메모리에 저장된 객체를 파일에 저장하기 좋은 형태로 재가공하는 것이라고 생각하면 된다. 직렬화에는 **BinaryFormatter** 클래스를 사용한다. BinaryFormatter 클래스는 System.Runtime.Serialization.Formatters.Binary 네임스페이스에 있다. 예제 코드는 다음과 같다.

예제 5.28 객체를 파일로 저장하는 예제   (File : Scripts/Example/Chapter5/SerializationExample.cs)

```
using UnityEngine;
using System.IO;
using System.Runtime.Serialization.Formatters.Binary;

public class SerializationExample : MonoBehaviour
{
    void Start()
    {
        // 예제 데이터 생성
        exampleData data = new exampleData();
        data.number = 1756;
        data.text = "Hello";

        // 객체를 파일 형태로 저장
        FileStream fs = new FileStream("/Users/유저명/Desktop/data.dat", FileMode.Create);
        BinaryFormatter bf = new BinaryFormatter();
```

```csharp
        bf.Serialize(fs, data);
        fs.Close();

        // 저장된 파일로부터 객체 불러오기
        fs = new FileStream("/Users/유저명/Desktop/data.dat", FileMode.Open);
        exampleData loadedData = (exampleData)bf.Deserialize(fs);
        Debug.Log(loadedData.number);
        Debug.Log(loadedData.text);
    }
}

[System.Serializable]
class exampleData
{
    public int number;
    public string text;
}
```

```
실행결과              – □ ✕
1756
Hello
```

이 예제에서는 exampleData 클래스를 정의한 다음 객체를 생성하고 데이터를 담았다. 그다음 BinaryFormatter의 **Serialize( )** 메서드를 이용해 객체를 직렬화하고 파일에 담았다. 그 후 저장된 객체를 다시 BinaryFormatter의 **Deserialize( )** 메서드를 이용해 객체로 역직렬화한 다음 불러온 데이터를 콘솔 창에 출력했다. 직렬화해야 할 클래스는 클래스에 직렬화가 가능해야 한다는 의미로 **System.Serializable** 애트리뷰트를 추가해야 한다..

이 부분은 뒤에서 게임을 구현할 때 게임 데이터를 저장하며 다시 살펴볼 내용이므로 개념을 이해한 후 뒤에서 실제 사용 방법을 한 번 더 알아보자.

5.5 예외 처리

프로그램을 작성하다 보면 종종 예외가 발생한다. 예외란 프로그램을 실행하며 발생하는 오류를 말한다.

예외를 중요하게 생각해야 하는 이유는 예외가 발생하면 프로그램이 비정상적으로 종료되기 때문이다. 코드를 작성할 때 발생하는 에러는 컴파일 에러로 코드를 작성하는 중에 알아챌 수 있기 때문에 크게 문제가 되지 않는다. 하지만 프로그램을 실행하는 중에 발생하는 런타임 에러는 예외를 발생시키고 이는 프로그램을 비정상적으로 종료하게 만들기 때문에 이를 처리하는 방법을 알아야 한다. 이번 절에서는 이러한 예외를 처리하는 방법을 배워보자.

5.5.1 예외

예외(Exception)가 발생하는 경우는 다양하다. 예를 들어, 할당되지 않은 객체를 참조하게 되면 다음과 같은 NullReferenceException이 발생한다. 이는 참조형 타입을 다룰 때 아주 빈번하게 발생하는 에러다.

```
NullReferenceException: Object reference not set to an instance of an object
```

또한 어떤 수를 0으로 나누는 등 잘못된 연산을 하면 ArithmeticException이 발생하며, 앞서 배운 파일 입출력에서 잘못된 방식으로 파일에 접근하거나 입출력을 시도하면 FileNotFoundException, FileIOException 등의 예외가 발생한다.

프로그램이 실행되며 발생하는 모든 경우를 테스트해볼 수는 없기 때문에 예외를 100% 막는 방법은 없다. 하지만 예외가 발생할 가능성이 있는 부분을 예측해 프로그램이 비정상적으로 종료되지 않도록 예외 처리를 해줘야 한다.

5.5.2 try, catch, finally

앞서 배웠던 배열을 사용할 때 빈번히 발생하는 IndexOutOfRangeException 예외 처리를 예로 들어보자. 어떤 배열에 담긴 값을 모두 더해 출력하는 코드를 작성한다고 하자. 코드를 다음과 같이 작성하면 인덱스가 배열이 가진 인덱스를 초과하므로 IndexOutOfRangeException이 발생한다.

예제 5.29 잘못된 인덱스 접근　　　　　　　　　　　　　(File : Scripts/Example/Chapter5/ExceptionExample.cs)

```
using UnityEngine;

public class ExceptionExample : MonoBehaviour
{
    void Start()
    {
        int[] arr = { 1, 2, 3 };
        int sum = 0;

        for (int i = 0; i < 5; i++)
        {
            sum += arr[i];
        }
        Debug.Log(sum);
```

```
    }
}
```

```
IndexOutOfRangeException: Index was outside the bounds of the array
```

이렇게 예외가 발생할 수 있는 상황에서는 다음과 같이 try, catch, finally 키워드를 사용해 예외를 처리할
수 있다. 가장 먼저 예외가 발생할 가능성이 있는 코드를 try 키워드를 이용해 다음과 같이 묶어준다. 일단
예외가 발생할 수 있는 이 코드를 시도한다는 뜻이다.

```
try
{
    for (int i = 0; i < 5; i++)
    {
        sum += arr[i];
    }
}
```

그리고 예외가 발생하면 catch 키워드를 이용해 이 예외를 잡아낸다. catch 블록 안에는 잡아낸 에러를
어떻게 처리할 것인지 적어준다. 이 경우에는 에러의 메시지를 콘솔 창에 출력해주는 것으로 하자.

```
try
{
    for (int i = 0; i < 5; i++)
    {
        sum += arr[i];
    }
}
catch (System.IndexOutOfRangeException exception)
{
    Debug.Log(exception.Message);
}
```

그리고 마지막으로 finally 키워드를 사용해 예외 발생 여부와 관계없이 실행해야 할 코드를 적어준다.
여기서는 예외 발생 여부와 관계없이 sum의 값을 출력하도록 하자.

```
try
{
    for (int i = 0; i < 5; i++)
    {
        sum += arr[i];
    }
}
catch (System.IndexOutOfRangeException exception)
{
    Debug.Log(exception.Message);
}
finally
{
    Debug.Log(sum);
}
```

결과적으로 완성된 예제는 다음과 같다. 반복문에서 배열을 반복하며 요소의 값을 더하고, 예외가 발생하면 그 메시지를 콘솔 창에 출력한다. 마지막으로 결괏값은 콘솔 창에 출력한다.

예제 5.30 예외 처리 예제   (File : Scripts/Example/Chapter5/ExceptionExample.cs)

```
using UnityEngine;

public class ExceptionExample : MonoBehaviour
{
    void Start()
    {
        int[] arr = { 1, 2, 3 };
        int sum = 0;

        try
        {
            for (int i = 0; i < 5; i++)
            {
                sum += arr[i];
            }
        }
        catch (System.IndexOutOfRangeException exception)
        {
            Debug.Log(exception.Message);
```

```
        }
        finally
        {
            Debug.Log(sum);
        }
    }
}
```

추가로 어떤 코드에서 여러 가지 예외가 발생할 가능성이 있다면 catch 블록을 여러 개 두어도 된다. 각 예외에 맞는 처리를 서로 다른 catch 블록 안에서 할 수 있다.

5.6 델리게이트와 이벤트

이번 장에서는 델리게이트와 이벤트를 배운다. 지금까지 int, string, class, struct 등 여러 타입을 배웠다. 델리게이트 역시 값을 담는 타입의 일종이며 그 값으로 메서드를 가진다. 이벤트는 델리게이트의 콜백 기능을 좀 더 편리하게 만들어주는 키워드다. 이번 절에서는 메서드가 정수, 문자열처럼 변수에 담길 수 있다는 것을 이해하고 델리게이트와 이벤트를 이용해 유용한 콜백 기능을 구현해보자.

5.6.1 델리게이트

델리게이트(Delegate)는 메서드를 담을 수 있는 타입이라고 했다. 더 구체적으로 이야기하면 **delegate** 키워드를 이용해 델리게이트 타입을 선언한 다음 이 타입을 이용해 변수를 만들고 이 변수에 메서드를 담게 된다. **delegate** 키워드를 이용해 델리게이트를 선언하는 방법은 다음과 같다. 관례적으로 델리게이트 이름의 끝에는 Delegate를 붙인다.

```
delegate 반환타입 델리게이트이름(매개변수);
```

여기서의 반환 타입과 매개변수는 델리게이트에 담을 메서드의 반환 타입, 매개변수와 일치해야 한다. 즉, 반환 타입이 void이고 매개변수가 없는 메서드를 담는 델리게이트는 다음과 같이 선언할 수 있다.

```
delegate void ExampleDelegate();
```

델리게이트를 선언했으면 이제 델리게이트 변수를 만들고, 그 안에 메서드를 담을 차례다. 다음과 같이 del이라는 이름의 델리게이트 변수를 생성하고 메서드를 담을 수 있다.

```
ExampleDelegate del = new ExampleDelegate(Hello);

void Hello()
{
    Debug.Log("Hello World");
}
```

또는, 간편 표기법으로 다음과 같이 메서드를 바로 대입할 수도 있다.

```
ExampleDelegate del = Hello;
```

이제 del이라는 변수에 Hello 메서드가 담겼으므로 델리게이트 변수를 이용해 메서드를 실행해보자. 다음은 델리게이트를 생성하고 실행하는 예제다.

예제 5.31 델리게이트 생성 예제   (File : Scripts/Example/Chapter5/DelegateExample.cs)

```
using UnityEngine;

public class DelegateExample : MonoBehaviour
{
    delegate void ExampleDelegate();

    void Start()
    {
        ExampleDelegate del = Hello;
        del();
    }

    void Hello()
    {
        Debug.Log("Hello");
    }
}
```

실행결과   − □ ✕
Hello

멀티캐스트(Multicast)

델리게이트는 멀티캐스트라는 기능을 지원한다. 멀티캐스트란 여러 개의 메서드를 담을 수 있다는 뜻이다. 델리게이트에 메서드를 추가할 때는 += 연산자를 사용하고, 추가한 메서드를 제거할 때는 −= 연산자를 사용한다. 다음은 델리게이트에 메서드를 추가하는 멀티캐스트 예제다.

예제 5.32 멀티캐스트 예제   (File : Scripts/Example/Chapter5/DelegateExample.cs)

```csharp
using UnityEngine;

public class DelegateExample : MonoBehaviour
{
    delegate void HumanDelegate();

    void Start()
    {
        HumanDelegate human = Walk;
        human += Eat;
        human += Sleep;

        human();
    }

    void Walk()
    {
        Debug.Log("Walk");
    }

    void Eat()
    {
        Debug.Log("Eat");
    }

    void Sleep()
    {
        Debug.Log("Sleep");
    }
}
```

```
실행결과                    − □ ×
Walk
Eat
Sleep
```

콜백(Callback)

델리게이트의 진가가 발휘되는 시점은 바로 **콜백** 기능을 이용할 때다. 콜백이란 호출을 당한 쪽에서 다시 호출한 쪽의 메서드를 호출하는 것이다. 쉽게 이해할 수 있게 다음과 같은 예시를 들어보자.

어머니와 아들이 있다. 어머니는 아들에게 공부를 하라고 시키고, 아들은 공부를 마친 후에 어머니께 보고한다고 하자. 이를 클래스로 표현하면 다음과 같이 표현할 수 있다.

예제 5.33 콜백 예제   (File : Scripts/Example/Chapter5/CallbackExample.cs)

```
using UnityEngine;

public class CallbackExample : MonoBehaviour
{
    void Start()
    {
        Mother mother = new Mother();
        Son son = new Son();

        mother.GetSonToStudy(son);
    }
}

class Mother
{
    public void GetSonToStudy(Son son)
    {
        son.Study(this);
    }

    public void FinishStudy()
    {
        Debug.Log("Study done");
    }
}

class Son
{
    public void Study(Mother mother)
    {
```

```
            mother.FinishStudy();
    }
}
```

코드를 살펴보면 가장 먼저 mother 객체의 GetSonToStudy() 메서드가 실행되며, GetSonToStudy() 메서드에서는 son 객체의 Study() 메서드를 호출한다. 이때 인수로 본인의 객체를 보낸다. 그리고 son 객체는 다시 mother 객체의 FinishStudy() 메서드를 호출한다. 처음 메서드를 호출한 Mother가 호출자(caller)이고, Son이 피호출자(callee)인데 피호출자가 다시 호출자의 메서드를 호출했다. 즉, 피호출자가 호출자의 메서드를 재호출하는 것이 콜백의 개념이다.

하지만 위 예제에서는 피호출자가 호출자의 메서드를 호출할 수 있게 호출자의 객체를 전달해야 한다. 델리게이트를 이용하면 객체를 전달하지 않고 메서드만 담아 전달하더라도 전달된 메서드를 호출하게끔 할 수 있다. 델리게이트를 활용한 콜백 예제는 다음과 같다.

예제 5.34 델리게이트 콜백 예제   (File : Scripts/Example/Chapter5/CallbackExample.cs)

```csharp
using UnityEngine;

public class CallbackExample : MonoBehaviour
{
    void Start()
    {
        Mother mother = new Mother();
        Son son = new Son();

        mother.GetSonToStudy(son);
    }
}


delegate void StudyDelegate();

class Mother
{
    public void GetSonToStudy(Son son)
    {
        StudyDelegate del = FinishStudy;
        son.Study(del);
    }
}
```

```
        public void FinishStudy()
        {
            Debug.Log("Study done");
        }
    }


class Son
{
    public void Study(StudyDelegate del)
    {
        del();
    }
}
```

실행결과   − □ ×

Study done

이처럼 델리게이트는 피호출자가 호출자의 메서드를 호출하게 하는 콜백에 아주 유용하게 사용될 수 있다.

5.6.2 이벤트

이벤트(Event)는 앞서 배운 델리게이트를 이용한 콜백을 좀 더 기능적으로 만들어주는 키워드다. 이벤트에서는 델리게이트 콜백에서 델리게이트 변수를 넘겨주었던 과정까지 생략할 수 있다. 다음 예제를 이용해 이벤트를 이해해보자.

이벤트를 이해하려면 이벤트를 발생시키는 쪽과 발생한 이벤트에 반응하는 쪽을 나눠 생각할 수 있어야 하는데, 이벤트를 발생시키는 클래스를 Publisher라 하고, 이 이벤트가 발생하는 것을 듣고 반응하는 클래스를 Subscriber라고 해보자.

먼저 Publisher 클래스를 정의해보자. 이벤트를 사용하려면 델리게이트 변수를 선언할 때처럼 **event** 키워드를 붙여 이벤트를 생성한다. 이 이벤트는 static으로 생성해 Publisher의 객체와 무관한 이벤트로 만들자.

```
delegate void myEventHandler();

class Publisher
{
    public static event myEventHandler myEvent;
}
```

그리고 이 이벤트를 호출하는 메서드를 만들어준다. 이 이벤트를 구독하는 클래스가 아무도 없다면 myEvent를 호출할 때 NullReferenceException이 발생하므로 이를 방지하기 위해 if 문으로 null이 아닌지 확인해준다.

```
delegate void myEventHandler();

class Publisher
{
    public static event myEventHandler myEvent;

    public void RunEvent()
    {
        if (myEvent != null)
        {
            myEvent();
        }
    }
}
```

그리고 이 이벤트를 구독하는 Subscriber를 정의하자. Subscriber는 이벤트에 자신이 가지고 있는 메서드를 추가해야 하므로 DoSomething 메서드를 정의하고 생성자에서 이벤트에 이 메서드를 추가하도록 하자.

```
class Subscriber
{
    public Subscriber()
    {
        Publisher.myEvent += DoSomething;
    }

    public void DoSomething()
    {
        Debug.Log("event 발생!");
    }
}
```

그리고 다음과 같이 이벤트를 사용하는 예제 코드를 작성해보자. Publisher가 이벤트를 실행하면 이벤트를 구독하고 있던 Subscriber의 메서드가 호출되는 것을 확인할 수 있다.

```csharp
using UnityEngine;

public class EventExample : MonoBehaviour
{
    void Start()
    {
        Subscriber sub = new Subscriber();
        Publisher pub = new Publisher();

        pub.RunEvent();
    }
}

delegate void myEventHandler();

class Publisher
{
    public static event myEventHandler myEvent;

    public void RunEvent()
    {
        if (myEvent != null)
        {
            myEvent();
        }
    }
}

class Subscriber
{
    public Subscriber()
    {
        Publisher.myEvent += DoSomething;
    }

    public void DoSomething()
    {
        Debug.Log("event 발생!");
    }
}
```

실행결과   — □ ×

event 발생!

이벤트는 Subscriber가 아주 많을 때 굉장히 유용하다. 이벤트 발생 후 각 Subscriber의 메서드를 일일이 호출해야 하는 것이 아니라 각각의 Subscriber는 이 이벤트가 발생하는지 듣고 있다가 이벤트가 발생했을 때 자신이 등록해 놓은 메서드를 실행하기 때문이다.

5.7 익명 메서드와 람다식

익명 메서드와 람다식은 간편 표기법의 일종이다. 익명 메서드와 람다식을 이용하면 델리게이트에 메서드를 담는 코드를 상당 부분 줄여서 표현할 수 있다.

5.7.1 익명 메서드

익명 메서드(Anonymous method)란 이름이 없는 메서드다. 그래서 무명 메서드라고 부르기도 한다. 이전 절에서 델리게이트를 배울 때 델리게이트 변수에 메서드를 담아 전달했다. 익명 메서드를 사용한다는 것은 델리게이트에 미리 정의된 메서드를 담는 것이 아니라 이름이 없는 메서드를 만들어 전달하는 것이다. 익명 메서드의 기본 구조는 다음과 같이 **delegate** 키워드를 이용해 매개변수와 메서드의 내용만 적어주면 된다.

```
delegate(매개변수)
{
    // 메서드의 내용
};
```

두 정수를 더하는 메서드를 익명 메서드를 이용해 구현하고 델리게이트 변수에 담아보자. 익명 메서드를 이용하지 않는다면 다음과 같이 Add 메서드를 따로 정의해 델리게이트에 메서드를 담아야 한다.

```
delegate int myDelegate(int a, int b);

void Start()
{
    myDelegate del = Add;
    Debug.Log(del(1,3));
}

int Add(int a, int b)
```

```
    {
        return a + b;
    }
```

하지만 익명 메서드를 이용하면 Add 메서드를 정의할 필요가 없다. 다음과 같이 델리게이트에 메서드를 대입할 때 바로 익명 메서드를 만들어 넣어준다.

예제 5.36 익명 메서드 사용 예제　　　　　　　　　　　　　(File : Scripts/Example/Chapter5/AnonymousMethodExample.cs)

```csharp
using UnityEngine;

public class AnonymousMethodExample : MonoBehaviour
{
    delegate int myDelegate(int a, int b);

    void Start()
    {
        myDelegate del = delegate(int a, int b)
        {
            return a + b;
        };

        Debug.Log(del(1,3));
    }
}
```

실행결과　　− □ ×
4

이처럼 단순히 델리게이트로 전달될 용도의 메서드라면 굳이 따로 정의하지 않고 익명 메서드를 활용하는 것이 훨씬 간단한 코드를 만들 수 있다.

5.7.2 람다식

람다식(Lambda expression)도 익명 메서드와 마찬가지로 델리게이트에 전달되는 메서드를 간편하게 표기한 것이다. 하지만 익명 메서드보다 표현이 더 간단하다. 익명 메서드를 람다식으로 바꿔보며 람다식이 어떻게 표현되는지 알아보자. 익명 메서드 예제에서는 메서드를 델리게이트에 담을 때 다음과 같이 표현했다.

```
myDelegate del = delegate(int a, int b)
{
    return a + b;
};
```

람다식에서는 delegate 키워드와 매개변수의 타입까지 생략할 수 있다. 컴파일러가 매개변수의 타입을 자동으로 유추하기 때문이다. 그리고 매개변수와 메서드의 본문을 구분하기 위해 =>(람다 연산자)가 사용된다.

```
myDelegate del = (a,b) =>
{
    return a + b;
};
```

처음에는 알아보기 어려울 수 있지만 익명 메서드에서 무엇이 생략됐는지 따져보면 쉽게 이해할 수 있을 것이다.

여기서 끝이 아니다. 람다식에서는 중괄호와 return 키워드까지 생략할 수 있다. 다음 예제와 맨 처음 메서드를 정의해 메서드의 이름으로 담는 것을 비교하며 람다식이 얼마나 코드를 간단히 할 수 있는지 확인해보자.

예제 5.37 람다식 사용 예제　　　　　　　　　　　　　　(File : Scripts/Example/Chapter5/LambdaExample.cs)

```
using UnityEngine;

public class LambdaExample : MonoBehaviour
{
    delegate int myDelegate(int a, int b);

    void Start()
    {
        myDelegate del = (a, b) => a + b;
        Debug.Log(del(1, 3));
    }
}
```

실행결과　　　－ □ X
4

Action과 Func

Action과 **Func** 또한 익명 메서드와 람다식처럼 델리게이트에 메서드를 담아 전달하는 과정을 간단히 하는 역할을 한다. 익명 메서드, 람다식, Action과 Func를 알고 나면 프로그래머들이 얼마나 반복적이고 불필요한 코드를 피하고자 하는지 알 수 있을 것이다.

Action과 Func는 미리 정의된 델리게이트 변수다. 지금까지 우리는 델리게이트에 메서드를 담아 전달하기 위해 델리게이트를 먼저 선언하고 델리게이트 변수를 선언해 그 안에 메서드를 담았다. 익명 메서드와 람다식에서 메서드를 정의하는 과정을 생략했다면 Action과 Func를 이용하면 델리게이트를 정의하는 것까지 생략할 수 있다.

Action 델리게이트는 반환 값이 없는 델리게이트이며, Func는 반환 값이 있는 델리게이트다. 바로 예시로 넘어가 보자. 다음과 같이 Hello라는 문자열을 콘솔 창에 출력하는 메서드를 델리게이트에 담아 전달한다고 하자.

```
using UnityEngine;

public class ActionFuncExample : MonoBehaviour
{
    delegate void myDelegate();

    void Start()
    {
        myDelegate del = Hello;
        del();
    }

    void Hello()
    {
        Debug.Log("Hello");
    }
}
```

앞서 선언한 델리게이트는 반환 값이 없는 메서드를 담는 타입이므로 이럴 때에는 Action 델리게이트를 사용한다. Action과 Func 델리게이트는 System 네임스페이스에 정의돼 있으므로 System 네임스페이스를 사용해야 한다. 델리게이트를 정의하는 과정을 생략하고 바로 Action 델리게이트 타입을 이용해 다음과 같이 델리게이트 변수를 선언한다.

```
using UnityEngine;
using System;

public class ActionFuncExample : MonoBehaviour
{
    void Start()
    {
        Action act = Hello;
        act();
    }

    void Hello()
    {
        Debug.Log("Hello");
    }
}
```

Action과 Func 델리게이트는 델리게이트를 정의하지 않고도 바로 델리게이트 변수를 선언할 수 있게
해준다. 그런데 만약 인수를 필요로 하는 메서드를 담아야 한다면 어떻게 해야 할까? 바로 제네릭을 이용해
인수의 타입을 명시하면 된다.

```
using UnityEngine;
using System;

public class ActionFuncExample : MonoBehaviour
{
    void Start()
    {
        Action<string> act = printString;
        act("Hello");
    }

    void printString(string str)
    {
        Debug.Log(str);
    }
}
```

반환 값이 있는 메서드를 전달해야 한다면 Func 델리게이트를 사용한다. Func 델리게이트의 반환 값 역시 제네릭을 사용해 명시한다. 이 경우 반환 값과 인수 모두 제네릭으로 명시해야 하므로 순서가 중요하다. 마지막에 오는 타입이 반환 값의 타입이고 앞에 오는 타입이 인수의 타입이다. 두 정수를 인수로 받아 더한 값을 문자열로 반환하는 메서드를 Func 델리게이트에 담아보자.

```
using UnityEngine;
using System;

public class ActionFuncExample : MonoBehaviour
{
    void Start()
    {
        Func<int,int,string> func = Add;
        func(1,3);
    }

    string Add(int a, int b)
    {
        return "결과 : " + (a + b);
    }
}
```

제네릭 표현에서 앞에 오는 두 개의 int는 인수의 타입이며 마지막에 오는 string은 반환 값의 타입이다. Action과 Func를 이용하면 위와 같이 델리게이트를 선언하지 않고도 델리게이트를 사용할 수 있다. 앞서 살펴봤던 예시를 람다식을 이용하면 더 간단히 표현할 수 있다. 그 예제는 다음과 같다.

예제 5.38 Action, Func 예제   (File : Scripts/Example/Chapter5/ActionFuncExample.cs)

```
using UnityEngine;
using System;

public class ActionFuncExample : MonoBehaviour
{
    void Start()
    {
        Action<string> act = (str) => Debug.Log(str);
        act("Hello");
```

```
        Func<int, int, string> func = (a, b) => "결과 : " + (a + b).ToString();
        Debug.Log(func(1, 3));
    }
}
```

실행결과 — □ ×
Hello
결과 : 4

5.8 5장 종합 예제 – 완성도 갖추기

이제 지금까지 배운 개념들을 이용해 게임의 완성도를 더 갖춰 보자. 먼저 게임 시작 UI를 만들며 UI에 대해 배우고, 기존에 배열로 구현했던 부분을 제네릭 컬렉션을 이용해 대체해보자. 그리고 static, 델리게이트, 이벤트를 이용해 점수 시스템을 구현할 것이다. 마지막으로 파일스트림을 이용해 게임 데이터를 파일 형태로 저장하는 것으로 마무리해 보자.

5.8.1 UI와 GameManager

게임 시작 UI

게임에서 꼭 등장하는 것이 바로 UI다. 게임의 종류에 따라 다양한 UI가 있을 수 있지만, 여기에서는 게임 시작 UI를 만들고 Start 버튼을 눌렀을 때 게임이 시작하게 구현해보자.

먼저 유니티에서 UI는 하이어라키 창의 빈 공간을 마우스 오른쪽 버튼으로 클릭한 다음 UI를 선택해 만들 수 있다. 가장 먼저 **Image**를 선택해 이미지를 생성하고 이름을 Cover로 설정해 보자.

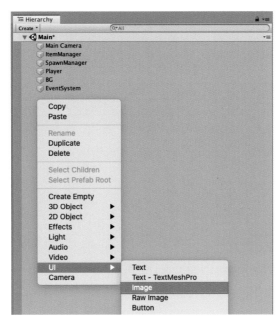

그림 5.6 이미지 생성

이미지를 생성하면 이미지 게임 오브젝트만 생성되는 것이 아니라 **캔버스(Canvas)**가 함께 생성된다. 캔버스는 UI를 배치하기 위한 영역이다. 즉, UI와 나머지 게임 오브젝트를 분리해 배치할 수 있다. 이렇게 하는 이유는 생각해보면 당연한데 게임을 할 때 게임 화면은 역동적으로 움직이지만, UI 요소들은 그 자리에 정지해 있는 경우가 대부분이다. 따라서 다른 게임 오브젝트들과 UI를 다른 영역에 그린 다음 그 둘을 함께 화면에 보여주는 것이다.

캔버스는 씬 뷰에서도 확인할 수 있는데 카메라가 위치하는 영역과는 완전히 다른 영역이다. 씬 뷰에서는 이 캔버스 영역과 카메라 영역을 분리해 보게 되고 게임 뷰에서는 이를 한 화면에 겹쳐 보게 된다. 캔버스 위에 그려진 UI들은 카메라의 이동, 위치와 무관하게 위치와 크기를 유지한다.

그림 5.7 왼쪽부터 차례로 캔버스 영역, 카메라 영역, 게임 뷰의 모습

이것이 일반적인 캔버스의 모습이지만 항상 그런 것은 아니다. 인스펙터 창에서 Canvas의 **Render Mode**를 살펴보면 총 세 가지의 Render Mode가 있는 것을 알 수 있는데 World Space를 선택하면 카메라 영역에 게임 오브젝트를 배치하듯이 캔버스 영역을 배치할 수 있다. 우리는 기본 모드인 **Screen Space - Overlay**를 선택하자.

그리고 아래쪽에 있는 Canvas Scaler를 보면 UI Scale Mode가 있다. 이는 화면의 해상도가 달라질 때 UI 요소의 크기를 어떻게 조정할지 결정하는 역할을 한다. 기본 모드인 Constant Pixel Size를 선택하면 화면의 해상도와 상관없이 UI 요소가 일정한 픽셀 크기를 갖게 된다. 이 경우 화면의 해상도가 달라졌을 때 UI의 크기나 배치가 원래 의도와 다르게 설정되므로 **Scale With Screen Size**를 선택해 화면 크기에 따라 UI 요소의 크기와 배치가 자동으로 조절되도록 하자. 마지막으로 **Reference Resolution**은 1080×1920으로 설정했다.

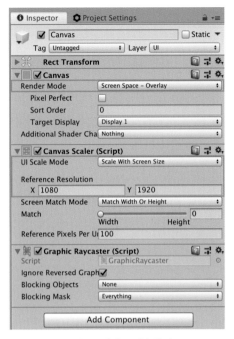

그림 5.8 캔버스 기본 설정

기본적인 캔버스 설정이 끝났다면 생성한 이미지를 살펴보자. 이 이미지는 게임을 시작하기 전에 게임 화면을 가리는 역할을 할 것이므로 크기가 화면에 꽉 차게 조절하고, 색을 검은색으로 바꿔준다.

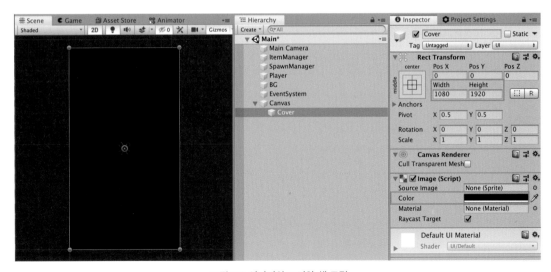

그림 5.9 이미지의 크기와 색 조절

다음으로 추가할 UI는 **텍스트(Text)**다. 이미지를 생성할 때와 마찬가지로 하이어라키 창을 마우스 오른쪽 버튼으로 클릭한 다음 UI → Text를 선택한다. 이때 주의할 점은 UI 요소는 캔버스 영역에 존재해야 하므로 Canvas 게임 오브젝트의 자식 요소로 생성해야 한다는 점이다. 이름을 TitleText라 지어주고 다음 그림과 같이 Text 컴포넌트의 값을 설정한다.

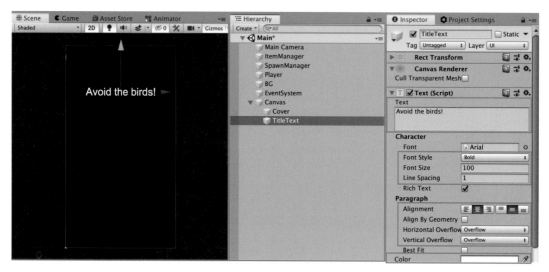

그림 5.10 텍스트 생성

처음 텍스트를 생성하면 텍스트가 보이지 않을 텐데 기본색이 검은색으로 설정돼 있어 보이지 않는 것이므로 텍스트의 색을 흰색으로 변경한다. 또한, Text 컴포넌트의 요소 중에 Horizontal Overflow와 Vertical Overflow가 있는데 이는 텍스트가 텍스트 게임 오브젝트의 크기를 초과했을 때 어떻게 처리할 것인지 결정하는 요소다. 텍스트가 잘리는 것을 방지하기 위해 Overflow로 설정하면 텍스트가 텍스트 게임 오브젝트의 크기보다 길어도 화면에 그대로 표시된다.

마지막으로 생성할 UI는 **버튼(Button)**이다. 버튼 역시 이미지, 텍스트와 같은 방법으로 생성하며, 버튼의 이름은 StartButton이라고 바꾸어준다. 그리고 다음과 같이 컴포넌트를 설정한다. 버튼 UI에는 Image 컴포넌트가 포함돼 있는데 이 이미지의 **Source Image**를 설정하면 버튼의 이미지를 설정할 수 있다. 그리고 버튼을 생성하면 기본적으로 텍스트가 자식 오브젝트로 생성되는데, 우리는 이전에 에셋 스토어에서 내려받았던 텍스트가 그려진 에셋을 사용할 것이므로 텍스트 게임 오브젝트는 삭제한다. 버튼 이미지를 설정하고 텍스트와 버튼의 위치를 조절하면 기본적인 UI 생성이 완료된다.

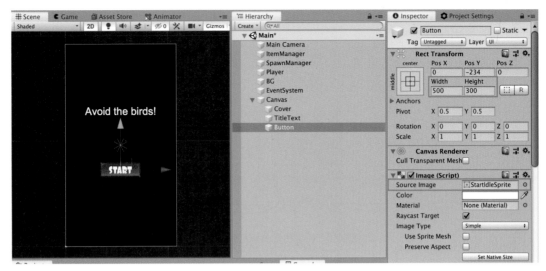

그림 5.11 버튼 생성

지금은 UI의 모습만 갖춘 것이기 때문에 이대로 게임을 실행하면 당연히 버튼이 동작하지 않는다. 게다가 SpawnManager와 ItemManager는 Start() 메서드에 의해 SpawnRandom() 메서드를 호출하기 때문에 이미 아이템과 적군은 이미지 뒤에서 생성되고 있을 것이다. 이러한 문제를 해결하기 위해 GameManager 스크립트를 생성하자.

GameManager

GameMagnager는 대부분 프로젝트에서 기본적으로 생성하는 스크립트이기 때문에 톱니바퀴 모양의 기본 아이콘이 적용돼 있으며, 프로젝트 창과 인스펙터 창에서 확인할 수 있다. GameManager에서는 Start 버튼을 클릭했을 때 커버 이미지가 사라지며 적군과 아이템 생성이 시작되게 할 것이다.

가장 먼저 ItemManager, SpawnManager, Cover 변수를 public으로 선언하고 인스펙터 창에서 드래그 앤드 드롭을 이용해 변수 안에 객체를 담아줄 것이다.

예제 5.39 GameManager 변수 설정 (File : Scripts/Managers/GameManager.cs)

```
using UnityEngine;

public class GameManager : MonoBehaviour
{
    public SpawnManager spawnManager;
```

```
    public ItemManager itemManager;
    public GameObject Cover;

    void Start()
    {

    }
}
```

하이어라키 창에서 GameManager 오브젝트를 생성한 다음 GameManager 스크립트를 부착하고, 인스펙터 창에서 각 변수에 알맞게 Manager 객체와 Cover 오브젝트를 담아준다.

그림 5.12 변수 선언과 객체 담기

버튼을 클릭하면 실행할 메서드를 다음과 같이 만들어보자. 이 메서드에서는 Start 버튼이 클릭 되면 Cover 게임 오브젝트를 비활성화하고 ItemManager 와 SpawnManager에서 직접 호출하던 SpawnRandom( ) 메서드를 호출해줄 것이다.

예제 5.40 OnClickStartButton() 메서드 정의   (File : Scripts/Managers/GameManager.cs)

```
using UnityEngine;

public class GameManager : MonoBehaviour
{
    public SpawnManager spawnManager;
    public ItemManager itemManager;
    public GameObject Cover;
```

```
    void Start()
    {

    }

    public void OnClickStartButton()
    {
        Cover.SetActive(false);
        spawnManager.SpawnRandom();
        itemManager.SpawnRandom();
    }
}
```

SpawnManager   (File : Scripts/Managers/SpawnManager.cs)

```
using UnityEngine;

public class SpawnManager : MonoBehaviour
{
    … 생략 …

    void Start()
    {
        // SpawnRandom();
    }

    … 생략 …
}
```

ItemManager   (File : Scripts/Managers/ItemManager.cs)

```
using UnityEngine;

public class ItemManager : MonoBehaviour
{
    … 생략 …

    void Start()
    {
        // SpawnRandom();
```

```
    }

    … 생략 …
}
```

중복으로 호출되지 않게 SpawnManger와 ItemManager의 Start() 메서드에서 SpawnRandom() 메서드를 호출하는 코드는 삭제해야 한다.

이제 다시 유니티로 돌아오자. 먼저 Cover 게임 오브젝트가 비활성화될 때 버튼과 텍스트도 함께 숨겨질 수 있게 TitleText와 StartButton을 Cover 게임 오브젝트의 자식으로 설정한다.

그림 5.13 StartButton과 TitleText를 Cover의 자식으로 설정

그리고 버튼을 클릭하면 앞서 만들어둔 OnClickStartButton()이 실행되게 해보자. 이는 Button 컴포넌트의 OnClick 이벤트에 메서드를 추가해주면 된다.

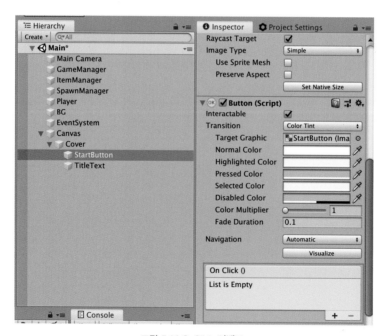

그림 5.14 OnClick 이벤트

OnClick 이벤트의 + 버튼을 눌러 이벤트를 추가하고, GameManager 게임 오브젝트를 담아준다. 그리고 GameManager 객체의 GameManager 스크립트를 선택하고 OnClickStartButton( )을 선택하면 된다.

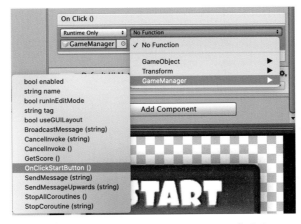

그림 5.15 OnClick 이벤트에 OnClickStartButton( ) 추가

이제 이 버튼을 클릭하면 GameManager의 OnClickStartButton( )이 실행될 것이다. 따라서 게임 시작 후 버튼을 클릭했을 때 UI들이 전부 사라지고 적군과 아이템이 생성되기 시작하는 모습을 확인할 수 있다.

그림 5.16 버튼을 클릭해 게임이 시작된 모습

Score Text

마지막으로 Score Text를 배치해보자. 이는 뒤에서 적군이 죽을 때마다 Score가 증가하는 기능을 구현하기 위한 UI로 여기서는 배치만 해볼 것이다. 앞서 텍스트를 생성했던 것과 같은 방법으로 ScoreText라는 텍스트를 하나 더 생성하자.

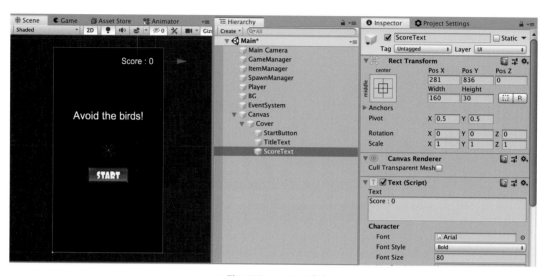

그림 5.17 Score Text 생성

하지만 이 ScoreText는 게임 화면에서만 보여야 한다. 어떻게 하면 이 텍스트를 Cover 이미지 뒤로 보내고, 게임이 시작한 후에 보이게 할 수 있을까? 바로 하이어라키 창에서 ScoreText를 Cover보다 위에 배치하면 된다.

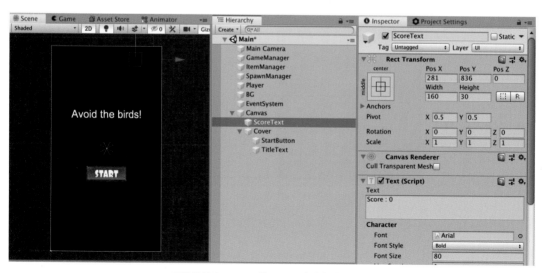

그림 5.18 Score Text를 Cover 이미지 뒤로 배치

게임 오브젝트의 Transform을 배울 때 Z position 값이 오브젝트들의 앞뒤를 결정한다고 배웠다. 캔버스에서는 Z position 값이 아닌 하이어라키 창에서의 순서가 UI의 배치 순서를 결정한다. 즉, 하이어라키 창에서 위에 있을수록 먼저 그려지는 것이다. 이는 카메라 영역에서의 게임 오브젝트의 배치와는 다르므로 꼭 기억해야 한다.

마지막으로 Cover 게임 오브젝트 아래에 BestScoreText를 생성하는 것으로 마무리하자. ScoreText와 BestScoreText의 값은 뒤에서 상황에 따라 변경되도록 기능을 구현할 것이다.

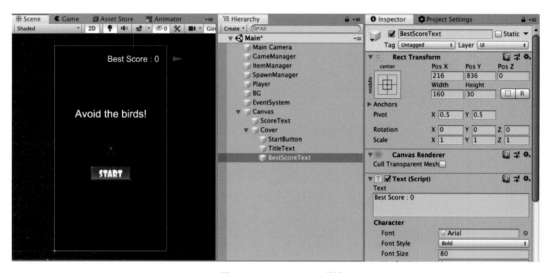

그림 5.19 Best Score Text 생성

5.8.2 static, 델리게이트, 이벤트를 이용한 점수 기능

이번 절에서는 static, 델리게이트, 이벤트를 이용해 점수 기능을 구현할 것이다. GameManager의 Score와 씬에 존재하는 Score 텍스트를 변경하는 메서드를 구현한 다음, 적군이 죽었을 때 이를 static, 델리게이트, 이벤트를 이용해 GameManager에 알려 점수가 증가할 수 있도록 구현할 것이다.

적군이 죽으면 실행돼야 하는 메서드

먼저 GameManager에 score와 ScoreText 변수를 생성하고 인스펙터 창에서 ScoreText를 담아주자. Text 클래스는 UnityEngin.UI 네임스페이스를 사용해야 한다.

```
using UnityEngine;
using UnityEngine.UI;

public class GameManager : MonoBehaviour
{
    … 생략 …

    int score;
    public Text ScoreText;

    … 생략 …
}
```

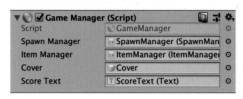

그림 5.20 GameManager와 연결된 ScoreText

그리고 적군이 죽었을 때 실행돼 score와 ScoreText를 변경할 수 있도록 다음과 같이 OnEnemyDie()
메서드를 정의하자.

```
using System;
using UnityEngine;
using UnityEngine.UI;

public class GameManager : MonoBehaviour
{
    … 생략 …

    public void OnEnemyDie()
    {
        score++;
        ScoreText.text = String.Format("Score : {0}", score);
    }
}
```

ScroeText의 text를 변경할 때에는 문자열을 배울 때 살펴봤던 String.Format() 메서드를 사용했다. 첫 번째 인수의 {0} 부분에 두 번째 인수인 score의 값이 들어갈 것이다. String 클래스는 System 네임스페이스에 포함돼 있으므로 using System; 코드를 추가해주어야 한다.

다음 장에서 기능을 구현하겠지만 SpawnManager에도 다음과 같이 OnEnemyDie()를 정의하고 임시로 콘솔 창에 Enemy Die! 메시지가 출력되게 하자.

```
public class SpawnManager : MonoBehaviour
{
    … 생략 …

    public void OnEnemyDie()
    {
        Debug.Log("Enemy Die!");
    }
}
```

이제 적군이 죽었을 때 어딘가에서 이 메서드를 호출해주면 된다. 이를 위해 EventManager라는 새로운 스크립트와 게임 오브젝트를 생성하자.

EventManager

바로 이 EventManager에 이벤트를 생성하고 GameManager와 SpawnManager에서 생성한 OnEnemyDie()를 담아줄 것이다. 그리고, 적군이 죽었을 때 이 이벤트를 호출해 두 OnEnemyDie() 메서드가 호출될 수 있도록 구현할 것이다.

먼저 다음과 같이 EventManager에 EnemyDieEvent를 정의하자. Action 타입을 이용해 구현할 것이며 외부에서 EventManager 객체를 생성하지 않고 접근할 수 있도록 static으로 정의한다.

```
using System;
using UnityEngine;

public class EventManager : MonoBehaviour
{
    public static event Action EnemyDieEvent;
}
```

그리고 위 이벤트에 담긴 메서드를 호출할 수 있도록 이벤트를 호출하는 메서드를 다음과 같이 정의한다.

```
public class GameManager : MonoBehaviour
{
    … 생략 …

    void Start()
    {
        EventManager.EnemyDieEvent += OnEnemyDie;
    }
}
```

이제 GameManager와 SpawnManager에서 이 이벤트에 OnEnemyDie()를 담아줄 차례다. 각각 Start() 메서드에서 다음과 같이 OnEnemyDie() 메서드를 이벤트에 추가한다.

```
public class SpawnManager : MonoBehaviour
{
    … 생략 …

    void Start()
    {
        // SpawnRandom();
        EventManager.EnemyDieEvent += OnEnemyDie;
    }
}
```

Start() 메서드가 호출될 때 EnemyDieEvent에 두 메서드가 추가되게 했다. 마지막으로 적군이 죽을 때 이 이벤트를 호출해주면 완료된다. 이는 적군의 Die() 메서드에서 호출하도록 하자.

```
public class Enemy : MonoBehaviour
{
    … 생략 …

    void Die()
    {
        EventManager.RunEnemyDieEvent();
        Destroy(this.gameObject);
    }
}
```

이제 게임을 시작해보자. 적군이 죽으면 ScoreText UI의 텍스트가 변경되고 콘솔 창에는 Enemy Die 메시지가 출력되는 모습을 확인할 수 있다. 이 예제에서는 EventManager의 이벤트, GameManager와 SpawnManager의 OnEnemyDie(), 적군의 Die()가 연결되는 과정을 잘 따져봐야 한다. 그 흐름을 이해하고 여러 클래스의 메서드가 유기적으로 연결되는 것을 이해하는 것이 중요하다.

예제 5.41 점수 기능 구현

GameManager   (File : Scripts/Managers/GameManager.cs)

```csharp
using System;
using UnityEngine;
using UnityEngine.UI;

public class GameManager : MonoBehaviour
{
    public SpawnManager spawnManager;
    public ItemManager itemManager;
    public GameObject Cover;

    int score;
    public Text ScoreText;

    void Start()
    {
        EventManager.EnemyDieEvent += OnEnemyDie;
    }

    public void OnClickStartButton()
    {
        … 생략 …
    }

    public void OnEnemyDie()
    {
        score++;
        ScoreText.text = String.Format("Score : {0}", score);
    }
}
```

```csharp
using UnityEngine;

public class SpawnManager : MonoBehaviour
{
    public GameObject[] EnemyPrefabs;

    public Point[] Points =
    {
        … 생략 …
    };

    void Start()
    {
        // SpawnRandom();
        EventManager.EnemyDieEvent += OnEnemyDie;
    }

    public void SpawnEnemy(GameObject prefab, Vector3 _position)
    {
        … 생략 …
    }

    public void SpawnRandom()
    {
        … 생략 …
    }

    public void OnEnemyDie()
    {
        Debug.Log("Enemy Die!");
    }
}
```

```csharp
using System;
using UnityEngine;

public class EventManager : MonoBehaviour
```

```
{
    public static event Action EnemyDieEvent;

    public static void RunEnemyDieEvent()
    {
        if (EnemyDieEvent != null)
        {
            EnemyDieEvent();
        }
    }
}
```

Enemy   (File : Scripts/Enemies/Enemy.cs)

```
using UnityEngine;

public class Enemy : MonoBehaviour
{
    … 생략 …

    void Die()
    {
        EventManager.RunEnemyDieEvent();
        Destroy(this.gameObject);
    }

    … 생략 …
}
```

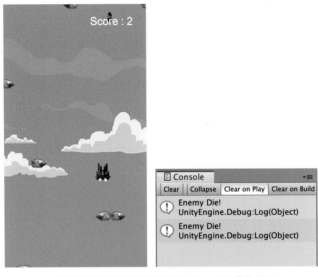

그림 5.21 이벤트에 의해 호출된 OnEnemyDie()의 결과

5.8.3 Enemy Spawn 개선

이번 절에서는 Point 구조체를 이용해 적군을 생성했던 코드를 개선할 것이다. 먼저 배열로 구현했던 Points를 제네릭 컬렉션인 List⟨T⟩로 바꿈으로써 시간이 지남에 따라 난이도가 증가할 수 있게 구현할 것이다. 그리고 코루틴(Coroutine)을 배워보며 특정 구문을 효과적으로 반복하는 방법을 배워보자.

Points List를 이용한 난이도 조절

현재 적군이 생성되는 포인트(Point)는 Points 배열에 담긴 12개로 고정돼 있다. 이 포인트를 게임을 시작하고 시간이 지남에 따라 랜덤하게 추가함으로써 예상치 못한 곳에서 적군이 생성되게 하면 난이도를 높일 수 있다. 랜덤하게 포인트를 추가한다는 것은 Points의 크기가 동적으로 변화해야 한다는 말이므로 배열이 아닌 List를 사용해야 한다.

먼저 다음과 같이 SpawnManager의 Points 배열을 List로 변경해보자. List를 사용하려면 System. Collections.Generic 네임스페이스를 추가해야 하며 List의 초기화는 배열과 마찬가지로 다음과 같이 할 수 있다.

```
using System.Collections.Generic;

public List<Point> Points = new List<Point>
{
    new Point(-3,-5),new Point(-3,-3), new Point(-3,-1), new Point(-3,1),
    new Point(-3,3), new Point(-3,5), new Point(3,-5), new Point(3,-3),
    new Point(3,-1), new Point(3,1), new Point(3,3), new Point(3,5),
};
```

Points를 List로 변경했으므로 이제 게임 중에 새로운 포인트를 추가할 수 있게 됐다. 앞서 구현했던 SpawnManager의 OnEnemyDie() 메서드에 포인트를 추가하는 코드를 작성해보자. 포인트의 x 값은 −3과 3 사이의 랜덤 값으로 지정했고 y 값은 −5와 5 사이의 랜덤 값을 지정했다. 그리고 새로 생성한 포인트는 Add() 메서드를 이용해 List에 추가했다.

그리고 또 한 가지 주의해야 할 점은 SpawnRandom() 메서드에서 포인트를 랜덤으로 지정할 때 Random.Range()의 범위를 12와 같은 상수로 지정하는 것이 아니라 Points 리스트의 크기로 지정해야 한다. List의 크기는 Count 속성을 이용해 알 수 있다.

예제 5.42 포인트 추가 예제   (File : Scripts/Managers/SpawnManager.cs)

```
using System.Collections.Generic;
using UnityEngine;

public class SpawnManager : MonoBehaviour
{
    public GameObject[] EnemyPrefabs;

    public List<Point> Points = new List<Point>
    {
        new Point(-3,-5),new Point(-3,-3), new Point(-3,-1), new Point(-3,1),
        new Point(-3,3), new Point(-3,5), new Point(3,-5), new Point(3,-3),
        new Point(3,-1), new Point(3,1), new Point(3,3), new Point(3,5),
    };

    void Start()
    {
        … 생략 …
    }
```

```
public void SpawnEnemy(GameObject prefab, Vector3 _position)
{
    … 생략 …
}

public void SpawnRandom()
{
    SpawnEnemy(EnemyPrefabs[Random.Range(0, 2)],
        Points[Random.Range(0, Points.Count)].GetPos());
    Invoke("SpawnRandom", 0.3f);
}

public void OnEnemyDie()
{
    Point point = new Point(Random.Range(-3, 3), Random.Range(-5, 5));
    Points.Add(point);
}
}
```

그림 5.22 랜덤한 포인트에서 생성되는 적군

코루틴(Coroutine)

이제 기존에 작성한 SpawnRandom() 메서드를 개선할 것이다. SpawnRandom() 메서드는 현재 Invoke() 메서드를 이용해 일정 시간 간격을 두고 반복되도록 구현됐다. 이를 코루틴(Coroutine)을 이용해 더 효율적인 방식으로 바꿔보자.

Invoke() 메서드는 사실 자유도가 떨어지기 때문에 자주 쓰이지 않는다. Invoke() 메서드는 메서드의 이름을 전달해 메서드를 호출하기 때문에 인수를 전달할 수 없으며, 특정한 시간 딜레이 이후에 메서드를 호출할 뿐 다른 기능은 없다.

하지만 코루틴은 호출할 때 인수를 전달할 수 있으며 일정한 시간 간격으로 구문을 반복하는 것은 물론이고 다양한 활용이 가능하다. 코루틴을 구현하며 코루틴의 기능과 장점을 더 알아보자.

코루틴은 System.Collections 네임스페이스에 있는 인터페이스인 **IEnumerator** 인터페이스를 반환 타입으로 하여 정의한다. 다음과 같이 IEnumerator를 이용해 SpawnRandom() 메서드를 코루틴으로 정의해보자.

```
public IEnumerator SpawnRandom()
{
    yield return null;
}
```

코루틴의 바디에 쓰인 yield 키워드가 생소할 것이다. yield return 문은 IEnumerator 인터페이스와 관련된 부분이므로 문법적인 부분보다는 코루틴의 기능적인 부분에 집중해보자. 코루틴이 시작되고 yield return 문을 만나면 코루틴은 호출자에게 제어권을 넘겨준다. 다음과 같은 예시를 들어보자.

```
void Start()
{
    First();
    Debug.Log("3");
}

void First()
{
    Debug.Log("1");
    Second();
```

```
    }

    void Second()
    {
        Debug.Log("2");
    }
```

위와 같은 예시가 있다면 콘솔 창에 당연히 1, 2, 3의 순서대로 출력될 것이다. 그 이유는 Start()
메서드에서 First()를 호출했고 Start() 메서드는 First() 메서드가 종결되기 전까지 다음 코드를 진행하지
않는다. 즉, First() 메서드가 종료되기 전까지는 Debug.Log("3")가 실행되지 않는다. 따라서 First()
메서드와 Second() 메서드가 모두 종료된 이후에 3이 출력된다.

그럼 이 예시의 두 메서드를 코루틴으로 변경해보자. 코루틴을 호출할 때에는 바로 메서드의 이름으로
호출하는 것이 아니라 **StartCoroutine()** 메서드를 이용해 호출한다.

예제 5.43 코루틴 예제 (File : Scripts/Example/Chatper5/CoroutineExample.cs)

```
using System.Collections;
using UnityEngine;

public class CoroutineExample : MonoBehaviour
{
    void Start()
    {
        StartCoroutine(First());
        Debug.Log("3");
    }

    IEnumerator First()
    {
        Debug.Log("1");
        yield return null;
        StartCoroutine(Second());
    }

    IEnumerator Second()
    {
        Debug.Log("2");
```

```
        yield return null;
    }
}
```

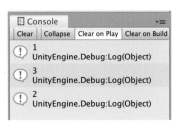

그림 5.23 예제를 코루틴으로 변경해 출력 순서가 변경됨

이 경우에는 2보다 3이 먼저 출력됐다. First 코루틴에서 1을 출력하고 yield return null 문을 만나면 다음 프레임까지 제어권을 호출자에게 넘기고 기다린다. 즉, First 코루틴의 호출자인 Start() 메서드에게 제어권을 넘기므로 3이 출력되고, 그 이후 제어권은 다시 코루틴에게 돌아와 Second 코루틴을 호출하게 된다.

코루틴은 이와 같이 yield return 문을 이용해 코드의 흐름을 제어할 수 있으며 이는 코루틴의 엄청난 장점이다. 이러한 코루틴의 기능과 반복문을 이용하면 Invoke() 메서드를 이용해 구현했던 일정 시간이 지난 후에 코드를 반복하는 기능을 구현할 수 있다.

앞서 정의한 SpawnRandom 코루틴을 다음과 같이 구현해보자. yield return 문에 null 대신 **new WaitForSeconds()**를 넣어주면 일정 시간만큼 호출자에게 제어권을 넘길 수 있다.

예제 5.44 SpawnRandom() 코루틴 구현   (File : Scripts/Managers/SpawnManager.cs)

```
using System.Collections;
using System.Collections.Generic;
using UnityEngine;

public class SpawnManager : MonoBehaviour
{
    … 생략 …

    public IEnumerator SpawnRandom()
    {
        while (true)
        {
```

```
        SpawnEnemy(EnemyPrefabs[Random.Range(0, 2)],
            Points[Random.Range(0, Points.Count)].GetPos());
        yield return new WaitForSeconds(0.3f);
    }
}

… 생략 …
}
```

Tip

코루틴은 System.Collections 네임스페이스에 있는 인터페이스인 IEnumerator 인터페이스를 반환 타입으로 하여 정의한다. IEnumerator 인터페이스를 사용하려면 System.Collections 네임 스페이스를 using 키워드와 함께 명시해 주어야 한다.

이 코루틴이 호출되면 while 문에 들어가고 이 while 문은 코루틴이 종료되기 전까지 계속 반복된다. 그리고 SpawnEnemy() 메서드를 호출해 적군을 생성하고 yield return 문을 만나면 0.3초간 호출자에게 제어권을 넘겨주고 기다린다. 즉, 0.3초간 while 문이 반복되지 않고 코루틴은 대기 상태에 들어간다. 그리고 0.3초가 지나면 다시 제어권을 가져와 while 문의 반복을 시작한다. 즉, 0.3초마다 SpawnEnemy()가 호출되는 것이다.

코루틴을 이해했다면 GameManager에서 다음과 같이 StartCoroutine()으로 SpawnRandom 코루틴을 호출하도록 하자. 그리고 게임을 시작하면 Invoke() 메서드를 이용했을 때와 동일하게 적군이 반복적으로 생성되는 모습을 확인할 수 있다.

예제 5.45 SpawnRandom 코루틴 호출   (File : Scripts/Managers/GameManager.cs)

```
using System;
using UnityEngine;
using UnityEngine.UI;

public class GameManager : MonoBehaviour
{
    … 생략 …

    public void OnClickStartButton()
    {
        Cover.SetActive(false);
```

```
        StartCoroutine(spawnManager.SpawnRandom());
        itemManager.SpawnRandom();
    }

    … 생략 …
}
```

5.8.4 게임 데이터 저장

이번 절에서는 게임 내 최고 점수를 파일 형태로 저장해 게임을 종료한 후에도 데이터가 유지될 수 있게 하고, 게임을 시작할 때 이 파일을 다시 게임으로 읽어 오는 방법을 배운다.

PlayerPrefs

유니티에서 게임 내 데이터를 저장하는 방법은 여러 가지가 있다. 그중 가장 간단한 방법은 **PlayerPrefs** 클래스를 이용하는 것이다. PlayerPrefs는 데이터를 플레이어 preference에 저장한다. 운영체제마다 경로가 다른데 윈도우와 macOS에서는 그 경로가 각각 다음과 같다.

> PlayerPrefs 저장 경로
>
> 윈도우 : registry 〉 HKCU₩Software₩[company name]₩[product name]
>
> macOS : ~/Library/Preferences/unity.[company name].[product name].plist

PlayerPrefs에서는 키와 값을 쌍으로 저장한다. 예를 들어, 정숫값을 저장하고 싶다면 PlayerPrefs의 **SetInt()** 메서드를 이용해 int 값을 키와 함께 저장할 수 있다. 물론 SetInt() 메서드뿐 아니라 SetFloat(), SetString() 메서드도 사용할 수 있다.

```
PlayerPrefs.SetInt("score", score);
```

그리고 **Save()** 메서드를 실행하면 앞서 언급한 경로에 이 값이 저장된다. 이 값은 메모리가 아닌 디스크에 쓰이는 것이므로 게임을 종료해도 유지된다.

```
PlayerPrefs.SetInt("score", score);
PlayerPrefs.Save();
```

PlayerPrefs를 이용해 데이터를 불러올 때는 **GetInt()** 메서드를 이용한다. 첫 번째 인수로 키를 입력하고, 두 번째 인수에는 해당하는 키로 저장된 값이 없을 때 반환될 기본값을 지정한다.

```
int score = PlayerPrefs.GetInt("score", 0);
```

그리고 PlayerPrefs에 저장된 값을 삭제하고 싶다면 **DeleteKey()** 메서드 또는 **DeleteAll()** 메서드를 사용한다.

```
PlayerPrefs.DeleteKey("score");
PlayerPrefs.DeleteAll();
```

PlayerPrefs에는 int, float, string 형태의 아주 간단한 데이터만 저장할 수 있다. 지금 우리는 int 형의 최고 점수를 저장하고자 하는 것이므로 PlayerPrefs만으로도 충분하다. 하지만 게임의 규모가 조금만 커져도 저장해야 할 데이터의 양과 형태가 PlayerPrefs로 감당할 수 없을 만큼 증가한다. 따라서 객체를 파일로 저장하는 방법도 알아보자.

SaveUserData

먼저 데이터를 담을 UserData 클래스를 정의하자. 새로 스크립트를 생성하거나 다음과 같이 GameManager.cs 안에 클래스를 정의하자. 그리고 UserData 클래스 안에 최고 점수를 저장하기 위한 BestScore 변수를 정의하고 UserData 변수를 GameManager 클래스에 만들면 된다.

```
public class GameManager : MonoBehaviour
{
    UserData userData;

    … 생략 …
}

class UserData
{
    public int BestScore;
}
```

다음으로 구현할 것은 **SaveUserData( )** 메서드다. 최고 점수가 갱신될 때마다 이 메서드를 실행해 파일의 형태로 UserData 객체를 저장한다. 이때 SaveUserData( ) 메서드에서 UserData를 직렬화하는 부분이 있으므로 UserData 클래스에는 Serailizable 애트리뷰트를 적어야 한다.

```
void SaveUserData()
{
    FileStream file = new FileStream(Application.persistentDataPath + "/userdata.dat",
        FileMode.Create);
    BinaryFormatter bf = new BinaryFormatter();
    bf.Serialize(file, userData);
    file.Close();
}

[Serializable]
class UserData
{
    public int BestScore;
}
```

FileStream, BinaryFormatter, Serialize 등은 파일스트림을 배울 때 등장한 내용이므로 낯설지 않겠지만, Applaication.persistentDataPath는 처음 보는 속성일 것이다. 이는 유니티에서 데이터를 저장할 경로를 미리 지정해 놓은 것이다. 운영체제에 따라 그 경로가 달라지며 윈도우와 macOS에서는 각각 다음과 같은 경로를 가리킨다.

Application.persistentDataPath 경로

윈도우 : C:₩Users₩Name₩AppData₩LocalLow₩company name

macOS : ~/Library/Application Support/company name/product name

이는 유니티 v2019.2 버전에서의 경로이며, 버전에 따라 경로가 달라질 수 있으므로 주의해야 한다. 이제 SaveUserData( ) 메서드를 호출하면 위 경로에 userdata.dat라는 파일을 생성하고 userData 객체를 직렬화해 파일 형태로 저장한다. 파일 모드를 FileMode.Create로 설정했기 때문에 만약 같은 이름의 파일이 있다면 덮어씌운다. 이렇게 객체를 파일 형태로 저장하면 데이터의 형태와 양이 증가했을 때 PlayerPrefs를 이용할 때보다 훨씬 효율적으로 저장할 수 있다.

이제 BestScoreText의 변수를 선언한 다음 인스펙터 창에서 게임 오브젝트를 등록해주고 OnEnemy Die() 메서드에 다음과 같이 최고 점수가 갱신되도록 코드를 작성해보자. 만약 userData의 최고 점수보다 현재 점수가 더 높다면 최고 점수를 현재 점수로 갱신하고 BestScoreText의 텍스트를 바꿔준다. 그리고 SaveUserData()를 이용해 userData를 파일 형태로 저장하면 데이터를 저장하는 과정이 완료된다.

```csharp
public Text BestScoreText;

public void OnEnemyDie()
{
    score++;
    ScoreText.text = String.Format("Score : {0}", score);

    if (userData.BestScore < score)
    {
        userData.BestScore = score;
        BestScoreText.text = String.Format("Best Score : {0}", userData.BestScore);
        SaveUserData();
    }
}
```

LoadUserData

이제 저장된 데이터를 불러와야 한다. 이를 위해 LoadUserData() 메서드를 만들고 게임을 시작할 때 이 메서드에서 userData 파일이 있는지 확인한 다음 불러오도록 하자.

```csharp
void LoadUserData()
{
    if (File.Exists(Application.persistentDataPath + "/userdata.dat"))
    {
        FileStream file = new FileStream(Application.persistentDataPath + "/userdata.dat",
            FileMode.Open);
        BinaryFormatter bf = new BinaryFormatter();
        userData = (UserData)bf.Deserialize(file);
        file.Close();
    }
    else
    {
        userData = new UserData();
```

```
        }
}
```

LoadUserData() 메서드에서는 File.Exists() 메서드를 이용해 해당 경로에 파일이 있는지 확인하고, 파일이 있다면 그 파일을 열어 데이터를 읽어오고 없을 때에는 UserData 객체를 새로 생성하도록 했다.

그리고 Start() 메서드에서 게임이 시작할 때 LoadUserData()를 실행하도록 하고, 불러온 데이터에서 BestScore를 읽어와 텍스트를 바꿔주면 된다. 이제 다음과 같이 GameManager 스크립트를 작성하고 게임을 실행하면 데이터가 저장돼 BestScore가 유지되는 것을 볼 수 있다.

예제 5.46 데이터 저장과 불러오기 예제   (File : Scripts/Managers/GameManagers.cs)

```csharp
using System;
using System.IO;
using System.Runtime.Serialization.Formatters.Binary;
using UnityEngine;
using UnityEngine.UI;

public class GameManager : MonoBehaviour
{
    public SpawnManager spawnManager;
    public ItemManager itemManager;
    public GameObject Cover;
    public Text BestScoreText;

    int score;
    public Text ScoreText;

    UserData userData;

    void Start()
    {
        EventManager.EnemyDieEvent += OnEnemyDie;
        LoadUserData();
        BestScoreText.text = String.Format("Best Score : {0}", userData.BestScore);
    }

    public void OnClickStartButton()
    {
```

```
    … 생략 …
}


public void OnEnemyDie()
{
    score++;
    ScoreText.text = String.Format("Score : {0}", score);

    if (userData.BestScore < score)
    {
        userData.BestScore = score;
        BestScoreText.text = String.Format("Best Score : {0}", userData.BestScore);
        SaveUserData();
    }
}


void SaveUserData()
{
    FileStream file = new FileStream(Application.persistentDataPath + "/userdata.dat",
        FileMode.Create);
    BinaryFormatter bf = new BinaryFormatter();
    bf.Serialize(file, userData);
    file.Close();
}


void LoadUserData()
{
    if (File.Exists(Application.persistentDataPath + "/userdata.dat"))
    {
        FileStream file = new FileStream(Application.persistentDataPath + "/userdata.dat",
            FileMode.Open);
        BinaryFormatter bf = new BinaryFormatter();
        userData = (UserData)bf.Deserialize(file);
        file.Close();
    }
    else
    {
        userData = new UserData();
    }
}
}
```

```
[Serializable]
class UserData
{
    public int BestScore;
}
```

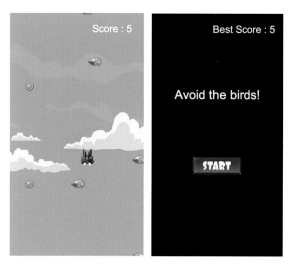

그림 5.24 최고 점수를 기록

예외 처리

마지막으로 LoadUserData()에 예외 처리를 해보자. 현재 LoadUserData() 메서드에서는 File.Exists() 메서드로 파일이 존재하는지 확인하고 이에 따라 동작을 처리했다. 이는 존재하지 않는 파일 열려고 시도하면 FileNotFoundException이 발생하기 때문인데 이를 예외 처리를 이용해 해결할 수도 있다.

먼저 파일을 열고 UserData 객체에 데이터를 역직렬화해 담는 부분을 try 문으로 감싸준다.

예제 5.47 FileNotFoundException 예외 처리 – try　　　　　　　　　　(File : Scripts/Managers/GameManagers.cs)

```
public class GameManager : MonoBehaviour
{
    … 생략 …

    void LoadUserData()
    {
```

```
        FileStream file;

        try
        {
            file = new FileStream(Application.persistentDataPath + "/userdata.dat",
                FileMode.Open);
            BinaryFormatter bf = new BinaryFormatter();
            userData = (UserData)bf.Deserialize(file);
            file.Close();
        }
        else
        {
            userData = new UserData();
        }
    }
}
… 생략 …
```

만약 존재하지 않는 파일이라면 이 부분에서 FileNotFoundException이 발생할 것이다. 예외가 발생했을 때 실행돼야 할 코드를 다음과 같이 catch 문에 작성해준다. 예외 메시지를 콘솔 창에 출력했고 빈 UserData 객체를 생성해 변수에 담아주었다.

예제 5.48 FileNotFoundException 예외 처리 – catch   (File : Scripts/Managers/GameManagers.cs)

```
public class GameManager : MonoBehaviour
{
    … 생략 …

    void LoadUserData()
    {
        FileStream file;

        try
        {
            file = new FileStream(Application.persistentDataPath + "/userdata.dat",
                FileMode.Open);
            BinaryFormatter bf = new BinaryFormatter();
            userData = (UserData)bf.Deserialize(file);
            file.Close();
        }
```

```
        catch (FileNotFoundException e)
        {
            Debug.Log(e.Message);
            userData = new UserData();
        }
    }
}
```

… 생략 …

지금까지 하나의 게임을 만들어보며 C#의 기초 문법과 유니티를 사용하는 방법을 배웠다. 이제 이를 다양한 방식으로 활용하며 나만의 게임을 만들어보자.